Heiner Newe
Heiderose Thomsen-Newe

MIT DEM WOHNMOBIL DURCHS FRANZÖSISCHE JURA

Die Anleitung für einen Erlebnisurlaub

WOMO®
DER WOHNMOBIL-VERLAG
D-98634 Mittelsdorf/Rhön

Die Deutsche Bibliothek – CIP-Einheitsaufnahme

Bibliografische Information der Deutschen Bibliothek

Die Deutsche Bibliothek verzeichnet diese Publikation in der Deutschen Nationalbibliografie.
Detaillierte bibliografische Daten sind im Internet über <http://dnb.ddb.de> abrufbar.

Titelbild: Saut du Doubs
Umschlaginnenfoto: Am Thiou in Annecy

1. Auflage 2017

Druck:
www.schreckhase.de

Vertrieb:
GeoCenter, 70565 Stuttgart

Herausgeber:
WOMO-Verlag, 98634 Mittelsdorf/Rhön
Position: N 50° 36' 38.2" E 10° 7' 55.6"

Fon: 0049 (0) 36946-20691
Fax: 0049 (0) 36946-20692
eMail: verlag@womo.de
Internet: www.womo.de

Autoren-eMail: Newe@womo.de

ISBN 978-3-86903-901-5

EINLADUNG

In diesem Buch nehmen wir für den WOMO-Reisenden eine Region unter die Lupe, die auf dem Weg nach Süden in die Provence oder nach Aquitanien gern links liegen gelassen wird.

Wir haben auf unseren Reisen nach Südfrankreich schon des Öfteren im Jura und am Alpenrand Station gemacht und uns jedes Mal vorgenommen, bei der nächsten Reise dieses Gebiet etwas näher zu erforschen und genauer anzusehen. Die phantastischen Tallandschaften, die Quellen, die vielen Höhlen, die vielen Seen und auch die großen Städte entlang der viel befahrenen Autobahn, die vom Süden Deutschlands nach Frankreich führt, sind es wert besucht zu werden.

Die Fülle dessen, was es hier zu entdecken und anzuschauen gibt, hat uns unseren ursprünglichen Plan den Jura und die französischen Alpen in einem Buch zu behandeln, aufgeben lassen. Wir sind nach unseren ersten Foto- und Entdeckungstouren für dieses Buch schnell zu der Erkenntnis gelangt, dass man den Jura und die Alpen nicht sinnvollerweise in einem Buch behandeln kann. Es ist einfach zu viel, was es zu besuchen und zu beschreiben gibt.

Also haben wir uns entschlossen zwei Bücher zu machen, um dieser Region gerecht zu werden. Bei der Lektüre dieses Buches werden Sie immer wieder feststellen, dass wir auch auf die Alpen Bezug nehmen. Wir betrachten es als Gesamtwerk. Das eine Buch knüpft an das andere an und doch steht jedes für sich. Dort, wo wir in diesem Buch an zwei Orten Tourenbeschreibungen enden lassen, beginnt im unserem Buch über die Alpen eine oder mehrere andere. Wiederholungen bei diesen Orten lassen sich nicht vermeiden, wenn beide Bücher unabhängig voneinander benutzbar bleiben sollen.

Genug der Vorrede. Starten Sie in eine der wunderbarsten Naturlandschaften Europas. Wir wünschen Ihnen viel Freude dabei und eine Gute Fahrt!

Heiner Newe Heide Thomsen-Newe

Sehr geehrte Leserinnen und Leser, liebe WOMO-Freunde!

Reiseführer sind für einen gelungenen Urlaub unverzichtbar – das beweisen Sie mit dem Kauf dieses Buches. Aber aktuelle Informationen altern schnell, und ein veralteter Reiseführer macht wenig Freude.

Sie können helfen, Aktualität und Qualität dieses Buches zu verbessern, indem Sie uns nach Ihrer Reise mitteilen, welchen unserer Empfehlungen Sie gefolgt sind (freie Stellplätze, Campingplätze, Wanderungen, Gaststätten usw.) und uns darüber berichten (auch wenn sich gegenüber unseren Beschreibungen nichts geändert hat).

Bitte füllen Sie schon während Ihrer Reise das Info-Blatt am Buchende komplett aus und senden Sie es uns sofort nach Ihrer Heimkehr zu (per Brief, Fax oder formlos als eMail).

Dafür gewähren wir Ihnen auch bei späteren Buchbestellungen direkt beim Verlag ein Info-Honorar von 10%. Aktuelle Korrekturen finden Sie unter: forum.womoverlag.de

Um die freien Übernachtungs- und Campingplätze auf einen Blick erfassen zu können, haben wir diese im Text in einem Kasten nochmals farbig hervorgehoben und, wie auf den Karten, fortlaufend durchnummeriert. Wir nennen dabei wichtige Ausstattungsmerkmale und geben Ihnen eine kurze Zufahrtsbeschreibung. »Max. WOMOs« soll dabei andeuten, wie viele WOMOs dieser Platz maximal verträgt und nicht, wie viele auf ihn passen würden (schließlich gibt es auch Einwohner und andere Urlauber)!
Übernachtungsplätze mit **B**ademöglichkeit sind mit hellblauer Farbe unterlegt. **W**anderparkplätze sind grün gekennzeichnet. **P**icknickplätze erkennen sie an der violetten Farbe. Auf Schlafplätzchen, denen die gerade genannten Merkmale fehlen – also auf einfache **S**tellplätze – weist die Farbe Gelb hin. Empfehlenswerte **C**ampingplätze haben olivgrüne Kästchen. Wanderungen, die wir Ihnen besonders ans Herz legen möchten, haben wir ebenfalls grün unterlegt.

Und hier kommt das Kleingedruckte:

Jede Tour und jeder Stellplatz sind von uns meist mehrfach überprüft worden, wir können jedoch inhaltliche Fehler nie ganz ausschließen. Bitte achten Sie selbst auf Hochwasser, Brandgefahr, Steinschlag und Erdrutsch!
Verlag und Autoren übernehmen keine Verantwortung für die Legalität der veröffentlichten Stellplätze und aller anderen Angaben. Unsere Haftung ist, soweit ein Schaden nicht an Leben, Körper oder Gesundheit eingetreten ist, ausgeschlossen, es sei denn, unsere Verantwortung beruht auf Vorsatz oder grober Fahrlässigkeit.

Inhaltsverzeichnis

Wichtige allgemeine Hinweise

Für die Kenner unseres Nachbarlandes mögen diese allgemeinen Hinweise vielleicht nichts Neues bereithalten. Aber wir richten unser Buch ja nicht nur an die "alten Hasen", sondern auch an diejenigen, die sich zum ersten Mal mit einem WOMO hierher begeben wollen. Die Hinweise betreffen hauptsächlich die Straßenverhältnisse, gesetzliche Bestimmungen, Öffnungszeiten sowie die Versorgung mit Lebensmitteln, Frischwasser etc. Damit wollen wir auch unnötige Wiederholungen bei den Routenbeschreibungen vermeiden.

Autobahnen

Auch wenn keine unserer **Routenbeschreibungen** über Autobahnen führt, so werden Sie in der An- und Abreise oder abweichend von unseren Routen wahrscheinlich Autobahnen nutzen. Hier gilt zu beachten: **Französische Autobahnen** sind in der Regel **mautpflichtig** und die Maut ist happig. Dagegen ist die **Vignette** oder **Schwerlastabgabe für Fahrzeuge über 3,5t** in der **Schweiz** ein echtes Schnäppchen. Die Umfahrungen der Großstädte sind gebührenfrei, das merkt man sofort am Verkehrsaufkommen. Doch sobald ein **"péage"** auf den großen blauen Entfernungstafeln den gebührenpflichtigen Abschnitt einer Autobahn ankündigt, nutzen viele Fahrzeuglenker die letztmögliche gebührenfreie Abfahrt und es wird deutlich ruhiger auf der Autobahn.

Vor den Mautstationen weitet sich die Autobahn, es gibt zahlreiche Durchgangsstationen, einige höhenbegrenzt nur für PKW, andere ohne Höhenbegrenzung. Eine dieser **Durchgangsstationen** muss angefahren werden. **Eng** sind sie und man muss schon ziemlich dicht an den Automaten heranfahren, um ohne auszusteigen oder die Tür zu öffnen an das Ticket heranzukommen, das der Automat blinkend entgegenstreckt. Macht er es nicht automatisch, so gibt es noch einen Knopf den man drücken muss, um an das Ticket zu kommen. Die Schranke öffnet sich und weiter geht es. Die Bedienmöglichkeit dieser Automaten ist nicht optimal für WOMO-Fahrer. Die Ausgabefunktionen sind in zwei Etagen angelegt, für PKW und für LKW. Die WOMO-Besatzung sitzt zwischendrin, man muss also den Arm lang machen, entweder nach unten oder nach oben, um an das Ticket zu kommen.

Bezahlt wird, wenn man entweder die Autobahn nach einer Abfahrt verlässt oder wenn der gebührenpflichtige Abschnitt zu Ende ist. In beiden Fällen warten wiederum Automaten.

Ticket rein, der Schlitz ist deutlich und eigentlich unverwechselbar beschriftet, die Gebühr wird angezeigt und dann wird der Automat entweder mit Scheinen und Münzen gefüttert oder man verwendet die **Mastercard** oder die **Visa-Karte** jeweils ohne PIN. Das geht am schnellsten und ist sehr bequem. Wer noch die Taste **"Reçu"** drückt erhält eine Quittung. Der Schreck bei der nächsten Kartenabrechnung ist vorprogrammiert, wenn man viele Kilometer auf den mautpflichtigen Autobahnen gefahren ist. Sie lassen sich im Übrigen angenehm und stressfrei fahren.

Sonstige Straßen/Pässe

Es gibt gute es gibt schlechte, schmale und breite. Der Ausbauzustand ist einem ständigen Wechsel unterworfen, wir standen einige Male vor eine **"Déviation"**, vor einer Umleitung. Gebaut wird viel, quantifizieren können wir das aber nicht. Neuasphaltierungen gehen gewöhnlich mit Vollsperrungen einher, das hat unsere Routenplanung manchmal durcheinander gebracht. Departmentstraßen sind manchmal nur so breit wie ein gut ausgebauter Feldweg. Ausweichstellen sind in der Regel vorhanden, so dass auch breite Fahrzeuge gefahrlos aneinander vorbeifahren können. Man muss nur etwas vorausschauend und nicht zu schnell fahren, dann klappt das reibungslos. Bei unseren Routenbeschreibungen machen wir ausdrücklich darauf aufmerksam wenn es eng wird. Pass-Straßen sind hierbei besonders betroffen. Im Jura und noch mehr in den Alpen sind diese Pass-Straßen auch Ausflugsziele für Rad- und Motorradfahrer. Hier gilt es, besondere Vorsicht walten zu lassen. Im Land der **Tour de France** finden Sie an den Pass-Straßen fast immer die Hinweise für Radfahrer am Straßenrand wie in dem Bild links zu sehen ist. Nur das Aussehen der Schilder variiert von Region zu Region. Die Infos sind aber immer die gleichen. Sie zeigen die aktuelle Höhe an, die Kilometer bis zum Ziel und die Steigung

in Prozent. Diese Schilder sind im Abstand von einem Kilometer aufgestellt und sind natürlich auch für uns Fahrzeuglenker interessant. Der Mindestabstand beim Überholen von Radfahrern sollte 1,5 Meter betragen. Sind viele Radler unterwegs und lässt der Gegenverkehr kein Überholen zu, kann eine Fahrt bergauf auch mal zu einer Zuckeltour werden. Nur Geduld, Sie haben ja Urlaub.

Geschwindigkeitsbegrenzungen

Die Geschwindigkeitsbegrenzungen sind abweichend von denen in Deutschland.

Autobahnen: Für Fahrzeuge bis 3,5 t: 130 km/h (Wer den Führerschein noch nicht länger als drei Jahre hat: 110 km/h) bei Nässe 110 km/h, für Fahrzeuge über 3,5 t: 100 km/h.

Schnellstraßen (4-spurig): Für Fahrzeuge bis 3,5 t: 110, für Fahrzeuge über 3,5 t: 100 km/h.

Andere Straßen außerorts: 90 km/h

Innerörtliche Straßen: 50 km/h, in verkehrsberuhigten Zonen und an **Gefahrstellen:** 30 km/h, diese werden in der Regel durch sogenannte **Ralentisseurs** begrenzt. Diese in deutscher Sprache **"Bremsschwellen"** genannten Erhöhungen der Fahrbahn dürfen Sie mit 30 km/h überfahren, machen das aber garantiert nur einmal. Die Reaktion aus Ihrem Wohnteil wird laut ausfallen, wenn der hintere Teil Ihres Fahrzeugs einen Hüpfer macht. Bestenfalls hören Sie nur ein lautes Geklapper in der Besteckschublade, es kann aber auch sein, dass Sie nach der Überquerung dieser Schwelle hinterher etwas aufräumen müssen, wenn Sie mit 30 km/h darüber gefahren sind. Die nächste Bremsschwelle nehmen Sie dann sicher im Schritttempo. Diese Bremsschwellen sind nicht genormt,

manche sind relativ steil, manche relativ flach. Manchmal ist die 30er Zone farblich abgesetzt, meistens jedoch nicht. Die weißen Dreiecke auf der Fahrbahn sind aber in der Regel immer zu sehen, nähert man sich diesen, heißt es das Bremspedal zu betätigen.

Verliebt haben wir uns nicht in die **Ralentisseurs**, wollen aber gern zugestehen, dass sie ganz sicher einen Beitrag zur Verkehrssicherheit an Schulen, Kindergärten, Krankenhäusern und anderen Übergängen leisten.

Umweltzonen

Anfang Juli 2016 wurde in Frankreich die Umwelt- oder Feinstaub-Plakette **Crit'Air** (oder auch Luftqualitätszertifikat) und die dazugehörigen Umweltzonen, zunächst in Paris und Grenoble, eingeführt. Das Ziel ist es, kurz- aber auch langfristig die Emissionen und die atmosphärischen Verschmutzungen, vor allem Stickoxide und Feinstaub in der Luft, zu reduzieren. Ein Teil der Maßnahme ist es, nur noch neueren und schadstoffärmeren Fahrzeugen die Zufahrt zu einzelnen Zonen, den so genannten Umweltzonen, zu gestatten. Diese Umweltzonen umfassen hauptsächlich Städte bzw. Ballungsgebiete mit erhöhten Feinstaubwerten. Hierfür werden die Fahrzeuge in Kategorien eingeteilt und erhalten eine entsprechende Feinstaubplakette. Nach und nach soll dann nur noch Fahrzeugen bestimmter Kategorien die Einfahrt in die Umweltzonen gestattet sein. Achtung: es gibt bisher nur Umweltzonen in Paris, Lyon und rund um Grenoble. Geplant sind Umweltzonen für Lille und für Strasbourg (Herbst 2017). Für alle anderen Städte, Straßen, etc. wird bisher KEINE Vignette benötigt.

Quelle: http://de.france.fr/de/info/umweltzonen-frankreich

Wann und wie sich das ändern wird, weiß niemand. Es ist sicher ratsam sich auf der angegeben website vor Antritt der Reise über den Stand der Dinge zu informieren.

Wenn Sie dann betroffen sind, müssen Sie die Plakette kaufen und an der Windschutzscheibe von Innen anbringen.

Geschwindigkeitskontrollen und Bußgelder

Wie in Deutschland auch, gibt es zahlreiche Radarstationen, feste und natürlich auch mobile. Geschwindigkeitsübertretungen werden mit höheren Bußgeldern als in Deutschland belegt. Nur eine kleine Auswahl: Falsch Parken, ab 15 €, rote Ampel missachtet ab 90 €, überhöhte Geschwindigkeit bis 20 km/h ab 70 €, ab/bis 50 km/h 1500 €, überholen im Überholverbot ab 90 €, Alkohol am Steuer ab 135 € und/oder Fahrverbot. Bußgelder werden auch in Deutschland eingetrieben, wenn es sich nicht gerade um einen Bagatellbetrag handelt.

Tanken

Die Versorgung mit Dieselkraftstoff ist natürlich kein Problem, die Bezahlung manchmal schon. Ein Tankstellennetz wie wir es in Deutschland gewohnt sind, existiert in Frankreich nicht. Hier finden Sie die **Tankstellen** sehr häufig **am Rande eines Supermarktes** auch mit 24h-Service und Kartenautomat. Der Vorteil, der Kraftstoff ist günstiger als an einer der wenigen Markentankstellen, die es natürlich auch gibt. Der Nachteil, an manchen dieser Tankstellen kann **nicht** mit der **EC-Karte** gezahlt werden, sondern nur mit einer Kundenkarte des Supermarktes. Um keine bösen Überraschungen zu erleben, haben wir uns angewöhnt immer rechtzeitig zu tanken, aber auch erst nachdem wir zweimal die Erfahrung gemacht haben, dass weder EC-Karte noch Visa-Karte zur Bezahlung akzeptiert wurden und wir in Gegenden waren, die keine hohe Orts- und damit auch keine hohe Tankstellendichte aufwiesen und der Zeiger der Tankuhr bedrohlich gegen Null zeigte und uns die Schweißperlen auf die Stirn trieb.

Stell- und Übernachtungsplätze, Versorgungseinrichtungen

Frankreich ist ein **wohnmobilfreundliches Land** und Sie dürfen überall im Fahrzeug übernachten, wo es nicht ausdrücklich verboten ist. Es gibt aber auch hier eine ganze Reihe von Plätzen, die eine Zufahrt durch Abgrenzungen in zwei Metern Höhe, teilweise noch niedriger, unmöglich machen. Und es gibt Plätze, wo ein großes Schild darauf hinweist, dass Parken für WOMOs am Tag zwar erlaubt, eine Übernachtung aber nicht gestattet ist. Denn Sinn oder Unsinn dieser Regelungen wollen und können wir hier nicht diskutieren. Die Gemeinden, die dies so beschlossen haben, werden ihre Gründe haben. Wir haben es zu respektieren. Es gibt genug Ausweichmöglichkeiten, wir zeigen sie in diesem Buch.

Fast alle offiziellen Stellplätze in unserem Reisegebiet die eine Versorgungseinrichtung aufweisen, haben für die **Entsorgung des Grauwassers** eine große **Betonwanne** mit einer in der Mitte verlaufenden **Ablaufrinne.** Hier fährt man einfach drüber, öffnet das Ablaufventil, fertig. Unterschiedlicher ist da schon die Entsorgung der Chemietoilette, da gibt es alle möglichen Varianten. Sie sind nicht schwer zu verstehen oder zu bedienen, meistens geht dies kostenfrei. Die Frischwasserversorgung ist dagegen vielfach kostenpflichtig. Hier gilt zu beachten, dass oft **Jetons** erforderlich sind, die es bei der **Touristinformation (Office de Tourisme)** und/oder bei einem in der Nähe befindlichen Supermarkt oder Laden zu kaufen gibt. Mit Euromünzen können Sie diese Automaten nur selten bedienen. Bei den Stellplatzbeschreibungen haben wir aufgeführt, ob Sie Jetons benötigen oder mit Münzen zahlen können. Ein Adressverzeichnis am Ende des Buches listet alle Touristenbüros dieser Region auf. Das mag neben der Beschreibung bei den Stellplätzen helfen. Vor allem finden Sie in dieser Liste die Adresse und die Telefonnummer, die vor Ort manchmal auf den verwitterten Zetteln an der Station nicht mehr zu entziffern sind.

Bei den neuen Versorgungsstationen vom Typ **"Flot Bleu"** (siehe Bild) funktioniert die Bezahlung mit der EC-Karte und PIN. Auch das geht relativ einfach, die Menüführung erfolgt in deutscher Sprache, das Öffnen der Tür hinter der sich der Frischwasserhahn und der Ausguss der Toilette befinden, erfolgt nach Knopfdruck, springt aber nicht automatisch auf, man muss sie aufziehen. Der Ausguss für die Chemietoilette und die Aufhängung für die Frischwasserpistole sind relativ dicht beieinander, dass hat uns beim Betrieb dieser Anlage allerdings aus hygienischer Sicht etwas gestört. Bei der Benutzung gingen die ersten Liter Frischwasser in die Botanik.

Ein Stromanschluss ist vielfach nur direkt an der Versorgungsstation vorhanden, wenn überhaupt. Plätze mit vielen Steckdosen für die Stromversorgung sind die Ausnahme.

Versorgung mit Lebensmitteln und anderem

In den Randbezirken der größeren Orte finden sich immer ein oder mehrere Supermärkte der großen Ketten Carrefour, Leclerc, Super U, Intermarché oder andere. Die großen in Frankreich **"Hypermarchés"** genannten Märkte werden gefolgt von den kleineren **"Supermarchés"**. Hier findet sich im Prinzip je nach Größe des Marktes von einem sehr reichhaltigen Lebensmittelangebot mit Obst, Gemüse, Frischwarentheke, Getränken, Kleidung und Drogerieartikeln eigentlich alles was man unterwegs benötigt. Vielfach finden sich auch Abteilungen mit regional erzeugten Bioprodukten, auf die wir immer wieder gerne zugreifen. Diese finden sich auch häufig in den **"Tante-Emma-Läden"** in den kleineren Orten, die doch manchmal eine erstaunliche Produktvielfalt anbieten. **Frisches Baguette** kauft man natürlich am besten morgens in einer **Boulangerie**, das schmeckt unserer Erfahrung nach einfach besser als das aus dem Supermarkt. Gern suchen wir auch die Wochenmärkte in den Orten auf, oder kaufen in den Sommermonaten Obst, Käse und Wurst auch mal am Straßenrand.

Wann ist die beste Reisezeit?

Diese Frage ist so individuell zu beantworten wie die Frage nach dem schönsten Reiseziel. Es kommt eben auf den ganz persönlichen Geschmack an. Betrachten wir es zunächst mal aus technischer Sicht. In den **Ferienmonaten Juli und August** (ganz Frankreich macht da Ferien) ist natürlich am meisten los. Die Stellplätze sind voll, die Touristenhochburgen quellen über. Der Vorteil in dieser Zeit ist, dass dann auch Seilbahnen die auf die Bergspitzen fahren, in Betrieb sind. Dies ist im Jura natürlich nicht so relevant wie in den Alpen, aber es gibt auch hier einige Seilbahnen, die nur zur Skisaison und in den Sommermonaten in Betrieb sind. Die für Besucher zugänglichen Höhlen sind in den Sommermonaten täglich geöffnet, außerhalb dieser Zeit oft nur an Sonn- und Feiertagen. Genaueres finden Sie bei den jeweiligen Beschreibungen der Höhlen. Ähnliches trifft auch für andere Sehenswürdigkeiten zu.

Außer in den **Sommermonaten** sind im **Mai/Juni und September/Oktober** die meisten **WOMO-Stellplätze in Betrieb**. In den anderen Monaten ist die Wasserversorgung auf diesen Plätzen nicht gewährleistet. Einige Stellplätze sind dagegen das ganze Jahr über geöffnet. Bei den **Stellplatzbeschreibungen** ist die **Betriebsdauer** immer **angegeben**. Dies ist insbesondere dann wichtig, wenn Sie vor Mai oder nach Oktober im Jura unterwegs sind.

Klimatisch betrachtet sind die Temperaturen mit dem südwestdeutschen Raum vergleichbar, vielleicht ein wenig wärmer. Auf den höchsten Höhen des Jura sind wir Anfang Mai noch durch den Schnee gestapft, während man in Besançon schon im Straßencafé seinen "café au lait" genießen konnte. Das ist zwischen Feldberg und Freiburg auch nicht anders.

Soll man das Fahrrad mitnehmen?

Wenn Sie es gewohnt sind Rad zu fahren: **Unbedingt!** Wir haben einige Radtouren und **Radtourvorschläge** für die nicht

notwendigerweise ein e-bike benötigt wird. Entlang des **Doubs** oder rund um den **Lac d'Annecy** kann man auch mit einem ganz gewöhnlichen Hollandrad ohne Gangschaltung fahren. Das lohnt sich in jedem Fall. Natürlich gibt es auch eine Vielzahl von Mountainbike-Strecken oder Pass-Strecken die Sie als sehr sportlicher Leser mit einem MTB oder Rennrad in Angriff nehmen können. Es ist für jeden etwas dabei.

Angeln

Angeln ist beliebt in Frankreich. Es gibt kaum einen See, an dem nicht ein Angler steht oder sitzt. Wer diesem Hobby oder Sport nachgehen möchte kann dies nur mit einer **"carte de pêche"** tun, die man bei den „office de tourisme" erwerben kann. Auch hierzu sind die Adressen ganz hinten im Buch hilfreich. An den Fischgewässern stehen in der Regel große Tafeln, die auf örtliche Bedingungen hinweisen.

Hunde

Gefühlt krabbelt aus jedem zweiten WOMO nach Öffnung der Aufbautür auch ein vierbeiniger Begleiter. **Frankreich** ist durchaus ein **hundefreundliches Land**, doch **Nationalparks** und **besondere Naturschutzgebiete** sind für **Hunde tabu**, auch wenn sie angeleint und gut erzogen sind. Das muss man wissen, wenn man seinen treuen Begleiter dabei hat. Wo man mit den Hunden nicht hinein darf, führen wir explizit bei den Beschreibungen noch einmal auf.

Das Mitführen eines EU-Heimtierausweises ist Pflicht. Eine Tollwutimpfung muss mindestens 30 Tage vor Grenzübertritt erfolgt sein und darf nicht länger als 12 Monate her sein.

Notrufnummern

Man möchte nicht anrufen müssen. Doch wenn es notwendig sein sollte: Mit einem Handy rufen Sie bitte unter 0033 112 an. ADAC-Notruf bei Fahrzeugschäden: 0049 89 222 222, bei Erkrankung und Verletzung 0049 89 767 676.

Geht es auch ohne Französisch-Kenntnisse?

Unsere Sprachfertigkeiten sind weit entfernt davon perfekt zu sein. Doch mit Grundkenntnissen in der Sprache kommt man gut durch. In den Touristenhochburgen hilft englisch sehr gut weiter, vielfach sind wir auch mit deutschsprachigen Fremdenführern in Kontakt gekommen. Kurzum: Man muss nicht perfekt französisch sprechen, um dieses Land oder in unserem Falle diese Region bereisen zu können. Ein freundliches **"bonjour"** zu können, ist als Minimalanforderung allerdings notwendig, denn das hören Sie bei jeder Begegnung z.B. auf einer Wanderung immer in einem freundlichen Ton. Dann gebietet es doch die Höflichkeit ebenso freundlich mit einem **"bonjour"** zu antworten. Ein Sprachkurs an der VHS im Vorfeld der Reise ist natürlich auch nicht schlecht. Und dann gibt es natürlich auch noch die technischen Hilfsmittel, wie Wörterbücher oder Übersetzungstools als App fürs Smartphone.

GPS-Koordinaten und Adressen

Bei den Stellplatzbeschreibungen haben wir fast ausnahmslos neben den Koordinatenangaben auch eine Adresse aufgeführt. Da Parkplätze für gewöhnlich keine Postadresse haben, ist manchmal nur eine Adresse in unmittelbarer Nähe gewählt. Das kann auch mal Ihren Blick auf die falsche Straßenseite lenken. Wundern Sie sich also bitte nicht, wenn die Eingabe der Adresse Sie nur in die Nähe des Zieles führt. Die Koordinatenangaben sind genauer. Wenn Ihr Navi die entsprechenden Eingaben zulässt, verwenden Sie bitte diese.

Und nun:

Bon Voyage!

Anreise

nach Frankfurt a.M., Köln, Ruhrgebiet
nach Würzburg, Kassel
Worms
Ludwigshafen
Mannheim
Heidelberg
nach Nürnberg
Bad Dürkheim
Neustadt a.d.W.
Kaiserslautern
Band 13: Mit dem Wohnmobil durch die Pfalz
Heilbronn
Rhein
Landau
Bruchsal
Band 18: Mit dem Wohnmobil n. Baden-Württemberg
KARLSRUHE
Ludwigsburg
STUTTGART
001
Ettlingen
002
Pforzheim
Rastatt
003
Sindelfingen
nach Ulm, München
Calw
Baden-Baden
Haguenau
Tübingen
Hornisgrinde 1164
Mummelsee
Nagold
Reutlingen
Sasbachwalden
Nationalpark Schwarzwald
004
005
Band 6: Mit dem Wohnmobil ins Elsass
Allerheiligenfälle
Freudenstadt
Kehl
Oberkirch
Neckar
STRASBOURG
007
Oppenau
012
Horb
006
Offenburg
Band 16: Mit dem Wohnmobil in den Schwarzwald
Balingen
FRANKREICH
Schiltach
Band 18: Mit dem Wohnmobil n. Baden-Württemberg
Vogtsbauernhof
013
Seelbach
Gutach
Rottweil
014
nach Biberach, Memmingen
Rust
Ettenheim
Europapark
Schwenningen
Sélestat
008
Emmendingen
Villingen-
009
Donaueschingen
Kaiserstuhl
nach Friedrichshafen, Kempten
FREIBURG
015
Colmar
Ravennaschlucht
Breisach
010
016
Blumberg
Singen
011
Neustadt
Neuf-Brisach
Feldberg 1493
Titisee
Bad Krozingen
Schluchsee
Schaffhausen
Rheinfall
017
SCHWARZWALD
MULHOUSE
Tiengen
Bad Bellingen
Start Tour 1
Rhein
020
Waldshut-
Rheinfelden
018
Band 51: Mit dem Wohnmobil in die Schweiz (O)
Lörrach
Bad Säckingen
Dannemarie
BASEL
019
Band 50: Mit dem Wohnmobil in die Schweiz (W)
SCHWEIZ
ZÜRICH

Anreise

Entlang der A5:

Karlsruhe – Ettlingen – Rastatt – Sasbachwalden – Oberkirch – Kehl – Rust – Emmendingen – Freiburg – Breisach

Über die A81 und durch das Kinzigtal:

Freudenstadt – Schiltach – Gutach – Seelbach

Über die B31 Donaueschingen – Freiburg:

Donaueschingen – Ravennaschlucht

Entlang des Hochrheins:

Schaffhausen – Waldshut-Tiengen – Bad Säckingen – Bad Bellingen

Freie Übernachtung:	Karlsruhe, Allerheiligenfälle, Ravennaschlucht.
Stellplätze:	Bad Bellingen, Bad Säckingen, Breisach, Donaueschingen, Emmendingen, Ettlingen, Freiburg, Freudenstadt, Kehl, Oberkirch, Oppenau, Rastatt, Sasbachwalden, Schaffhausen, Schiltach, Seelbach, Waldshut-Tiengen.
Ver-/Entsorgung:	Bad Bellingen, Bad Säckingen, Breisach, Donaueschingen, Emmendingen, Ettlingen, Freiburg, Freudenstadt, Kehl, Oberkirch, Rastatt, Sasbachwalden, Schaffhausen, Schiltach, Seelbach, Waldshut-Tiengen.
Besichtigungen:	Karlsruhe (Schloss, Stadtgarten), Ettlingen (Schloss, Altstadt), Rastatt (Schloss), Strasbourg (Kathedrale, Petite France), Freudenstadt (Marktplatz), Schiltach (Fachwerkstadt), Gutach (Vogtsbauernhof), Rust (Europapark), Freiburg (Altstadt, Münster), Breisach (Münster, Vauban-Festung in Neuf-Brisach), Schaffhausen (Rheinfall), Waldshut (Altstadt).
Wandern:	Nationalpark Schwarzwald, Allerheiligenfälle, Ravennaschlucht
Baden/Wellness:	Karlsruhe (Rheinstrandbad Rappenwört), Ettlingen (Freibad), Rastatt (Alohra-Freizeitbad), Freudenstadt (Panorama-Bad), Bad Bellingen (Therme).

Bekanntlich führen viele Wege nach Rom. Diese traditionelle Redewendung lässt sich natürlich auch für den Weg in den französischen Jura verwenden.

Wir wissen nicht, aus welcher Ecke Deutschlands Sie anreisen. Wir gehen aber davon aus, dass Sie, bevor Sie die Startregion dieses Buches erreichen, schon einige hundert Kilometer hinter sich bringen müssen. Es liegt also der Gedanke nahe, dass Sie nicht an einem Stück in unser Reisegebiet fahren werden und vorher einen oder vielleicht auch zwei Zwischenstopps einlegen werden.

Für den Südwesten Deutschlands, wo wir zuhause sind und uns bestens auskennen, schlagen wir Ihnen deshalb einige aus unserer Sicht attraktive Zwischenziele vor, die sich für eine Übernachtung eignen und gleichzeitig Interessantes zu bieten haben. Wir machen das im Sauseschritt, denn für den gesamten Bereich des südwestdeutschen Raumes und seiner Nachbarregionen gibt es bereits WOMO-Bücher die wir Ihnen ans Herz legen, sollten Sie für Ihre Reise viel Zeit mitbringen. Wenn Sie also bei der Anreise über eines dieser Gebiete mehr wissen möchten, so finden Sie die Hinweise zu den jeweiligen Titeln auf Seite 16 in der Karte in einem blauen Kasten genannt. Unsere Kurzbeschreibungen orientieren sich an den Verkehrswegen, die in einem blassen Rot in dieser Karte dargestellt sind. Sie enden in MULHOUSE, dort starten wir unsere Reise durch den Jura.

Entlang der A5:

Karlsruhe ist eine attraktive und interessante Stadt. Sehenswert sind vor allem das **Schloss** mit dem großen Park, der **Botanische Garten** und der **Stadtgarten**, der eine Mischung aus Zoo und Parkanlage bietet. Mit einem attraktiven offiziellen Stellplatz kann die Stadt allerdings nicht aufwarten. Wenn Sie auf Strom- und Wasserversorgung für eine Nacht verzichten können, empfehlen wir Ihnen den großen und schattigen Parkplatz am **Rheinstrandbad Rappenwört**, am Ende der Hermann-Schneider-Allee [**001:** N48° 59' 54.9" E8° 17' 49.4"]. Mit der Stadtbahn kommen Sie bei Bedarf von diesem Platz bequem in die Innenstadt. Dieser Platz ist rund 10 Kilometer von der Autobahn entfernt und in der Nacht absolut ruhig.

Wesentlich näher an der Autobahn liegt der Stellplatz in ETTLINGEN. Er befindet sich in unmittelbarer Nähe des Freibades. In dem reizvollen Städtchen mit dem sehenswerten **Schloss** kann man mit einem Bummel durch die abendliche **Altstadt** in Kombination mit einem Restaurantbesuch den Tag schön ausklingen lassen.

(002) WOMO-Badeplatz: Ettlingen

GPS: N48° 56' 10", E8° 25' 03"; Schöllbronner Str. 69, 76275 Ettlingen
max. Womos: 10, maximale Länge 9 m
Ausstattung: Asphaltierter, gepflasterter Platz mit Wasserver- und entsorgung (mit Bodeneinlass), Kassettenentleerung, 4 Stromanschlüssen, Behälter für die Müllentsorgung, max. Aufenthaltsdauer: 48 h, geöffnet von Jan. – Dez.

Lage: Ortsrandlage, am Albgaubad (Hallen- und Freibad), nachts ruhig
Preise: Der Platz ist gebührenfrei, 2 € für ca. 100l Wasser, 2 € für 8 h Strom
Zufahrt: A5 Abfahrt Karlsruhe-Süd, durch die Innenstadt 5 Kilometer.

In RASTATT liegt der Stellplatz 6 Kilometer von der A5 entfernt. Sehenswert sind das **Schloss**, das vom Stellplatz zu Fuß zu erreichen ist und die **barocke Altstadt**.

(003) WOMO-Badeplatz: Rastatt

GPS: N48° 51' 14.6" E8° 11' 55.8" ; An der Bastion 6, 76437 Rastatt
max. Womos: 5, maximale Länge 10 m
Ausstattung: Gepflasterter Platz mit Wasserver- und entsorgung (mit Bodeneinlass), Kassettenentleerung, 4 Stromanschlüsse, Behälter für die Müllentsorgung, max. Aufenthaltsdauer: 48 h, geöffnet von Jan. – Dez.

Lage: Ortsmitte, neben dem Familienbad ALOHRA, nachts ruhig
Preise: 5,00 €, 2 € für ca. 100l Wasser, 1 € für 6 h Strom, Wertmarken an der Kasse des Familienbades.
Zufahrt: Von der B3 in den Leopoldring abbiegen, 500 Meter.

In SASBACHWALDEN befindet sich der Stellplatz direkt hinter dem Gebäude der Winzergenossenschaft Alde Gott,

(004) WOMO-Stellplatz: Sasbachwalden

GPS: N48° 37' 09.6" E8° 07' 16.8" ; Bachmatt 5, 77887 Sasbachwalden
max. Womos: >5, maximale Länge 9 m
Ausstattung: Befestigter Platz mit Wasserver- und entsorgung (mit Bodeneinlass), Kassettenentleerung, Stromanschlüssen, Behälter für die Müllentsorgung, max. Aufenthaltsdauer: >48 h, geöffnet von Jan. – Dez.

Lage: Ortseingang hinter, der Alde Gott Winzergenossenschaft, nachts ruhig
Preise: 7,00 €, 1 € für ca. 100l Wasser, 1 € für 8 h Strom, Münzautomat.
Zufahrt: A5, Abfahrt Achern, 8 Kilometer bis Sasbachwalden.

8 Kilometer von der A5 entfernt. Der Ort ist ein reizvolles Fachwerkstädtchen mit ausgezeichneter Gastronomie.

Etwas weiter weg ist der Parkplatz der **Allerheiligenfälle**, 24 Kilometer von der Abfahrt Achern. Hier steht man ganz allein auf einem Wanderparkplatz am Lierbach, am Rande des **Nationalpark Schwarzwald**. Die sehenswerten Wasserfälle sind nur wenige Meter von diesem Platz entfernt [**005:** N48° 31' 43.3" E8°11' 16.9"].

Eine Bademöglichkeit bietet das Freibad neben dem offiziellen Stellplatz der Stadt OPPENAU. Er liegt 7 Kilometer südlich der **Allerheiligenfällen** (N48° 28' 36.0" E8° 10'11.7").

Ein beliebter Etappenplatz findet sich in OBERKIRCH, 12 Kilometer von der Autobahn entfernt. Die **schöne Altstadt** ist zu Fuß bequem vom Platz erreichbar.

(006) WOMO-Stellplatz: Oberkirch

GPS: N48° 31' 43.9" E8° 04' 22.8"; Renchallee 7, 77704 Oberkirch
max. Womos: 40, maximale Länge 10 m
Ausstattung: Befestigter Platz. Wasserver- und entsorgung (mit Bodeneinlass=Gulliabfluss) abseits des Platzes, max. Aufenthaltsdauer: 7 Tage, geöffnet von Jan. – Dez.

Lage: Ortsrand an der Rench neben einem Sportgelände, nachts ruhig
Preise: 7,00 €, für ein Fahrzeug mit 2 Personen, 1 € für ca. 50l Wasser, 0,5 € für 1Kw/h Strom über Münzautomat, 40 Stromanschlüsse
Zufahrt: A5, Abfahrt Appenweier, 12 Kilometer.

In KEHL ist der Stellplatz 11 Kilometer von der A5 entfernt. Hier bietet sich ein Besuch von STRASSBURG an. Mit der neu eingerichteten **Tram**, lässt sich die Stadt vom Bahnhof Kehl (1,8 km zu Fuß) bequem erreichen.

(007) WOMO-Stellplatz: Kehl

GPS: N48° 33' 48.4" E7° 48' 50.0"; Schwimmbadstraße, 77694 Kehl
max. Womos: 35, maximale Länge 10 m

Ausstattung: Befestigter Platz mit Wasserver- und entsorgung (mit Bodeneinlass), Kassettenentleerung, 35 Stromanschlüsse, Behälter für die Müllentsorgung, max. Aufenthaltsdauer: 48 h, geöffnet von Jan. – Dez.
Lage: Am Wasserturm neben einem Sportgelände, Schwimmbad in der Nähe, nachts ruhig
Preise: 8,00 €, für ein Fahrzeug mit 2 Personen, 1 € für ca. 50l Wasser, 1 € für 1Kw/h Strom über Münzautomat
Zufahrt: A5, Abfahrt Appenweier, 11 Kilometer.

Für Fans von Freizeitparks: Der **Europapark** ist 5 Kilometer von der Abfahrt Rust entfernt.

(008) WOMO-Stellplatz: Rust

GPS: N48° 16' 21.3" E7° 43' 00.5" ; Rheinweg 5, 77977 Rust

max. Womos: 200, maximale Länge 9 m
Ausstattung: Befestigter Platz mit Wasserver- und entsorgung (mit Bodeneinlass), Kassettenentleerung, Stromanschlüsse, Brötchenservice, Frühstücksraum, Sportanlagen, Behälter für die Müllentsorgung, max. Aufenthaltsdauer: >48 h, geöffnet von Jan. – Dez.
Lage: Hinter dem Europapark
Preise: 2,5 € pro Stunde, max. 25,00 € pro Tag.
Zufahrt: A5, Abfahrt 57b Rust, 5 Kilometer.

Im krassen Gegensatz zur Lautstärke und dem Getümmel auf dem Gelände des Europaparks, steht eine ruhige Kahnfahrt im Naturschutzgebiet **„Taubergießen“**, eines der größten Naturschutzgebiete des Landes Baden-Württemberg in unmittelbarer Nähe des Freizeitparks.

Der 8 Kilometer von der Autobahn liegende Stellplatz in EMMENDINGEN ist ein guter Übernachtungsplatz. Er ist kostenlos und wer nur eine Runde schlafen will, wird sich nicht daran stören, dass der Platz wenig attraktiv ist. Die Güterzüge der Rheintalstrecke sind hörbar, stören die Nachtruhe aber nicht wirklich.

(009) WOMO-Stellplatz: Emmendingen

GPS: N48° 07' 06.2" E7° 50' 29.0" ; Am Sportfeld 25, 79312 Emmendingen

max. Womos: >5, maximale Länge 9 m
Ausstattung: Asphaltierter Platz mit Wasserver- und entsorgung am Rande des Platzes, Kassettenentleerung, Behälter für die Müllentsorgung, max. Aufenthaltsdauer: 72 h, geöffnet von Jan. – Dez.
Lage: Ein Kilometer bis zum Zentrum, entfernt vorbeifahrende Güterzüge nachts hörbar
Preise: Gebührenfrei, 1 € für ca. 80l Wasser
Zufahrt: A5, Abfahrt 59 Riegel, 8 Kilometer Emmendingen.

Wer auf der Fahrt in den Jura in FREIBURG vorbeischauen möchte, der sollte sich seinen Stellplatz in Zentrumsnähe vorher reservieren. Der Platz ist quasi immer ausgebucht. Die Reservierung kann online erfolgen: www.stellplatz-freiburg.de/. Bis zum Münsterplatz sind es zu Fuß rund 15 Min. Ein Bummel durch die Altstadt sicher eine lohnenswerte Unterbrechung der Reise.

(010) WOMO-Stellplatz: Freiburg

GPS: N47° 59' 58.7" E7° 49' 31.6"; Bissierstraße 30, 79114 Freiburg i.Br.
max. Womos: 70, maximale Länge 9 m
Ausstattung: Befestigter Platz. Stellflächen mit Büschen voneinander getrennt. Wasserver- und entsorgung (mit Bodeneinlass) max. Aufenthaltsdauer: 7 Tage, geöffnet von Jan. – Dez.

Lage: Zentrumslage, trotzdem ruhig.
Preise: Gestaffelt nach Fahrzeuggröße zwischen 9,00 (7m) und 11,00 € (9m), für ein Fahrzeug mit 2 Personen + 1,00 € Nebenkosten, Wasser, Abwasser, Toilettenentsorgung gratis, 1 € für 1,5 Kw/h Strom.
Zufahrt: A5, Abfahrt Freiburg-Mitte, 5 Kilometer.

Die Fahrt zum Stellplatz BREISACH führt durch den schönen **Kaiserstuhl.** Um dorthin zu gelangen, nehmen Sie bitte die Abfahrt 59 Riegel. Von der Abfahrt bis zum Stellplatz sind es rund 24 Kilometer. In BREISACH lohnt es sich neben der Besichtigung des Städtchens auf die andere Rheinseite nach NEUF-BRISACH zu fahren und sich dort die **Vauban-Festung** anzuschauen. Sie ist eines der Meisterwerke des Festungsbaumeisters, dessen Werke uns im Jura und in den Alpen noch sehr oft begegnen werden, aber nicht in diesem absolut symmetrischen Grundriss, wie er sich nur hier in der Ebene verwirklichen ließ.

Wenn Sie schon in NEUF-BRISACH sind, können Sie gleich nach MULHOUSE weiterfahren, ohne erst nach Deutschland zurückzukehren.

Von NEUF-BRISACH nach MULHOUSE, zum Beginn der **Tour1**, sind es über die D2 und die gebührenfreie A35 rund 40 Kilometer.

(011) WOMO-Stellplatz: Breisach

GPS: N48° 01' 46.6" E7° 34' 31.6"; Josef Bueb Strasse, 79206 Breisach
max. Womos: 80, maximale Länge 10 m

Ausstattung: Asphaltierter Platz mit Wasserver- und entsorgung (mit Bodeneinlass), Kassettenentleerung, Behälter für die Müllentsorgung, max. Aufenthaltsdauer: 72 h, geöffnet von Jan. – Dez.
Lage: Am Rheinufer, zwischen Hafen und Parkanlage, 500 Meter bis zum Zentrum, mit einigen Restaurants und Weinlokalen.
Preise: 6,00 €, für ein Fahrzeug mit 2 Personen, 1,00 € für ca. 50l Wasser, 1,00 € für Abwasser.
Zufahrt: A5, Abfahrt Riegel, 24 Kilometer.

Wenn Ihr Weg Sie über die A81 führt, dann empfehlen wir Ihnen die Autobahn an der Ausfahrt Horb zu verlassen und nach FREUDENSTADT zu fahren und danach durch das **Kinzigtal** hinunter Richtung A5 den Weg fortzusetzen. Allein die Fahrt durch dieses Tal ist reizvoll. Der Stellplatz am Panorama-Bad ist wegen seinem leichten Gefälle zwar nicht optimal, aber er bietet zumindest eine Versorgungseinrichtung und das **Panorama-Bad** ist ganz sicher eine attraktive Freizeiteinrichtung. Das Bad finden Sie in der Ludwig-Jahn-Straße, 72250 Freudenstadt, die GPS-Koordinaten lauten [**012:** N48° 28' 17.2" E8° 24' 46.0"].

Das Fachwerkstädtchen SCHILTACH lohnt es sich anzuschauen. Der Stellplatz liegt direkt an der Kinzig und ist sehr nah am Zentrum des Ortes.

(013) WOMO-Stellplatz: Schiltach

GPS: N48° 17' 28.1" E8° 20' 33.0" ; Gerbergasse, 77761 Schiltach
max. Womos: 10, maximale Länge 9 m
Ausstattung: Befestigter Platz mit Wasserversorgung, Stromanschlüsse, Behälter für die Müllentsorgung, max. Aufenthaltsdauer: 72 h, geöffnet von Jan. – Dez.
Lage: Ortsmitte, nachts ruhig
Preise: Kostenlos
Zufahrt: Im Zentrum die erste Brücke rechts, nach der Brücke scharf links, die Einfahrt ist eng.

Von Schiltach zum **Freilichtmuseum Vogtsbauernhof** sind es 17 Kilometer. Verfehlen kann man ihn auf der Strecke talabwärts nicht. Auf dieses außergewöhnliche Museum wird vielfach an der Straße hingewiesen. Trotzdem die Adresse und die Koordinaten: (Vogtsbauernhof 1, 77793 Gutach (Schwarzwaldbahn), GPS: N48° 16' 16.9" E8° 11' 54.9").

Vom Vogtsbauernhof bis zum nächsten Stellplatz in SEELBACH sind es rund 27 Kilometer. Adresse und Koordinaten: Tretenhofstraße 74, 77960 Seelbach, [**014:** N48° 18' 01.7" E7° 56' 40.0"].

Von diesem Stellplatz, der komplett ausgestattet ist, haben wir kein geeignetes Foto. Er ist mit 20,00 € pro Fahrzeug relativ teuer und eignet sich auch nur dann für eine Übernachtung, wenn man das Angebot vom **Ferienparadies Schwarzwälder Hof** siehe www.spacamping.de/ nutzen möchte.

Wenn Sie aus dem Süden Bayerns anreisen, so sehen wir zwei Möglichkeiten entspannt nach MULHOUSE zu fahren. Die eine Route führt über DONAUESCHINGEN nach FREIBURG, die andere durch SCHAFFHAUSEN und entlang des **Hochrheins** bis zum Grenzübertritt nach Frankreich.

Wenn Sie durch **Schaffhausen** fahren, benötigen Sie eine **Vignette** und wenn Ihr Fahrzeug mehr als 3,5t hat, so müssen Sie an der Grenze ein Papier für die **Schwerlastabgabe** ausfüllen und dafür natürlich auch eine Gebühr zahlen.

(015) WOMO-Stellplatz: Donaueschingen

GPS: N47° 56' 50.7" E8° 30' 43.1"; Prins Fritzi-Allee, 78166 Donaueschingen
max. Womos: 20, maximale Länge 10 m
Ausstattung: Befestigter Platz. Wasserver- und entsorgung abseits des Platzes an der Kläranlage, max. Aufenthaltsdauer: 48 h, geöffnet von Jan. – Dez.

Lage: Ortsrand neben den Pferdesportanlagen, in der Nähe des Fürstlich Fürstenbergischen Parks, nachts ruhig
Preise: kostenlos, 1,00 € für 1Kw/h Strom über Münzautomat
Zufahrt: über die Fürstenbergstraße.

Der weitere Weg von DONAUESCHINGEN führt über TITISEE-NEUSTADT durch das **Höllental** nach Freiburg. Eine landschaftlich reizvolle Strecke, die man noch mal in der **Ravennaschlucht** für eine Kaffeepause und einen Spaziergang in dieser Schlucht unterbrechen kann. Übernachten können Sie dabei auf diesem Parkplatz [**016:** N47° 54' 59.1" E8° 04' 18.7"], wenn Sie die vorbeiführende B31 nicht stört.

In der Nähe von SCHAFFHAUSEN ist der **Rheinfall** ein großer Besuchermagnet. Der Stellplatz dort ist leicht anzufahren und nur einen kurzen Fußweg vom **Rheinfall** entfernt.

(017) WOMO-Stellplatz: Schaffhausen

GPS: N47° 40' 25.8" E8° 36' 31.2"; Nohlstrasse, 8212 Neuhausen am Rheinfall
max. Womos: 50, maximale Länge 10 m

Ausstattung: Befestigter Platz mit Wasserver- und entsorgung (mit Bodeneinlass), Kassettenentleerung, Behälter für die Müllentsorgung, max. Aufenthaltsdauer: 24 h, geöffnet von Apr. – Okt.
Lage: parkähnliches Gelände oberhalb des Rheins, nachts ruhig
Preise: 5,00 €, für ein Fahrzeug mit 2 Personen für die erste Stunde, jede weitere Stunde 2, 00 €, Ver- und Entsorgung kostenlos
Zufahrt: in Neuhausen über die Nohlstrasse.

(018) WOMO-Stellplatz: Waldshut-Tiengen

GPS: N47° 36' 40.5" E8°13' 31.3" ; Jahnweg 22, 79761 Waldshut-Tiengen

max. Womos: 44, maximale Länge 9 m

Ausstattung: Großer befestigter Platz mit Wasserver- und entsorgung (mit Bodeneinlass), Kassettenentleerung, Stromanschlüsse, Behälter für die Müllentsorgung, max. Aufenthaltsdauer: >48 h, geöffnet von Jan. – Dez.

Lage: in unmittelbarer Nähe des Rheins, nachts ruhig

Preise: 12,00 €, 1 € für ca. 100l Wasser, 1 € für 2 Kw/h Strom, Münzautomat.

Zufahrt: Über die B34, Konstanzer Straße.

(019) WOMO-Stellplatz: Bad Säckingen

GPS: N47° 32' 56.2" E7° 56' 50.6" ; Austrasse, 79713 Bad Säckingen

max. Womos: 40, maximale Länge 9 m

Ausstattung: Befestigter Platz mit Wasserver- und entsorgung (mit Bodeneinlass), Kassettenentleerung, Stromanschlüsse, Behälter für die Müllentsorgung, max. Aufenthaltsdauer: >48 h, geöffnet von Jan. – Dez.

Lage: Ortsrandlage, nahe am Rhein der hinter den Sträuchern nicht zu sehen ist, nachts ruhig

Preise: 10,00 €, 0,50 € für ca. 50l Wasser, Strom kostenlos, Münzautomat.

Zufahrt: Über die Scheffel- und Austraße.

Die oberen beiden Stellplätze befinden sich in den Ortsrandlagen reizvoller Städte, die es Wert sind besucht zu werden.

In BAD BELLINGEN können Sie zum Abschluss dieses Kapitels das **Thermalbad** aufsuchen und dann die Reise in den **französischen Jura** ganz entspannt beginnen. Wir wünschen Ihnen viel Freude dabei.

(020) WOMO-Badeplatz: Bad Bellingen

GPS: N47° 43' 47.9" E7°33' 08.7" ; Badstrasse 14, 79415 Bad Bellingen

max. Womos: 30, maximale Länge 9 m

Ausstattung: Befestigter Platz mit Wasserver- und entsorgung (mit Bodeneinlass), Kassettenentleerung, Stromanschlüssen, Behälter für die Müllentsorgung, max. Aufenthaltsdauer: >48 h, geöffnet von Jan. – Dez.

Lage: Direkt neben der Balinea Therme, nachts AB hörbar.

Preise: 18,50 €, 1 € für ca. 100l Wasser, Strom kostenlos.

Zufahrt: A5, Abfahrt 67 Efringen-Kirchen, 7 Kilometer bis Bad Bellingen.

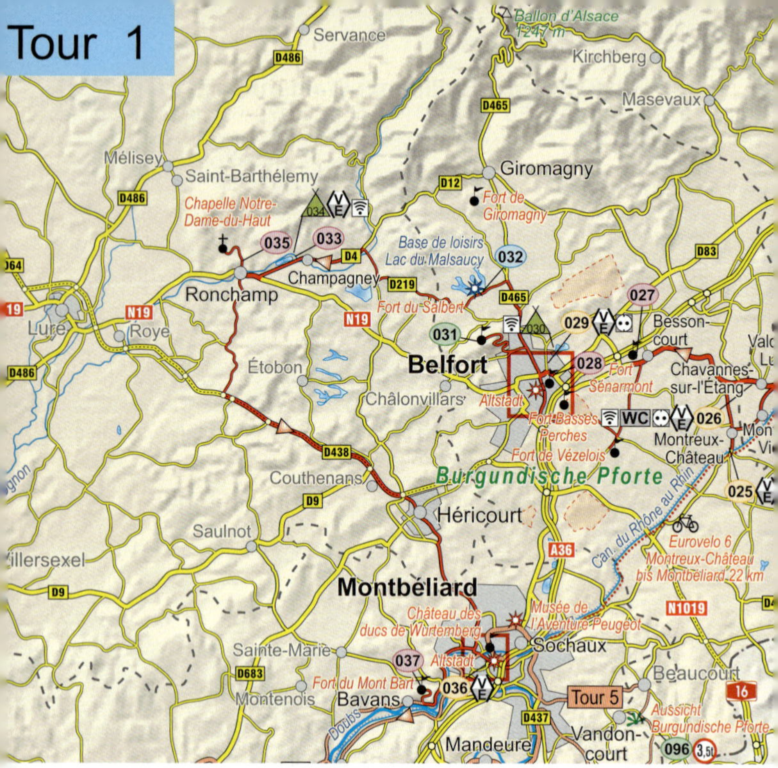

TOUR 1 (ca. 170 km)

Mulhouse – Dannemarie – Chavannes-sur-l'Étang – Montreux-Chateau – Belfort – Ronchamp – Montbéliard

Freie Übernachtung:	Mulhouse, Belfort, Lac du Malsaucy, Champagney, Montbéliard (Fort du Mont Bart).
Stellplätze:	Chavannes-sur l'Etang, Montreux-Château, Belfort, Montbéliard.
Campingplätze:	Mulhouse, Belfort, Champagney.
Ver-/Entsorgung:	Chavannes-sur l'Etang, Montreux-Château, Belfort, Champagney, Montbéliard.
Besichtigungen:	Mulhouse: Cité du Train, Cité de l'Automobile, Mulhouse Altstadt; Schleusen bei Dannemarie; Belfort: Festung und Altstadt, Fort Basses Perches, Fort du Salbert; Chapelle Notre-Dame-du-Haut in Ronchamp; Montbéliard: Altstadt und Château.
Wandern/Radtour:	Radtouren entlang des Canal du Rhône au Rhin, Wanderung um den Lac du Malsaucy, Wanderung rund um Fort du Salbert.
Baden/Wellness:	Strandbad am Lac du Malsaucy.

MULHOUSE liegt rund 20 Kilometer hinter der deutschen Grenze. Auch wenn diese Großstadt nicht im Jura liegt, sondern noch zum Elsass gehört, wollen wir nicht achtlos daran vorbeifahren. Sie ist die erste Stadt in der Reihe der großen Städte die vor und hinter der **Burgundischen Pforte** liegen und die wir mit einigen Zwischenstopps in dieser und der nächsten Tour nacheinander aufsuchen werden. In MULHOUSE werden wir nur das A**utomobilmuseum (Cité de l'Automobile - Collection de voitures Schlumpf)**, das **Eisenbahnmuseum (Cité du Train)** und die **Altstadt** besuchen. Alles andere nördlich und südlich dieser Großstadt ist im WOMO-Band 6 Mit dem Wohnmobil ins Elsass von Ralf Gréus abgehandelt, darauf möchten wir an dieser Stelle ausdrücklich aufmerksam machen.

Aus Deutschland kommend verlassen wir die A5 über das Autobahndreieck Neuenburg Richtung Frankreich. Nachdem wir den Rhein überquert haben befinden wir uns auf der noch gebührenfreien A35 (La Comtoise) in Richtung Lyon. Nach etwa 20 Kilometern nehmen wir die Abfahrt 17 (Lutterbach) und folgen dann der Beschilderung zur **Cité du Train** in der Rue Alfred de Glehn 2.

Der Parkplatz am Museum ist kostenfrei **[021:** N47° 44' 59.1" E7°17' 40.3"] und kann, wenn das vorbeipfeifen der Züge auf den nahen Gleisen nicht stört, durchaus für eine Übernach-

Salonwagen Napoleons III aus dem Jahre 1856.

tung genutzt werden, das ist aber nicht jedermanns Sache. Weitere Übernachtungsmöglichkeiten in Mulhouse gibt es am Zoologischen Garten oder auf dem Campingplatz. Wer das Eisenbahnmuseum und das Automobilmuseum besucht hat, wird eine Pause brauchen, zu gewaltig und zeitaufwändig sind diese beiden Museen. Beide sind in ihren Sparten die größten in Europa, es lohnt sich hineinzuschauen. Zunächst die **Cité du Train**. Der Eintritt kostet 12,00 €. Das Museum ist mit einer Ausnahme (25. Dezember) täglich geöffnet. In den Wintermonaten von November bis April von 10-17 Uhr, in den anderen Monaten (vom 11. April - 1. November) von 10-18 Uhr geöffnet. Mit den deutschsprachigen Audioguides die an der Kasse zu erhalten sind, wird zu den einzelnen Exponaten eine Fülle von Informationen geliefert.

Cité du Train

Es hat eine Weile gedauert bis es zur Gründung des Museums kam. Schon um 1900 gab es Überlegungen die französischen Eisenbahngeschichte mit einem Museum zu dokumentieren. Doch über Jahrzehnte fand man keinen geeigneten Standort und nach den beiden Weltkriegen hatte man dringlicheres zu tun, als sich um ein Eisenbahnmuseum zu kümmern. 1971 war es dann endlich soweit, in einem stillgelegten Maschinenschuppen wurde der Vorläufer des heutigen Museums mit einer bescheidenen Ausstellung von 10 Lokomotiven eröffnet. Nach einigem Auf und Ab in der Entwicklung des Museums wird heute in zwei Hallen mit über 100 Exponaten die Geschichte der französischen Eisenbahnen präsentiert, von den ersten Dampflokomotiven bis hin zum Hochgeschwindigkeitszug TGV, des **T**rain à **G**rande **V**itesse wird der Bogen gespannt.

In den beiden Gebäuden sind die Ausstellungsbereiche unterschiedlich gestaltet. Im hinteren älteren Gebäude stehen diverse Lokomotiven und andere Schienenfahrzeuge dicht gedrängt in einem relativ hellen Raum. Diese Sammlung präsentiert die technische Seite bis in die neueste Zeit. Hier finden sich von der ältesten Dampflok Europas (der Buddicom Nr. 33 "Saint-Pierre" aus dem Jahre 1844), über aufgeschnittene, die Funktionsweise einer Dampflokomotive erklärende Exponate, bis hin zum Führerstand eines TGV, in dem man natürlich auch einmal Platz nehmen kann und Lokführer spielen darf. Hier findet sich also alles was die technische Seite des Eisenbahnwesens in ihrer rasanten Entwicklungsgeschichte so interessant macht. Natürlich stehen auch hier Diesellokomotiven und die Elektrifizierung der Eisenbahn wird umfassend erklärt.

Mit dem Betreten der ersten Halle beginnt eine kleine Zeitreise. Hier wird die Entwicklung der Eisenbahn in einem historischen Kontext gesetzt und führt den Besucher so durch die Geschichte mit dem Beginn der industriellen Revolution. Die ausgestellten Lokomotiven und Waggons sind in Themen eingebettet. Es wird dokumentiert welchen Einfluss die Bahn auf die Entwicklung des Tourismus hatte, welche strategische Bedeutung in den beiden Weltkriegen. Es wird gezeigt wie die verschiedenen politischen Führer ihrer Zeit mit der Bahn reisten und wie komfortbewußt und bequem die Reisen im Laufe der Jahrhunderte wurden. Man kann beim Gang über die Bahnsteige dieser Ausstellung den Epochenwandel regelrecht spüren. Die Halle ist relativ dunkel, Lichteffekte setzen die jeweiligen Objekte in Szene. Manchmal wünscht man sich ein wenig mehr Licht, um die eine oder andere Lokomotive besser betrachten zu können, aber das würde wiederum die besondere Atmosphäre dieser Ausstellung stören. So wird man durch das "Goldenene Jahrhundert der Eisenbahn" geführt, wie die Betreiber des Museums es nennen. Dieses Arrangement ist schon gelungen, spricht sie den Besucher doch sehr viel emotionaler an, als eine reine Aneinanderreihung von Loks und Wagen mit Typbeschreibungen auf davor aufgestellten Tafeln.

Ging es zu Anfang des Eisenbahnzeitalters noch recht behäbig und lang-

Die älteste Dampflok Europas, Buddicom Nr. 33 "Saint-Pierre" aus dem Jahre 1844.

sam zu, so erhöht sich die Geschwindigkeit von Jahrzehnt zu Jahrzehnt. Waren zu Anfang der Geschwindigkeiten von 50 km/h schon "berauschend", ist die Regelhöchstgeschwindigkeit des TGV auf den eigens für diese Eisenbahn eingerichteten Strecken 320 km/h. Einem Geschwindigkeitsrekord des TGV kann in der zweiten Halle miterlebt werden. In einem nachempfundenen Führerhausstand führen Filmaufnahmen der Rekordfahrt von 2007 auf eine Geschwindigkeit von 574,8 km/h. Das ist schon recht flott, faszinierender für einen echten Eisenbahnfreak sind aber sicher die alten Dampfloks. Eine davon steht im Freigelände des Museums auf einer Drehscheibe. Daneben weitere Fahrzeuge und Waggons.

Wer nach diesem Ausflug in die Eisenbahnwelt noch nicht erschöpft ist, kann sich gleich dem nächsten Museum zuwenden. Das **Musée EDF Electropolis** liegt direkt vor der **Cité du**

In Szene gesetztes Räderwerk einer Dampflokomotive.

Train und widmet sich der Geschichte der Elektrizität und der Entwicklungsgeschichte elektrischer Haushaltsgeräte. Prunkstück des Museums ist ein 170 Tonnen schweres Ungetüm. Die "grande machine Sulzer-BBC" ist ein Stromgenerator der von einer Dampfmaschine betrieben wurde. Sie versorgte die Textilmaschinen der Firma Dollfus-Mieg et Compagnie (DMC) mit elektrischer Energie und war von 1901 bis 1947 in Betrieb. Diese Textilfirma existiert heute noch und ist Weltmarktführer in der Herstellung von Stick- und Häkelgarnen. Das Firmengelände befindet sich in der Rue de Pfastatt und ist im Stadtplan auf der Seite 38 verzeichnet. Eine Betriebsbesichtigung ist möglich und kann über das Office de Tourisme gebucht werden.

Wir haben dies nicht gemacht und können deshalb nicht beurteilen, ob es sich lohnt oder nicht.

Wir wenden uns einem anderen Museum zu, das es wahrscheinlich gar nicht gäbe, hätten die verantwortlichen Unternehmer ihr Textilunternehmen genauso gewissenhaft geführt wie die Unternehmensleiter von DMC.

Das Automobilmuseum **Cité de l'Automobile - Collection de voitures Schlumpf** ist rund 4 Kilo-

Kunst am Eingang des Automobilmuseums Cité de l'Automobile.

Im Automobilmuseum.

Ein Prunkstück: Bugatti Royale Coupé Type 41 aus dem Jahre 1929.

meter vom dem Museum **Cité du Train** entfernt. Die Adresse für den Parkplatz vor dem Museum ist: 15 Rue de l'Épée, 68100 Mulhouse, die GPS-Koordinaten: N47° 45' 35.4" E7° 19' 52.2". Der Parkplatz ist groß und geräumig genug, um das WOMO abzustellen. Eine Übernachtung an diesem Ort ist nicht möglich, wäre auch nicht sonderlich reizvoll. Neben

Öffnungszeiten Cité de l'Automobile - Collection de voitures Schlumpf:

4. Januar bis 5. Februar: wochentags 13-17 Uhr, an Wochenenden 10-17 Uhr
6. Februar bis 25. März: 10-17 Uhr
26. März bis 1. November: 10-18 Uhr
2. November bis 31. Dezember: 10-17 Uhr
25. Dezember geschlossen

dem Eintritt für das Museum in Höhe von 12,00 € pro Person, sind Parkgebühren in Abhängigkeit von der Parkdauer zu entrichten (max. 10,00 €). Wer zudem noch eine der in den Sommermonaten angebotenen Shows im Außengelände besuchen will, zahlt weitere 3.00 € pro Person. Billig geht anders, aber den Besuch des größten Automobilmuseums der Welt kann man nicht auslassen, wenn man ein Faible für Oldtimer und exklusive Autos hat.

Die Entstehungsgeschichte dieses Museums klingt ein wenig sonderbar. Reiche Textilfabrikanten ruinieren durch ihre

Cité de l'Automobile
Collection de voitures Schlumpf

Die Gebrüder Hans (*21.2.1904; † 1989) und Fritz Schlumpf (*24.2.1906; † 18.4.1992) hatten in den Jahren zwischen 1930 und 1970 mit ihren drei Textilfabriken im Elsass und einer in Nordfrankreich eine marktbeherrschende Position in der Herstellung von gekämmten Garnen. Sie gelangten zu unermesslichen Reichtum. Als 1963 die Tore der Bugatti-Produktionsstätte in Molsheim geschlossen wurden, entschloss sich Fritz Schlumpf die Produktionsreste und weltweit alle Modelle die den Namen Bugatti trugen zu erwerben. Hatte er schon Ende der 50er Jahre begonnen einzelne Oldtimer anzukaufen, war jetzt die Sammelleidenschaft entfacht und wurde auch auf andere Nobelmarken europäischer Hersteller ausgedehnt. Wo ein Auto der berühmten europäischen Karosserieschmieden angeboten wurde, Fritz Schlumpf kaufte es. Die Preise gingen dadurch in die Höhe, denn überbieten ließ er sich nicht. Das Verhängnis nahm seinen Lauf, als die westeuropäische Textilindustrie zu Beginn der 70er Jahre in die Krise geriet. Mit ihren ohnehin schon veralteten Produktionsstätten war die Schlumpfs nicht mehr konkurrenzfähig, die Produktion brach ein, der Konkurs war nur noch eine Frage der Zeit. Die Sammelwut aber blieb. Die ganze Geschichte ist auf der website des Museums zu lesen.

Wir kürzen das hier ab und können den Besuch dieses Museums für Liebhaber alter Automobile nur empfehlen. Es wäre schade auf dem Weg in den Jura einfach daran vorbeizufahren. Die Sammlung ist einfach überwältigend.

Sammelleidenschaft ihren Betrieb, legen damit den Grundstein für das größte Automobilmuseum der Welt, das sie selbst nie gesehen haben. Eine Tragödie der besonderen Art.

Renaissancefassaden und das Hôtel de Ville mit dem Musée Historique am

Nach diesen beiden großen Museen tut eine kulinarische Stärkung natürlich gut. Wer die Bordküche nicht bemühen mag, findet in der **Altstadt von Mulhouse** sicher ein geeignetes Restaurant oder auch eine "Winstub". Parken lässt sich das WOMO am Altstadtrand auf dem Parkplatz Buffon in der Rue Buffon [**022:** N47° 44' 52.3" E7° 19'52.6"]. Hier lässt es sich sogar übernachten, das ist zwar nicht sonderlich attraktiv aber zur Not geht es. Die Übernachtungsmöglichkeiten am Zoo oder auf dem Campingplatz sind attraktiver. Einen klassischen WOMO-Stellplatz gibt es in MULHOUSE nicht.

Vom Parkplatz Buffon ist es über die Rue de l'Arsenal (siehe grün gepunktete Linie auf dem Stadtplan Seite 36) nur ein kurzer Weg in die historische Altstadt. Die Straßen sind verkehrsberuhigt aber nicht gänzlich autofrei. In den Sommermonaten haben die zahlreichen Cafés und Restaurants Tische und Stühle vor ihren Lokalen aufgestellt. Das Angebot ist vielfältig und geht von der indischen, der chinesischen und der italienischen Küche bis zur klassischen elsässischen Kochkunst. Wir bevorzugen stets die regionale Küche, die zum Beispiel in der Winstub Henriette in der Rue Henriette, einer Seitenstraße der Place de la Réunion zu finden ist. Die Altstadt hat sicher nicht soviel Flair wie z.B. Straßburg, aber der Charme des herausgeputzten Zentrums macht einen Besuch in jedem Fall lohnenswert. Das architektonische Ensemble am **Platz der Wiedervereinigung (Place de la Réunion)** ist beeindrucken.

Platz der Wiedervereinigung (Place de la Réunion).

Diese Schokoladenseite der Altstadt kann man in einem der Straßencafés auf dem Platz in aller Ruhe auf sich wirken lassen. Die Renaissancefassaden der Häuser, das **Hôtel de Ville** mit seiner bemalten Fassade und die **Stephanskirche** geben auch einen schönen Rahmen für den Weihnachtsmarkt, der alljährlich auf diesem Platz vom 24.11 bis zum 27.12. stattfindet.

Straßenlokale in der Rue Henriette einer Seitenstraße der Place de la Réunion.

Zwei Stephanskirchen gibt es in Mulhouse, eine katholische, **(Église Saint-Étienne)** und eine evangelische **(Temple Saint-Étienne)**. Untypisch für französische Städte ist die evangelische Kirche die Hauptkirche. Sie steht am **Platz der Wiedervereini-**

Cité de l'Automobile
Dollfus-Mieg et Compagnie (DMC)
Rue de Pfastatt
Avenue Aristide Briand
D166
Rue du Siphon
Blvd Prés. Roosevelt
Avenue du Prési
Rue des Franciscai
021
Parking Buffon
Rue de l'Arsenal
Boulevard de la Marne
Rue Lucien Gander
R. Gutenberg
Rue J. Preiss
Rue Gay Lussac
Rue de Zillisheim
Rue du Manège
Cité du Train
Boulevard Charles Stoessel
La Kunsthalle
Palais des Sports
Stade de l'Ill
Quai d'Isly
Rue Pierre de Coubertin
Avenue d'Altkirch
Stade Municipal
Rue P. de Coubertin
D432
Hôpital du Hasenrain
Piscine de l'Illberg
024
Camping de l'Ill
D882
Rue Léo Lagrange
Canal du Rhône au Rhin
Chemin des Cordiers
Rue de la Patrouille
N
3,1m
250 Meter

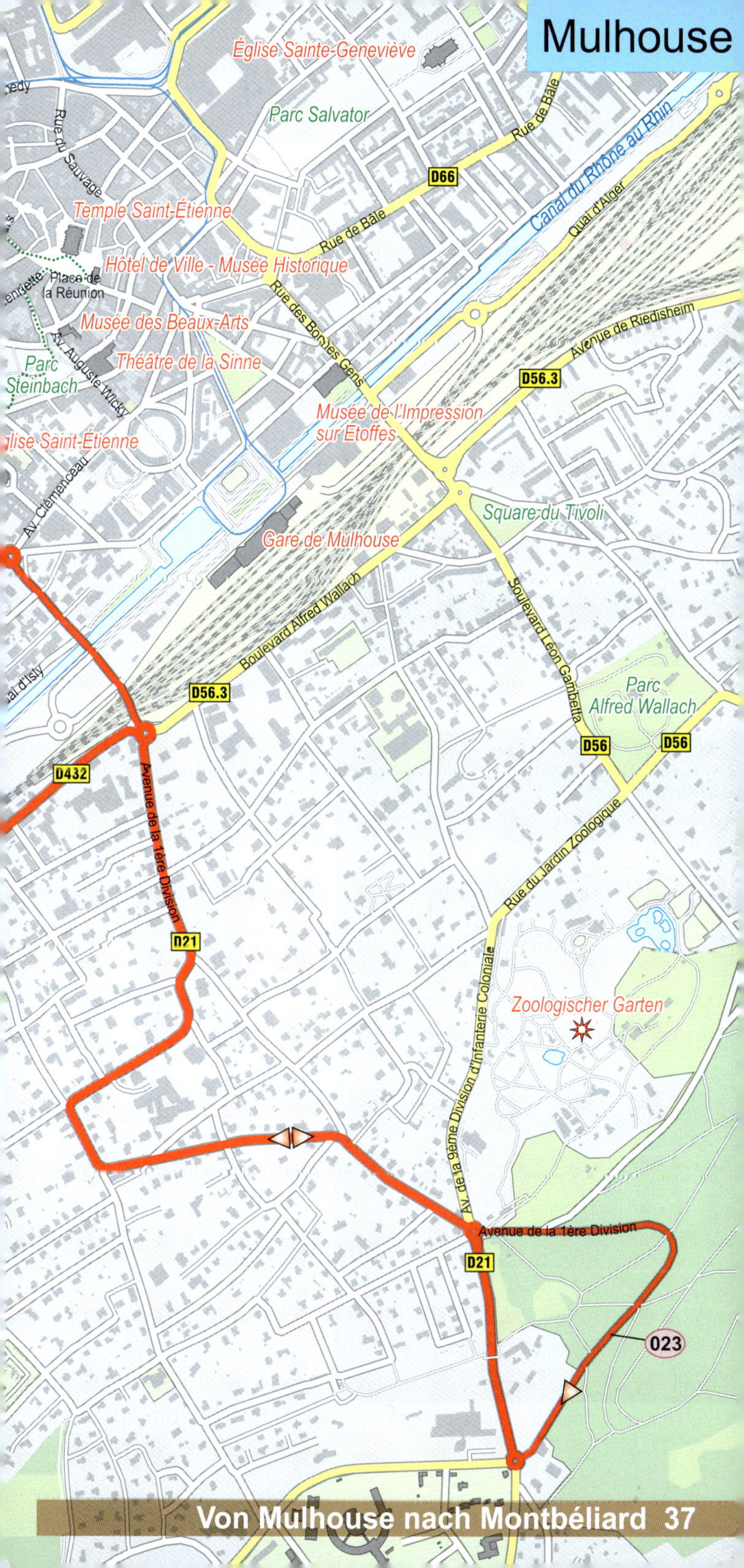
Église Sainte-Geneviève
Parc Salvator
Rue de Bâle
D66
Canal du Rhône au Rhin
Quai d'Alger
Rue du Sauvage
Temple Saint-Étienne
Rue de Bâle
Hôtel de Ville - Musée Historique
Place de la Réunion
Musée des Beaux-Arts
Rue des Bons Gens
Avenue de Riedisheim
Parc Steinbach
Av. Auguste Wicky
Théâtre de la Sinne
D56.3
Musée de l'Impression sur Etoffes
Av. Clémenceau
Square du Tivoli
Gare de Mulhouse
Boulevard Léon Gambetta
Boulevard Alfred Wallach
D56.3
Parc Alfred Wallach
D432
D56
D56
Avenue de la 1ère Division
Rue du Jardin Zoologique
D21
Av. de la 9ème Division d'Infanterie Coloniale
Zoologischer Garten
Avenue de la 1ère Division
D21
023

Die protestantische Stephanskirche (Temple Saint-Étienne).

Alte Kirchenfenster in der protestantischen Stephanskirchekirche.

gung (Place de la Réunion) und wurde in den Jahren zwischen 1859 und 1868 im neogotischen Stil erbaut. Sie ersetzte eine baufällig gewordene Kirche aus dem Mittelalter. Die Glasgemälde der alten Kirche die Mitte des 14. Jahrhunderts angefertigt wurden, fanden einen neuen Platz in der 1. Etage des Neubaus. Auf 10 Fenster verteilt erzählen sie christliche Heilsgeschichte mit biblischen und außerbiblischen Szenen. Der Glockenturm der ist 97 Meter hoch und ist damit der höchste Kirchturm eines evangelischen Gotteshauses in Frankreich. Auf der Walcker-Orgel in dieser Kirche lernte einst der spätere Friedensnobelpreisträger Albert Schweitzer, der in Mulhouse das Gymnasium besuchte und hier 1893 das Abitur machte, das Orgelspiel.

Wohl wissend, dass wir MULHOUSE hier nicht erschöpfend behandelt haben ziehen wir weiter. Das Historische Museum (Musée Historique), das Museum der schönen Künste (Musée des Baux Arts) und das Stoffdruckmuseum (Musée de l'Impression sur Etoffes), das mit sechs Millionen erhaltenen Motiven weltweit einmalig ist, liegen alle sehr nah am oder im Zentrum. Im Stadtplan sind sie verzeichnet,

(023) WOMO-Picknickplatz: Mulhouse Parc Zoologique

GPS: N47° 43' 46.5" E7° 20' 59.9",
Avenue de la 1ère Division Blindée, 68100 Mulhouse
max. Womos: 4, maximale Länge 8 m

Ausstattung: Keine. **Lage:** Ortsrandlage im Wald, nachts sehr ruhig.
Preise: gebührenfrei.
Zufahrt: Der Beschilderung zum Zoo folgen. Am Kreisverkehr vor dem Haupteingang der Parkbeschilderung folgen und einen geeigneten Platz Platz suchen. Die Straße ist eine Einbahnstraße.

(024) WOMO-Campingplatz-Tipp: Mulhouse Camping de l'Ill

GPS: N47° 44' 05.0" E7° 19' 27.6", 1, rue Pierre de Coubertin, 68100 Mulhouse
max. Womos: > 10, maximale Länge 8 m
Ausstattung: Platz mit Rasenflächen, mit Wasserver- und entsorgung (mit Bodeneinlass), Kassettenentleerung, Stromanschlüssen, Behälter für die Müllentsorgung, WLAN, geöffnet vom 1.4. bis 30.9.
Lage: Ortsrandlage zwischen der Ill und dem Rhein-Rhône-Kanal, nachts sehr ruhig.
Preise: Gebühr pro Tag 17,00 €. Die Wasserver- und entsorgung ist kostenlos, Stromversorgung 4,20 € pro Tag.
Zufahrt: Über die Avenue d'Altkirch (D432) in Richtung Altkirch dann der Beschilderung zum Campingplatz folgen. Achtung: Die Durchfahrt der Kanalunterführung ist auf 3,1 m Höhe begrenzt.

es bleibt Ihnen überlassen, sich mit diesen Reisezielen näher zu befassen. Dasselbe gilt für den Zoologischen Garten, der sicher auch einen Besuch wert ist.

Unsere Route führt entlang des **Rhein-Rhône-Kanals** über schmale Straßen nach DANNEMARIE und dann, mit einigen Zwischenstopps, nach BELFORT. Spektakulär sind die ersten Kilometer nicht. Ostfrieslandeben ist die Landschaft, Landwirtschaft links und rechts, ein paar Dörfer und vom Kanal ist nichts zu sehen, auch wenn wir ihm nach dem Blick auf der Karte sehr nah sind. Vor HAGENBACH überqueren

Dekorierter Brunnen in Dannemarie.

Schleusen zwischen Dannemarie und Chavannes sur-l'Étang.

wir den Kanal und hinter DANNEMARIE kündigt eine leichte Steigung einen Landschaftswechsel an.

Das Frankreich eine radsportverrückte Nation ist, wird immer wieder sichtbar. Es gehört offensichtlich zum guten Ton in den Städten und Gemeinden Brunnen, Denkmäler, Gartenanlagen, die Außenwände von Häusern und anderes mit ausrangierten Fahrrädern zu dekorieren. Manchmal temporär im Rahmen von Radsportveranstaltungen, manchmal aber auch einfach als Kunstobjekt für längere Zeit. Bis so ein Rad verrostet ist, dauert es schon eine Weile und selbst wenn, bekommt es dadurch natürlich noch eine besondere künstlerische Note. Es wird Ihnen immer wieder begegnen.

Die leichte Steigung hinter DANNEMARIE war für die Erbauer des **Rhein-Rhône-Kanals** eine Herausforderung. Immerhin waren auf einer Distanz von rund 4 Kilometern 42 Höhenmeter zu überwinden. War der Bau der 15 Schleusen zwischen 1784 und 1833 auf diesem Abschnitt sicher mit so manchem Schweißtropfen verbunden, erfreuen sich heute die Radler auf der **Eurovelo 6** an diesen Industriedenkmälern und radeln ganz entspannt und ohne Schweißtropfen zu vergießen an diesen, immer noch in Betrieb befindlichen Anlagen vorbei. Verkehrstechnisch hat der Kanal heute keine Bedeutung mehr, zumindest für Frachtschiffe. Pläne den Kanal zu einer europäischen Hauptwasserstraße auszubauen wurden verworfen. Für Freizeitkapitäne ist der 237 Kilometer lange Kanal

(025) WOMO-Stellplatz: Montreux-Château

GPS: N47° 36' 07.1", E7° 00' 06.5",
5 Rue de la Libération (D11), 90130 Montreux-Château.
max. Womos: 8, maximale Länge 8 m
Ausstattung: Befestigter Platz mit Wasserver- und entsorgung (mit Bodeneinlass), Kassettenentleerung, Stromanschlüssen, Behälter für die Müllentsorgung, max. Aufenthaltsdauer: 7 Tage, geöffnet von Jan. – Dez. Der Platz ist ziemlich eng. Auf dem theoretisch möglichen und größeren Ausweichparkplatz am gegenüberliegenden Restaurant ist die Übernachtung nicht gestattet.
Lage: Ortsrandlage an einer Schleuse des Rhein-Rhône-Kanals neben dem Restaurant La Péniche, nachts ruhig.
Preise: Gebühr pro Tag 5,00 €. Stromversorgung, Entsorgung und Frischwasser ist kostenlos. Die Bezahlung erfolgt über einen Automaten, der einen Code generiert, den man dann an der Schranke zum Stellplatz einzugeben hat.

von MULHOUSE bis zur Mündung in die Sâone befahrbar. Der **Radfernweg Eurovelo 6** begleitet den Kanal auf ganzer Länge. 112 Schleusen werden dabei passiert, 72 von der Sâone bis zum Scheitelpunkt bei MONTREUX-VIEUX und weitere 40 bis nach MULHOUSE. Der gut ausgebaute und leicht zu fahrende Radweg lädt hier zum "Genussradeln" ein. MONTREUX-CHÂTEAU ist als Standort geradezu ideal für solch ein Vorhaben, hier steht man fasst am Scheitelpunkt der Wasser-

Ankerplatz an der Schleuse bei Montreux-Château.

**(026) WOMO-Stellplatz: Chavannes-sur-l'Étang
Aire de la Porte d'Alsace**

GPS: N47° 38' 00", E7° 01' 07"
max. Womos: 10, maximale Länge 8 m
Ausstattung: Asphaltierter Platz mit Rasenflächen neben dem Bureau d'Information touristique, mit Wasserver- und entsorgung (mit Bodeneinlass), Kassettenentleerung, Stromanschlüssen, Behälter für die Müllentsorgung, WC, WLAN, max. Aufenthaltsdauer: 5 Tage, geöffnet von April – Okt.

Lage: Ortsrandlage, nachts ruhig
Preise: Gebühr pro Tag 8,00 €. Die Wasser- und die Stromversorgung sowie die Entsorgung ist kostenlos. Die Gebühren sind im Büro zu entrichten
Zufahrt: Über die Rue d'Alsace (D419) von Chavannes-sur l'Étang in Richtung Belfort.

straße. Allein der Stellplatz ist ziemlich klein und sehr beliebt. Wer hier keinen Platz findet, kann auf den etwas größeren Platz in CHAVANNES-SUR-L'ÉTANG ausweichen. Um eine Radtour entlang des Kanals zu machen, müssen dann etwa 2 Kilometer über die D32 nach MONTREUX-VIEUX gefahren werden, dort trifft man auf den **Rhein-Rhône-Kanal**. Schwer zu fahren ist der Radweg nicht, das können wir immer wieder nur betonen. Er lässt sich auch gut mit Kindern befahren, Autoverkehr hat man kaum. Vielleicht kommt mal ein Schleusenwärter mit seinem Dienstfahrzeug entgegen, ansonsten ist der Weg entlang des Kanals den Radfahrern und Fußgängern vorbehalten.

Als Planungshilfe einige Kilometerangaben: Von MONTREUX-CHÂTEAU bis zum Hafen von DANNEMARIE sind es ca. 10 Kilometer mit einem Höhenunterschied von rund 50 Metern, bis zum Hafen von MULHOUSE 34 Kilometer und 108

Meter Höhenunterschied. In die andere Richtung sind es bis nach MONTBÉLIARD rund 22 Kilometer mit einem Höhenunterschied von 22 Metern und bis nach BAUME-LES-DAMES 70 Kilometer mit einem Höhenunterschied von 86 Metern. Bis auf die Strecke nach BAUME-LES-DAMES lassen sich die kürzeren Wege bequem an einem Tag hin- und her fahren, mit den mittlerweile weit verbreiteten e-bikes ist das natürlich noch wesentlich einfacher. Die kurze Strecke nach DANNEMARIE empfiehlt sich in jedem Fall, führt sie doch an der sehr markanten Schleusentreppe vorbei (siehe Foto auf Seite 40). In Abständen von 100 bis 350 Metern folgen hier 12 Schleusen aufeinander, mit dem Boot fast eine Tagestour.

Aber wir sind ja nicht mit dem Boot unterwegs sondern mit dem WOMO und wenden uns, da wir nunmehr in der **Burgundischen Pforte** angekommen sind, der Stadt BELFORT zu. Vorher fassen wir noch einmal kurz zusammen, was diesen Übergang so interessant und wichtig macht. BELFORT liegt übrigens nicht am Rhein-Rhône-Kanal.

Burgundische Pforte

An der A36 weisen große Schilder mit der Aufschrift **"partage des eaux"** auf die Wasserscheide zwischen der Nordsee und dem Mittelmeer hin. Wer diese Schilder zwischen Mulhouse und Belfort passiert befindet sich auf dem Scheitelpunkt der Burgundischen Pforte (frz. Trouée de Belfort oder auch Porte d'Alsace). Wer unserer Route von Mulhouse über Dannemarie nach Belfort folgt, sieht allerdings nirgendwo am Straßenrand diesen Hinweis.

Diese rund 300 bis 400 Meter hohe hügelige Landschaft zwischen den Vogesen im Norden und dem Jura im Süden ist Teil der Mittelmeer-Mjösen-Zone, einer Bruchzone die über das Rhônetal und den Bresse-Graben in den Oberrheingraben geht und bis zum Mjösensee in Norwegen reicht. Diese 30 bis 40 Kilometer breite Sattel lässt warme Luftströmungen durch das Rhônetal in den Oberrheingraben und die Nordwestschweiz fließen und beschert diesen Regionen ein mildes Klima. Dieser niedrigste Übergang zwischen Burgund und dem Elsass nutzen bereits die Kelten und die Römer für ihre Handelswege. Heute bündeln sich hier die modernen Verkehrswege in Form der Autobahn, der TGV-Strecke Besançon-Strasbourg und anderer Straßen. Auch für den Rhein-Rhône-Kanal (frz.: Canal du Rhône au Rhin) wurde dieser niedrige Übergang genutzt, der mit zahlreichen Schleusen aus Richtung Besançon hinaufführt und unter anderen mit den spektakulär dicht aufeinanderfolgenden Schleusen bei Dannemarie in Richtung Mulhouse wieder hinunterführt, bis er schließlich am Rhein endet. Die höchste Linie des Sattels bildet auch die Grenze zwischen dem Departement Haut-Rhin im Elsass und dem Territoire de Belfort, das zur Region Bourgogne-Franche-Comté gehört. Über Jahrhunderte war diese Grenze Schauplatz von militärischen Konflikten, vor allem zwischen Deutschland und Frankreich. Die zahlreichen Festungsanlagen in und um der militärstrategisch wichtigen Stadt Belfort legen darüber Zeugnis ab.

Wir verlassen MONTREUX-CHÂTEAU beziehungsweise CHAVANNES-SUR-L'ÉTANG und fahren über die D419 in Richtung BELFORT. Es wird merklich hügeliger. Wir wollen uns zunächst einige der alten Verteidigungsanlagen ansehen, die in der Umgebung von BELFORT in großer Zahl vorhanden sind.

Der Osten Frankreichs ist bekanntlich übersät mit Festungsanlagen. In diesem und auch in unserem Alpenbuch begegnen sie uns häufig. Hinweisschilder an den Straßen weisen immer wieder auf die **Forts** und **Châteaus** hin. Viele davon sind für Besucher geöffnet, mit Museen erweitert oder werden als Verwaltungsgebäude, Tierheime oder gar als Käserei genutzt. Einige dienen immer noch militärischen Zwecken. Die **Vauban-Festungen** sind Besuchermagnete und seit sie von der UNESCO mit dem Welterbestatus geadelt wurden, wird das Interesse noch größer. Die Städte wissen es werbewirksam umzusetzen.

Wir besuchen in diesem und im Alpenbuch nicht alle Festungen, die es in dieser Region gibt, das sind einfach zu viele. Wir haben uns die herausgepickt, die eine besondere historische Bedeutung haben und auch die, die wir als WOMO-Fahrer gut als Übernachtungsplatz und als Startplatz für eine Wanderung oder Radtour nutzen können.

Um nun nicht bei jeder Festung den gesamten historischen Kontext zu wiederholen, der zum Bau der jeweiligen Anlage gehört, haben wir uns dazu entschlossen die wesentlichen

Die Festungen im Jura und in den Alpen.

Unter **Ludwig dem XIV.**, dem Sonnenkönig, erreichte Frankreich durch zahlreiche Kriege seine bis dahin größte territoriale Ausdehnung. In unserem Reisegebiet annektierte er 1678 die Franche Comté, die Freigrafschaft Burgund, die bis dahin zu Spanien gehörte. Um seinen Herrschaftsbereich militärisch abzusichern ließ er im ganzen Land Festungen errichten. Dies war die große Zeit des **Sébastien Le Prestre de Vauban**, dem Festungsbaumeister Ludwigs XIV. Über 160 Befestigungsanlagen wurden unter der Regie von Vauban neu errichtet oder verstärkt. Diese Anlagen blieben im Wesentlichen unverändert bis zum deutsch-französischen Krieg 1870/71. Die zwischenzeitlich vorgenommenen Verstärkungen der Anlagen reichten nicht aus, um gegen neuere Entwicklungen in der Militärtechnik zu bestehen. Der Artillerie der Preussen mit ihren kruppschen Kanonen konnten sie nicht standhalten, auch wenn sie wie in Belfort "heldenhaft" Widerstand leisteten. Der Krieg 1870/71 wurde für die Franzosen ein Trauma und war ein wesentlicher Beitrag zu der sogenannten "Erbfeindschaft" zwischen unseren beiden Nationen und auch gleichzeitig Initialzündung für die nächste Aufrüstung.

Mit der **Barrière de fer**, der Eisernen Barriere, auch als **Système Séré de Rivières** bekannt, benannt nach dem ausführenden General **Raymond Adolphe Séré de Rivières**, wurden zwischen 1883 und 1886 158 Forts, 40 Zwischenwerke und 254 Batterien gebaut.

Dieses Gesamtkonzept zur Verteidigung der Ostgrenze Frankreichs wurde von der Nordsee bis zum Mittelmeer errichtet. Die einzelnen Anlagen standen in der Regel in Sichtkontakt und die Kommunikation wurde mit Lichtsignalen betrieben. Zwischen den Anlagen wurde ein Feldbahnnetz eingerichtet, das die Versorgung mit Lebensmitteln und Munition sicherstellen sollte.

In Elsass-Lothringen das nach dem Krieg 1870/71 vom Deutschen Reich annektiert wurde, war auch das deutsche Militär nicht untätig. Es setzte den Verteidigungsanlagen Frankreichs unter anderem den Festungsring um Straßburg entgegen und wenige Jahre später auch die riesige Festung Mutzig (Feste Kaiser Wilhelm II) bei Molsheim im Elsass. Beide Nationen rüsteten auf für den nächsten Krieg, wie es 1914 weiterging, ist bekannt.

Kaum waren die Festungsanlagen fertig die in der Regel aus Mauerwerk bestanden und mit Erdreich abgedeckt waren, war die Kriegstechnik schon wieder einen Schritt weiter. Die Entwicklung der sogenannten Brisanzgranaten führten ab etwa 1890 dazu, dass die Festungsanlagen verstärkt werden mussten, wenn sie noch einen Schutz bieten sollten. Die Brisanzgranaten waren hochexplosive Geschosse, die gegenüber der alten mit Schwarzpulver versehenen Munition eine vielfach höhere Sprengkraft besaßen und die klassischen Festungen leicht zerlegen konnten. Nur wenige Festungen wurden noch mit Stahlbeton verstärkt, der inzwischen in der zweiten Hälfte des 19. Jh. erfunden worden war. Der Festungsbau hatte sich überlebt. Die allermeisten Festungen der **Barrière de fer**, waren nie in Kampfhandlungen verwickelt. Fast alle stehen noch und sind heute die steinernen und stummen Zeugen konfliktreicher Zeiten in Europa.

Ereignisse die zum dieser Festungen geführt haben hier einzufügen.

Im Wesentlichen stammen die Festungen also aus zwei Epochen. Die erste geht auf **Vauban** zurück, die zweite auf **Raymond Adolphe Séré de Rivières.**

Nach diesem kurzen Überblick des Festungsbaus in Frankreich setzen wir unsere Tour fort. Wir fahren ungefähr 9 Kilometer bis nach BESSONCOURT. Wir durchfahren den Ort weiter in Richtung BELFORT. Am Ortsende geht es rechts ab in die Rue du Fort de Sénarmont und nach 300 Metern ist der Park- und Picknickplatz des Forts bereits erreicht. Ein Hinweisschild, das auf das Fort aufmerksam macht, gibt es übrigens nicht. Das Fort ist gewöhnlich geschlossen, nur zu be-

Fort Sénarmont in Bessoncourt vor den Toren Belforts.

Picknickplatz am Fort Sénarmont in Bessoncourt

sonderen Anlässen oder nach Voranmeldung kann es besichtigt werden. Die website http://www.fort-bessoncourt.fr/ des Forts informiert über die Öffnungszeiten. Der Picknickplatz am Fort ist das ganze Jahr über frei anfahrbar. Er eignet sich sehr gut für eine Übernachtung [**028:** N47° 38'52.7" E6° 55' 32.2"]. Er ist mit Tischen, Bänken, Mülleimern und einem Wetterschutz ausgestattet. Die relativ nah vorbeiführende Autobahn stört nicht. Sehen kann man sie nicht und zu hören ist nur sehr wenig.

Die Anlage gehört zum zweiten Festungsgürtel von BELFORT und damit zum System **Barrière de fer.** Die Anlage ist relativ groß und wurde aus Kalkstein gemauert. Sie ist von tiefen Gräben umgeben und war mit 25 Kanonen bestückt. Ihre Aufgabe war es die Straßen nach Colmar und Basel sowie die Eisenbahnlinie nach Mulhouse zu schützen sowie die **Forts de Roppe** (nordöstlich von Belfort) und **Vézelois** (südöstlich von Belfort) zu sichern.

Die **Burgundische Pforte** als strategisch besonders wichtiger Ort wurde mit 25 Forts und Zwischenwerken abgeriegelt, mittendrin die **Zitadelle von Belfort**.

Fort Vézelois (oder auch **Fort Ordener** genannt) liegt gut 7 Kilometer südöstlich vom **Fort Sénarmont**. Es liegt an der Rue de Vezelois 24 in 90400 Meroux [GPS: N47° 36' 06.0"

Fort Vézelois südöstlich von Belfort.

E6° 54' 27.1"]. Als Übernachtungsplatz scheint unser dieser Ort weniger geeignet. Das Fort kann besichtigt werden und ist im Gegensatz zum **Fort Sénarmont** in den Sommermonaten Juli und August jeden Mittwoch ab 14.00 Uhr für Besucher geöffnet. Der Eintritt kostet 5,00 € pro Person. Auch für dieses Fort wurde eine website angelegt http://www.fortdevezelois.com. Vor einem Besuch ist eine Überprüfung der Öffnungszeit ratsam.

Fort Basses Perches.

Ein Besuch der nächsten beiden Festungsanlagen **Fort Basses Perches** und **Fort Hautes Perches** wird schwierig bzw. unmöglich. **Fort Hautes Perches** liegt im militärischen Sperrgebiet, hier ist der Zutritt für Besucher gar nicht möglich. BELFORT ist immer noch ein bedeutender Militärstützpunkt in Frankreich, daran hat sich seit Vaubans Zeiten nichts geändert.

Das **Fort Basses Perches** ist eingezäunt kann aber besucht werden. Es gibt keine regelmäßigen Öffnungszeiten. Gelegentlich finden Veranstaltungen auf dem Gelände statt.

Blick vom Fort Basses Perches auf die Zitadelle von Belfort.

Fort Basses Perches mit Blumenschmuck für eine Veranstaltung.

Nähere Informationen gibt es dazu auf der website der Freunde des Forts, die sich ehrenamtlich um die Erhaltung und Pflege der Anlage bemühen http://fortbassesperches.com/. Bei unserem Besuch hatten wir Glück, die Anlage war geöffnet. Es wurden gerade Vorbereitungen für eine Veranstaltung getroffen und wir erhielten eine Privatführung in perfektem Deutsch, mit leicht holländischem Akzent, denn derjenige der gewöhnlich Besucher durch die Anlage führt, ist gebürtiger Niederländer, lebt seit Jahrzehnten in Frankreich und hatte schon in seinen Kindertagen die deutsche Sprache erlernt.

Sollten Sie die Möglichkeit haben das Fort besuchen zu können, so werden Sie mit einem Parkproblem konfrontiert werden. Das Fort ist nur über die Rue des Perches zu erreichen (siehe Stadtplan Seite 53 unten). An der Straße zu parken ist nicht möglich, sie ist viel zu schmal. Direkt vor dem Fort zu parken ist begrenzt möglich, allerdings ist der Waldweg zum Fort nur kastenwagentauglich. Am Ende der Rue des Perches, dort wo sie im rechten Winkel nach Nordosten abbiegt, gibt es einen kleinen Platz, um das Fahrzeug abzustellen.

Die Geschichte dieser beiden Forts im Südosten Belforts ist von besonderer Bedeutung, weil sie von den Preußen 1871 nach langer Belagerung erobert wurden und danach der Krieg endlich ein Ende fand. Auf der website der Freunde des Forts können Sie das alles im Detail nachlesen. Wir liefern hier nur eine Kurzfassung.

Die Belagerung von Belfort

Belfort ist seit dem Mittelalter eine befestigte Stadt. Die erste Burg wurde 1226 erbaut. Nach mehreren Belagerungen wurden die Festungsanlagen in der Mitte des 17. Jahrhunderts erweitert. Auch Vauban der Festungsbaumeister Ludwig XIV hatte einen großen Anteil an den Baumaßnahmen.Er fügte ein zweites Verteidigungssystem hinzu, das die Sicherheit wesentlich erhöhte und die preußische Armee 1815 bei dem Versuch die Stadt zu erobern scheitern ließ. Doch wenige Jahre später entsprach diese Verteidigungssystem schon nicht mehr den Anforderungen.

Die Entwicklung der Artillerie erforderte in den folgenden Jahrzehnten einen größeren Ring von Verteidigungsbauwerken, La Miotte und La Justice kamen in der ersten Hälfte des 19. Jh. hinzu, Fort de Barres sowie Basses Perches und Hautes Perches erst mit Beginn des deutsch-französischen Krieges 1870 (sie sind alle auf dem Stadtplan verzeichnet). Ein weiteres Fort wurde zu Beginn des 20. Jh. zerstört und ist längst überbaut.

Nachdem die preußischen Truppen bereits 1870 in den anderen Landesteilen Frankreichs siegreich die Kampfhandlungen beendet hatten, wurden der Belagerungsring um Belfort mit den nun frei gewordenen Truppen verstärkt. Kontinuiorlich kämpften sich die preußischen Truppen zwischen November 1870 und Februar 1871 von Süden an die beiden Festungen **Basses Perches** und **Hautes Perches** heran. Die Überlegenheit der preußischen Artillerie zwang die Franzosen zur Aufgabe der beiden Festungen. Nach der Übernahme dieser Festungen wurden nun hier die prueßischen Geschütze installiert und bei freiem Schußfeld auf die Zitadelle, die Stadt und auf La Miotte und La Justice gerichtet. Eine weitere Verteidigung war sinnlos. Die kruppschen Kanonen konnten bis zu zehn Schuss pro Minute abfeuern und entfalteten mit ihrer hohen Treffsicherheit ein verherrende Wirkung. Eine Kapitulation war das Gebot der Stunde, um weiteres Blutvergießen zu vermeiden. Am 15. Feb. wurde die Kapitulation vollzogen und am 18. Februar zog der preußische General von Resckow in Belfort ein. Die französischen Truppen waren vorher, wie im Waffenstillstand vereinbart, mit ihren verbliebenen Waffen abgezogen. 4747 Tote hatten die Franzosen zu beklagen, 2137 gefallene Soldaten zählten die Preußen auf ihrer Seite. Mit dieser Kapitulation war der deutsch-französische Krieg beendet. **Napoleon III.** dessen Salonwagen wir im Musée du Train gesehen haben, war nicht mehr Kaiser von Frankreich, Elsass und Lothringen wurden dem Deutschen Reich angegliedert und das **Territoire de Belfort**, dass bis 1871 zum Department Haut Rhin und damit zum Elsass gehörte, wurde von dieser Annexion ausgeklammert. Auch dies wurde bereits bei den Waffenstillstandsverhandlungen vereinbart und in dem Friedensvertrag von Frankfurt 1871 bestätigt. Es wurde ein selbständiges Départementent und blieb dies auch nach der Rückgliederung des Elsass in Frankreich im Jahre 1919.

Teilansicht der Zitadelle von Belfort.

Der Löwe von Belfort.

Der **Löwe von Belfort**, die monumentale gemauerte Steinskulptur aus rotem Vogesensandstein erinnert an den Widerstand der Stadt während der Belagerung. Sie ist 22 Meter lang und 11 Meter hoch. Die Skulptur wurde zwischen 1875 und 1880 von dem Bildhauer **Fréderic Auguste Bartholdi** geschaffen, von dem Künstler, der auch die Freiheitsstatue auf Liberty Island vor New York schuf. Heute ist der Löwe das Wahrzeichen der Stadt. Von der Besucherplattform vor dem Sockel des Monuments kann man ihn aus der Nähe betrachten.

(027) WOMO-Picknickplatz: Belfort Rue Jean-Pierre Melville

GPS: N47° 38' 24", E6° 51' 59" Rue Jean-Pierre Melville 4, 90020 Belfort
max. Womos: 3, maximale Länge 7 m

Ausstattung: kleiner, enger asphaltierter Platz (eher für Kastenwagen), max. Aufenthaltsdauer: 24 h, geöffnet von Jan. – Dez., keinerlei Versorgungseinrichtungen.
Lage: Direkt an der Festung.
Preise: Gebührenfrei.
Zufahrt: Von der D583 (Autobahnzubringer) an der zweiten Ampelkreuzung links in Richtung Fort abbiegen.

(028) WOMO-Stellplatz: Belfort Aire de Camping-Car l'Epide

GPS: N47° 38' 31.1", E6° 51' 56.7", Avenue de la Miotte, 90020 Belfort
max. Womos: >10, maximale Länge 8 m, schmale Stellplätze
Ausstattung: Asphaltierter Nebenbereich eines gemischten Parkplatzes mit Wasserver- und entsorgung (mit Bodeneinlass), Kassettenentleerung, 8 Stromanschlüssen, Behälter für die Müllentsorgung, max. Aufenthaltsdauer: 48 h, geöffnet von Jan. – Dez.

Lage: Im Stadtgebiet mit einer Mauer zur Straße abgegrenzt, deshalb auch relativ ruhig.
Preise: Gebührenfrei. Stromversorgung, Entsorgung und Frischwasser alles kostenlos.
Zufahrt: Über die D583, die in die D83 übergeht (Autobahnzubringer) am Ende der geteilten Fahrbahn rechts abbiegen.

(029) WOMO-Campingplatz-Tipp: Belfort Camping l'Étang des Forges

GPS: N47° 39' 12.0" E6° 51' 53.8", Rue du Général Bethouart 1, 90020 Belfort
max. Womos: >10, maximale Länge 8 m, Plätze 80-100 qm. **Ausstattung:** Rasenplätze mit Wasserver- und entsorgung (mit Bodeneinlass), Kassettenentleerung, Stromanschlüssen, Behälter für die Müllentsorgung, Wifi, Schwimmbad, Sportgelände (Volleyball, Bogenschießen), Kanuverleih. Geöffnet von April – Okt.
Lage: Am Rande des Etang des Forges, sehr ruhig.
Preise: Je nach Saison für die Übernachtung vor der Schranke 9,00 bis 11,00 € für ein Fahrzeug mit 2 Personen. Auf dem Platz variieren die Preise je nach Saison zwischen 16,00 und 18,00 €, bei einer Mindestaufenthaltsdauer von 2 Tagen. Stromversorgung, Entsorgung und Frischwasser alles kostenlos.

Zufahrt: Über die D83 und die D13 (Av. Jean Moulin) der Beschilderung zum Camping International de l'Étang des Forges folgen.

Weiter geht es nach BELFORT. Um das WOMO abzustellen haben wir für Sie drei Möglichkeiten im Angebot (siehe links). Der erste Platz ist für große Fahrzeuge nicht geeignet, hier findet die Kastenwagenfraktion aber ein schattiges Plätzchen. Der zweite Platz eignet sich für alle Größen. Auch wenn nur 8 Plätze offiziell ausgewiesen sind, bietet der Platz doch sehr viel mehr Stellflächen, auf denen man ungehindert stehen kann. Auf einen Stromanschluss muss man dann allerdings verzichten, das ist der einzige Nachteil. Der Campingplatz bietet sich für diejenigen an, die etwas länger bleiben wollen und zwischendurch auch gern einmal in das kühle Nass eines Schwimmbades springen möchten. Von allen drei Plätzen ist er am weitesten von der Zitadelle entfernt, 2,5 Kilometer sind hier zu Fuß zurückzulegen. Von den anderen beiden Plätzen sind die Zitadelle und die Innenstadt bequem zu erreichen.

Die folgende Beschreibung folgt der grün gepunkteten Linie auf dem Stadtplan. Der Rundweg beginnt und endet auf dem Stellplatz l'Epide und ist rund 3 km lang, Einkehrmöglichkeiten gibt es auf diesem Weg mehrere. Für

Das Breisacher Tor, östlicher Eingang in die Zitadelle von Belfort.

Scharwachtürmchen, geschützte Beobachtungsposition für Wächter der Zitadelle.

Fort du Salbert
Zum Campingplatz
D13
Avenue Jean Moulin
Savoureuse
Av. Jean Jaurès
Cimetière de Brasse
Centre Hospitalier Belfort-Montbéliard
Rue de Mulhouse
Musée d'Art moderne - Donation Maurice Jardot
Marché Fréry
D83
D465
Rue sous le Rem
Rue du Dr. Fréry
Faubourg des Ancêtres
Le monument des Trois Sièges
Place de la Republique
Mairie
Tour 46
ehem. Fort des Barres
Faubourg de France
Av. du Général Sarrail
D419
D19
Av. du Général Leclerc
Faubourg de Montbéliard
Gare de Belfort
Faubourg de Lyon
D483
Rue de Besançon
Einkaufszent mit guter Pa und Tankmögli
Fort de Véz

Belfort
La Miotte
Fort La Miotte
D83
Fort La Justice
Caserne
Friederichs
028
Faubourg de Brisach
Rue Xavier Bichat
D83
027
Rue René Cassin
D583
Mairie
D419
Citadelle
Avenue d'Altkirch
Kaserne
35ieme Régiment
d'Infanterie
Abfahrt 13
Glacis
du Château
D419
La Comtoise
A36
Fort des
Hautes Perches
Avenue d'Altkirch
Rue des Perches
Militärisches
Sperrgebiet
kleine
Parkmöglichkeit
Fort Basses
Perches
N
250 Meter

Blick von der Aussichtsplattform der Zitadelle auf die Innenstadt von Belfort.

den Weg zum **Fort La Miotte** sind hin und zurück etwas mehr als 2 km zu gehen.

Vom Stellplatz ist es nur ein kurzer Weg bis zur Demi-Lune einem dreieckigen Vorwerk und der kleinen Brücke mit dem mächtigen Torturm, der Eingang in die Zitadelle gewährt. **Breisacher Tor** (**Porte de Brisach**) heißt es und ist links und rechts mit mächtigem Mauerwerk eingefasst. Vauban ließ dieses Tor 1687 erbauen bzw. verschönern. Das Lilienwappen oberhalb der Durchfahrt ist eine Huldigung an Ludwig XIV.

Hinter dem Durchgang geht es links weiter und über die Treppe oder entlang der schmalen Straße zum PKW-Parkplatz. Von hier führen zwei Fußwege weiter. Einer geht hoch zur Festung, der andere führt zum Löwen und von dort auch wieder hinunter in die Stadt. Wir wählen den Weg zur Festung. Er führt durch Tunnel auf den ehemaligen Ehrenhof, wo sich heute das **Historische Museum (Musée d'Histoire)** und ein kleines Restaurant befinden. Zwischendrin geht es über eine Zugbrücke an der eine Fotografie zeigt, welche Schäden die Artillerieangriffe 1870/71 erzeugt haben. Das **Historische Museum** ist in der ehemaligen Kaserne untergebracht. Es widmet sich nicht nur den Festungsanlagen und dem deutsch-französischen Krieg, sonder reicht mit seinen Exponaten bis in die Steinzeit zurück. In den Sommermonaten ist das Museum täglich von 10.00 Uhr bis 19.00 Uhr geöffnet. In den anderen Monaten sind die Öffnungszeiten reduziert. Die genauen Öffnungszeiten fin-

In der Mitte des Bildes die Kathedrale im fernen Hintergrund die Vogesen.

den Sie hier: http://www.museumspass.com/Museen/Belfort/Musee-d-Histoire. Auf der ehemaligen Kaserne befindet sich eine große **Aussichtsplattform**. Den Gang hinauf sollten Sie nicht auslassen, gewährt diese Plattform doch eine fantastische Aussicht auf die Festungsanlage, die Stadt, über die Burgundische Pforte sowie dem Jura im Süden und den Vogesen im Norden.

Massiv gesicherte Tunnelgänge führen hinauf zum Ehrenhof der Festung.

Restaurants an der Grande Rue in der Nähe des Breisacher Tores.

le monument des Trois Sièges, Denkmal von Bartholdi auf dem Platz der Republik.

Musée des Beaux Arts im von Vauban entworfenen Festungsturm 41.

Um zum **Löwen von Belfort (Le Lion de Belfort)**, diesem kolossalen Monument von Bartholdi zu gelangen, geht der Weg durch die Tunnelanlagen zurück und am Fuß der Festungsmauer entlang. Der Weg ist ausgeschildert und gar nicht zu verfehlen. Von dort führen Treppen hinunter in die Stadt. Kleine Restaurants finden sich auf dem Weg rund um den Platz **der Großen Fontaine (Place de la Grande Fontaine)** oder auch in der Grand Rue. Weiter geht es zum **Exerzierplatz (Place d'Armes)**. Hier befinden sich die Kathedrale und das Rathaus. Wenige Meter weiter befindet sich der **Platz der Republik (Place de la République)** mit einem Denkmal von Bartholdi **(le monument des Trois Sièges)**, das an drei Belagerungen der Stadt erinnert (1813/14 mit Jean Legrand als Kommandant, 1815 mit General Lecourbe und 1870/71 mit Colonel Denfert-Rochereau als Verteidiger Belforts.

Sehr auffällig ist die große Markthalle **Marché Fréry** an der Rue du Dr. Fréry, die freitags und samstags von 7.00 Uhr bis 13.00 Uhr geöffnet ist. In der 16 Meter hohen lichtdurchfluteten Stahlkonstruktion aus dem Jahre 1905 werden auf eine Fläche von 2258 m² nicht nur regionale Spezialitäten angeboten. Auf dem weiteren Weg liegt noch das **Museum der schönen Künste (Musée des Beaux-Arts)**, das in einem der von Vauban

Die Markthalle Marché Fréry.

entworfenen Festungstürme untergebracht ist. Hier werden mehrheitlich Bilder alter Meister von Künstlern ausgestellt, die weniger bekannt sind. Ausnahmen bilden hier Werke von Dürer und Auguste Rodin. Für die kunstorientierten Leser wollen wir der Vollständigkeit halber noch auf das **Museum moderner Kunst (Musée d'Art moderne - Donation Maurice Jardot)** in der Rue de Mulhouse hinweisen. Unter den 150 Werken die hier ausgestellt werden finden sich Zeichnungen und Skulpturen von **Georges Braque, Le Corbusier und Pablo Picasso.** Die Öffnungszeiten finden Sie hier: http://www.musees-franchecomte.com. Auf dieser website sind auch die anderen Museen in der Franche-Comté mit ihren Öffnungszeiten aufgeführt.

Turm der Festung La Miotte.

Wer sich noch die Mühe macht zur Festung **La Miotte** hinaufzulaufen, kann den Turm, der als Beobachtungsstand diente aus der Nähe betrachten, besteigen allerdings nicht. Aber die Aussicht ist auch so nicht schlecht. Zu Füßen der Festungs-

Ruine der optischen Telegraphenstation des Fort Salberts. Hier wurde optische Signale der andere Forts empfangen und von hier wurden mit dem Licht von Petroleumlampen oder mit Hilfe von Sonnenspiegeln Signale nach dem Morsealphabet an die umliegenden Forts geschickt. Die größte Distanz die dabei überbrückt wurde, ging bis zum 67 km entfernten Fort Chailluz bei Besançon.

mauer liegt der **Étang des Forges**, der Campingplatz und am Horizont sind die Vogesen zu sehen. Auf der anderen Seite fällt der Blick auf die Zitadelle und im hügeligen grau verschwindet der Jura weit dahinter ein wenig aus dem Blick. Damit ist unser Stadtbummel durch Belfort auch schon zu Ende. Noch ein Hinweis: Wer mag, kann sich auch mit einer rund einstündigen Fahrt mit dem **Train touristique** die Sehenswürdigkeiten der Stadt ansehen. Abfahrtsort ist der Parkplatz l'Arsenal am Fuße des Löwen. In den Sommermonaten fährt der Zug täglich, in den Monaten Sept. und Okt. von Mittwochs bis Sonntags. Die Fahrt mit Erklärungen (auch in deutscher Sprache) kostet 6 Euro pro Person.

Étang du Malsaucy links und Étang de la Véronne rechts.

Unser nächstes Ziel ist schon wieder ein Fort. Hier lassen wir die Festungsgeschichte mit allem was dazu gehört mal weg. Auf den Hinweistafeln rund um die Anlage finden sie ausführliche Beschreibungen und Informationen über das **Fort du Salbert** **[031:** N47° 39' 38.0" E6° 49' 01.9"] das einfach schön liegt und sich als Wandergebiet und als Übernachtungsort in hervorragender Weise eignet. Einziger Nachteil: die Straße die hier hochführt, ist recht schmal. Solange man keinen Gegenverkehr hat, ist das Sträßchen gut zu befahren, auch wenn man wegen der kurvenreichen Strecke am Lenkrad viel zu tun hat. Für den Gegenverkehr gibt es Ausweichmöglichkeiten, so dass es eigentlich kein Problem sein dürfte, den Weg nach oben zu finden, wenn man nicht ein gerade zum ersten Mal mit einem WOMO unterwegs ist.

Grill-, Spiel- und Übernachtungsplatz am Fort du Salbert.

Oben findet man einen großen Grillplatz mit Tischen und Bänken und einen Kinderspielplatz vor. Nachts herrscht hier himmlische Ruhe. Tagsüber lassen sich auf der Höhe schöne Spaziergänge unternehmen. Belfort liegt einem auf der Südseite zu Fußen und auf der Nordseite kann man in der Ferne bei genauer Betrachtung bereits die Corbusier-Kapelle in **Ronchamp** erkennen. Klar erkennbar sind die beiden Seen **Étang du Malsaucy** und der **Étang de la Véronne** am Fuße des Berges. Hierher lässt es sich auf den gut ausgewiesenen Wegen wandern, es sind rund 4,5 Kilometer.

Étang de la Véronne, ruhiges Fischgewässer.

Begeben wir uns doch gleich zu den Seen. Mit dem WOMO sind es rund 11 Kilometer und man benötigt mindestens eine halbe Stunde dafür.

An den Seen gibt es beidseits der Straße große Parkplätze. [**032:** N47° 41' 03.2" E6° 48' 50.2"]. Der seenähere ist asphaltiert, der andere geschottert. Für eine Übernachtung eignen sich beide, nur dann nicht, wenn hier wie jedes Jahr Anfang Juli zwischen den beiden Seen die **eurockéennes**, eines der größten Rockfestivals Frankreichs stattfindet. Dann tummeln sich hier so um die 100.000 Besucher bei bekannt unleiser Musik an den Seeufern. In dieser Zeit ist die Beschaulichkeit der Seen unterbrochen. Kein Angler sitzt dann in aller Seelenruhe am **Étang de la Véronne**, der als reines Fischgewässer zum Baden nicht erlaubt ist und gleichzeitig als Trinkwasserreserve dient.

Badestrand am Étang du Malsaucy.

Angler am Étang de la Véronne.

Badegäste finden am Strand des 55ha großen **Étang du Malsaucy** viel Platz. Die bereits im 15. Jahrhundert angelegten künstlichen Seen sind übrigens frei zugänglich. Eintritt muss man nirgendwo zahlen, nur wer angeln möchte, muss sich ein Ticket am "maison des pêcheurs" am Parkplatzrand kaufen.

Ein 4 Kilometer langer Naturlehrpfad wurde um den **Étang de la Véronne** angelegt. Barrierefrei geht es hier über Holzbohlenwege und geschotterten Wanderwegen an 15 Schautafeln vorbei, die über die hier vorkommenden Fisch- und Vogelarten informieren. Für den geduldigen Besucher ist eine überdachte Vogelbeobachtungsstation eingerichtet, von der Schwäne, Enten, Reiher, Fischadler und andere in diesem "Vogelschutzgebiet mit herausragender Bedeutung", wie es offiziell genannt wird, beobachtet werden können.

Der **Étang du Malsaucy** ist der Badesee. Neben dem Badevergnügen am breiten Sandstrand bietet der See Platz für Segler, Surfer und anderem, nicht motorisierten Wassersport. In den Sommermonaten sorgen ein Café und ein Restaurant für das leibliche Wohl.

Parkplatz am Baggersee in Champagney.

An den nächsten See gelangen wir auf dem Weg nach RONCHAMP. Hier bietet ein großer Parkplatz an einem Baggersee bei CHAMPAGNEY [**033:** N47° 42' 16.9" E6° 40' 28.3"] eine gute Übernachtungsmöglichkeit. Auch wenn er direkt vor der Zufahrt zum Campingplatz liegt, ist ein nachtigen an diesem Ort kein Problem. Die Nutzung der Wohnmobilver- und entsorgungsanlage direkt am Eingang des Campingplatzes steht allen Wohnmobilisten während der Öffnungszeiten des Campingplatzes zur Verfügung. Für 2,00 € kann man hier Frischwasser tanken und sein Chemieklo und den Abwassertank entleeren.

(034) WOMO-Campingplatz-Tipp: Champagney Camping des Ballastieres

GPS: N47° 42' 22.5" E6° 40' 26.0", 20 Rue du Pâquis, 70290 Champagney
max. Womos: >10, maximale Länge 8 m, Plätze ca. 100 qm.
Ausstattung: Rasenplätze mit Wasserver- und entsorgung (mit Bodeneinlass), Kassettenentleerung, Stromanschlüssen, Behälter für die Müllentsorgung, Wifi, Sportgelände (Volleyball, Bogenschießen), Kanuverleih.
Geöffnet von April – Okt.

Lage: Am Rande des Baggersees am Ortsrand von Champagney, sehr ruhig.
Preise: Je nach Saison variieren die Preise j zwischen 10,00 und 22,00 €, bei einer Mindestaufenthaltsdauer von 2 Tagen. Stromversorgung wird zusätzlich abgerechnet, Entsorgung und Frischwasser sind kostenlos.
Zufahrt: Über die D4 in Champagney der Beschilderung zum Campingplatz folgen.

Die Architekt des Empfangsgebäudes des Campingplatzes in CHAMPAGNEY scheint ein Verehrer **Le Corbusiers** zu sein. Gewisse Parallelen zur Kapelle **Notre Dame du Haut** in Ronchamp sind einfach nicht von der Hand zu weisen. Nur 5 Kilometer ist die Kapelle, die seit 2016 mit anderen Corbusier Werken zum Welterbe der UNESCO zählt, entfernt. Die Architektur der Kapelle ist vollkommen untypisch für den in La Chaux-de-Fonds in der Schweiz geborenen Architekten, der sich mit seinen anderen Werken doch eher als ein Freund des rechten Winkels gezeigt hat. Seinem offensichtlich beliebtesten Baustoff, dem Beton, blieb er auch bei dem Bau von **Notre Dame du Haut** treu. "Beton – Es kommt drauf an, was man draus macht". Dieser Werbeslogan, der in den 80er Jahren an jedem deutschen Zementlaster prangte, hätte von diesem großen Meister der Ar-

Die Kapelle Notre Dame du Haut in Ronchamp:

chitektur kommen können. Er führte die auch heute noch übliche Spannbetondeckenkonstruktion, die nur von einem System von Pfeilern getragen wird ein. Die damit erzielte freie Grundrissgestaltung und freie Gestaltung der Fensterfronten überzeugte Auftraggeber weltweit. Er war ständig unterwegs, baute in Argentinien, in Japan, in Indien mit Chandigarh gleich ein ganze Stadt und zwischendurch auch noch zwei Häuser in der Stuttgarter Weißenhofsiedlung. Dieser vielbeschäftigte Mann lehnte es zunächst ab, ein religiöses Gebäude in RONCHAMP zu errichten. Doch mit Beharrlichkeit konnte er dann doch dazu bewegt werden, diesen Auftrag anzunehmen.

Der Hügel, auf dem die Kapelle steht, ist schon seit Jahrhunderten ein **Marienwallfahrtsort**. Die alte Kapelle war nach

Die Fensterwand der Kapelle Notre Dame du Haut.

eine Zerstörung im Zweiten Weltkrieg nicht wieder aufgebaut worden. Die alten Steine der Ruine wurden zum Bau einer begehbaren Pyramide verwendet, die nur wenige Meter neben der neuen Kapelle steht.

Die von **Le Corbusier** gebaute Kapelle hat nach innen gewölbten Mauern und trägt eine überdimensionale Mütze aus Beton als Dach. Ehrfürchtig wird sie besucht, von den Pilgern, natürlich aus Glaubensgründen von Architekturstudenten und anderen aus Ehrfurcht vor dem großen **Le Corbusier**, wie Ich nach zwei Besuchen meine sagen zu können. Diese Kapelle ist schon sehr ungewöhnlich und eher kühl und wirkt protestantisch im Vergleich zu den sonst mit Ornamentik und Bildern überladenen gotischen Kirchen oder Barockkapellen der

Klostergebäude unterhalb der Kapelle Notre Dame du Haut.

katholischen Kirche. Aber schauen Sie selbst, sehenswert ist sie allemal. Das Klarissenkloster am Fuße der Kapelle stammt übrigens nicht von **Le Corbusier**, es wurde erst 2011 vom Architekten **Renzo Piano** erbaut.

Wie kommen Sie hin? Der Parkplatz der Kapelle (N47° 42' 11.6" E6° 37' 14.8", Plain de la Chapelle, 70250 Ronchamp), ist von der Mitte des Ortes (Beschilderung folgen) ohne große Mühe zu erreichen. Der Hinweis auf den Pendelverkehr mit Bussen (service de navette), die auf einen Parkplatz im Ortszentrum hinweisen, kann getrost ignoriert werden, wenn nicht gerade eine Wallfahrt stattfindet. Für den Besuch der Kapelle ist ein Eintritt in Höhe von 8,00 € pro Person zu entrichten.

Die Straße zur Kapelle führt an dem **Schacht Sainte-Marie** vorbei [**035:** N47° 42' 10.4" E6° 37' 47.5"], der an den Kohlebergbau in der Franche-Comté erinnert. Aufgegeben wurde der Abbau bereits Ende der 50er Jahre. Nur wenige Bauwerke erinnern noch an die rund 150-jährige Geschichte dieses Industriezweigs. Ein Museum (Musée de la Mine, 33 Place de la Mairie, 70250 Ronchamp, GPS: N47° 41' 59.3" E6° 37' 58.7") informiert mit einer umfangreichen Ausstellung über die Bergbaugeschichte dieser Region. Das Museum ist von April bis Oktober Dienstags bis Sonntags geöffnet, der Eintritt kostet 3,50 € pro Person.

Schacht Sainte-Marie in Ronchamp.

Der Platz am Schacht Saint-Marie bietet sich durchaus für eine Übernachtung an. Bis zur Ortsmitte mit seinen wenigen Restaurants sind es nur 500 Meter.

Wenden wir uns dem nächsten Ziel zu. Durch bewaldetes hügeliges Gelände fahren wir über die D4 und die D438 rund 33 Kilometer bis nach MONTBÉLIARD. Der Stellplatz an der Merkzweckhalle "La Roselière" ist ideal, um das WOMO für einen Stadtbummel abzustellen. Für eine Übernachtung ist es uns zu unruhig und zu eng. Da gefallen uns die Plätze an der **Festung Mont Bart** (siehe Seite 75) oder an dem **Aus-**

(031) WOMO-Stellplatz: Montbeliard, Aire Municipale

GPS: N47° 30'24.1" E6°47'29.2" Rue du Champ de Foir, 25200 Montbeliard
max. Womos: 4, maximale Länge 8 m, schmale Stellplätze
Ausstattung: Asphaltierter Nebenbereich eines gemischten Parkplatzes mit Wasserver- und entsorgung (mit Bodeneinlass), Kassettenentleerung, Stromanschluss nur an der Wasserversorgungseinrichtung, Behälter für die Müllentsorgung, max. Aufenthaltsdauer: 48 h, geöffnet von Jan. – Dez.

Lage: In der Nähe des Zentrums (750 Meter), unweit des Rhein-Rhône-Kanals und nur wenige Meter vom Großparkplatz entfernt.
Preise: Gebührenfrei. Stromversorgung, und Frischwasser jeweils 2,00 €, Kassettenentleerung und Grauwasserentsorgung ist kostenlos. Für den Bezug von Strom und Wasser werden Jetons benötigt, die es an einem Automaten gibt, der sich in der Außenwand der Mehrzweckhalle befindet (rund 30 Meter vom Stellplatz entfernt).
Zufahrt: Seitenstraße der D438 kurz hinter der Brücke über die l'Allan.

sichtspunkt "Burgundische Pforte" (siehe Tour 5, Seite 182) besser, auch wenn man nach einer Stadtbesichtigung noch weiterfahren muss.

Wer MONTBÉLIARD besucht, der kommt an den **Saucisse de Montbéliard** nicht vorbei, um gleich kulinarisch zu beginnen. Es gibt allerlei Gerichte mit dieser Wurst, die einer geräucherten Mettwurst, wie wir sie aus unseren Landen kennen ähnlich ist. Man kann sie in den Supermärkten dieser Region holen und damit den Kühlschrank der Bordküche auffüllen, man kann sie in einem Restaurant aber auch erst einmal testen. In MONTBÉLIARD geht dies z.B. sehr gut im **Restaurant Bains Douches** in der Rue Charles Contjean. Hier kann man sich auf der Terrasse beim Plätschern der Fontäne mit einem Gericht verwöhnen lassen. Wer gefallen an dieser Spezialität gefunden hat, findet hier http://www.saucisse-montbeliard.com/ weitere Anregungen und Rezepte, um vielleicht später zuhause ein wenig kulinarisch den Urlaub aufzuarbeiten. Die Wurst verdirbt nicht so schnell und bei der Rückreise lässt sich ein kleiner Vorrat mitnehmen, der neben dem Jurakäse Platz finden muss, den wir natürlich bei der Rückreise auch in einer größeren Menge mitnehmen. Dazu mehr bei der Tour 7.

Saucisse de Montbéliard.

Fontäne in der l'Allan mit der Terrasse des Restaurants Bains Douches.

Wenn Ihnen das Restaurant Bains Douches nicht gefällt oder Sie keinen Platz finden, in der Rue du Château und in der Rue de Belfort gibt es noch einige Alternativen.

Gestärkt geht es nun mit dem Stadtbummel weiter. Was haben FREUDENSTADT im Schwarzwald, unser Wohnort ALTENSTEIG und MONTBÉLIARD gemeinsam? Das ist keine Frage aus "Wer wird Millionär" und es gibt leider auch keinen Preis für die richtige Beantwortung der Frage, die lauten muss "Architektur von **Heinrich Schickardt**". Das wird den meisten Lesern vermutlich nichts sagen und mit MÖMPELGARD werden sicher auch nur die wenigsten etwas anzufangen wissen. Aber der Reihe nach. Die Grafschaft Mömpelgard kam 1397 durch die Heirat des späteren Grafen von Württemberg **Eberhard IV**. mit der Erbprinzessin **Henriette von Mömpelgard** zunächst unter württembergische Verwaltung und nach dem Tod Henriettes 1444 vollständig zu Württemberg. Rund 400 Jahre währte die württembergische Herrschaft über die Grafschaft Mömpel-

Georges Cuvier, wissenschaftlicher Begründer der Paläontologie wurde in Montbéliard geboren.

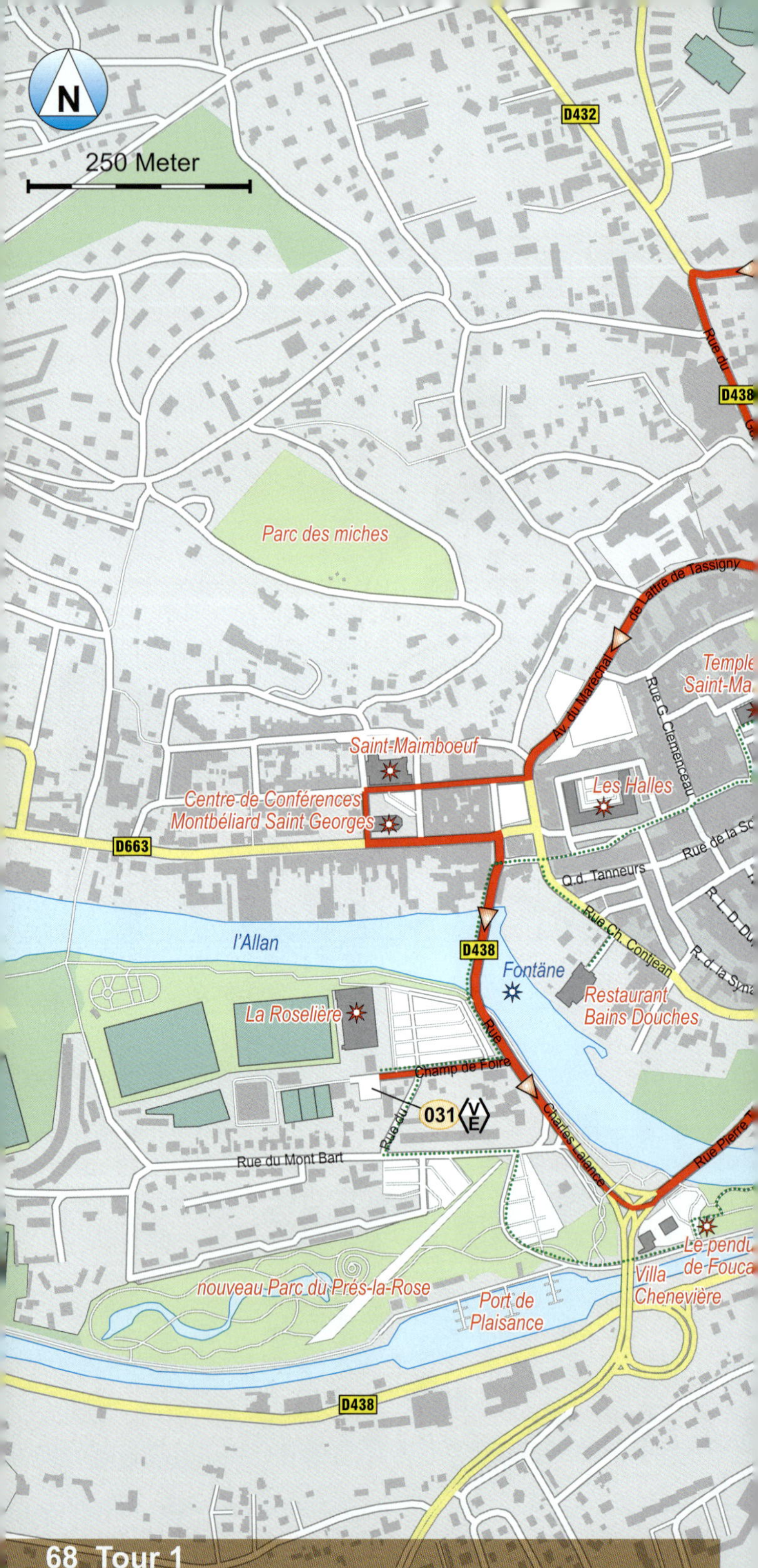
N
250 Meter
D432
Rue du
D438
Parc des miches
Av. du Maréchal de Lattre de Tassigny
Temple Saint-Ma
Rue G. Clemenceau
Saint-Maimboeuf
Les Halles
Centre de Conférences Montbéliard Saint Georges
D663
Rue de la Sc
Q.d. Tanneurs
Rue Ch. Contjean
l'Allan
D438
Fontäne
R. d. la Syna
Restaurant Bains Douches
La Roselière
Rue Champ de Foire
Rue Charles Lalance
031
Rue du
Rue du Mont Bart
Rue Pierre
Le pendu de Fouca
Villa Chenevière
nouveau Parc du Prés-la-Rose
Port de Plaisance
D438

Montbéliard

gard. Nach der Französischen Revolution und nach verlorenen Kriegen gegen das revolutionäre Frankreich (Koalitionskriege) erzwang Napoleon Bonaparte u.a. eine Neuordnung des südwestdeutschen Raumes. Betroffen waren davon auch Gebiete im Elsass und eben die Grafschaft Mömpelgard, die das Haus Württemberg 1802 an Frankreich abtrat, zum Ausgleich dafür aber Oberschwaben erhielt, das vorher zum Hause Habsburg gehörte. Diese "napoleonische" Flurbereinigung hat die Landkarte des damaligen Europa ordentlich durchgeschüttelt, was wir hier aber nicht weiter vertiefen wollen.

Einige Gebäude in Montbéliard erinnern immer noch an die württembergische Zeit. Das Schloss aus dem Mittelalter, das im Laufe der Jahrhunderte mehrfach umgestaltet und erweitert wurde weist mit seinem Namen **Château des ducs de Wurtemberg** schon darauf hin. Nun kommen wir auch auf **Heinrich Schickhardt** zurück, dem württembergischen Hofbaumeister, der von 1579 bis zu seinem Tod 1635 für sehr viele Bauvorhaben im Herzogtum Württemberg die Verantwortung trug. In MONTBÉLIARD gehen auf den "schwäbischen Leonardo da Vinci" unter anderem auf dem Schlossberg das **Hôtel du Baili** (heute Musikschule) und unten in der Stadt der **Temple Saint Martin** (auch heute noch lutherische Kirche) zurück. Für die vielen calvinistisch geprägten Flüchtlinge dieser Zeit, die in Frankreich um ihr Leben fürchten mussten, ließ Herzog Friedrich I. durch Schickardt ein neues Stadtviertel bauen. Sie konnten sich unter der Bedingung Lutheraner zu werden hier niederlassen. **Mömpelgard** erlebte durch den Zuzug dieser Flüchtlinge einen rasantes Bevölkerungswachstum sowie einen fulminanten

Wegweiser des 3 Kilometer langen Themenpfades H. Schickardt und seine Zeit.

In der Rue du Château.

Temple Saint Martin, lutherische Kirche im Renaissancestil von H.Schickardt.

wirtschaftlichen und kulturellen Aufschwung. MONTBÉLIARD hat auch heute noch die größte lutherische Gemeinde in Frankreich. Für diejenigen, die den Spuren Schickardts folgen wollen, hat die Stadt einen 3 Kilometer langen Themenpfad angelegt. Das Begleitheft dazu gibt es kostenlos im Office de Tourisme.

Vom Touristenbüro sind es noch 500 Meter bis zum **Pavillon des Sciences** der am Rande des **Parc du Prés-la-Rose** liegt. Nach der Überquerung der Avenue Aristide Briand führt der Rad- und Fußweg parallel zur Eisenbahnbrücke über die l'Allan und der "Wissenschaftspavillon" ist dann schnell erreicht. Auf spielerische Art werden im Pavillon und im Park naturwissenschaftliche Phänomene und Zusammenhänge erklärt. Für die Erklärung eines Analemmas steht die 35 Meter hohe Konstruktion des **"méridienne géante"** bereit, und mit dem Foucaultsches Pendel **"Le pendule de Foucault"** lässt sich spielerisch die Erdrotation belegen. Sie werden in diesem Park noch viel mehr entdecken, der ganz bewusst mit dem Ziel angelegt wur-

Im Museum l'Aventure Peugeot. Im Jugendstil werden in diesem Ausstellungs-

de, das wissenschaftliche und das technische Verständnis der Jugend zu fördern. Nun sind wir schon am Hafen **"Port de Plaisance"** angelangt, noch ein paar Meter weiter und wir sind am WOMO zurück.

Das nächste Ziel ist das **Musée l'Aventure Peugeot**, das sich in SOCHAUX in rund 5 Kilometern Entfernung befindet. Die beiden Städte gehen nahtlos ineinander über. Auf dem

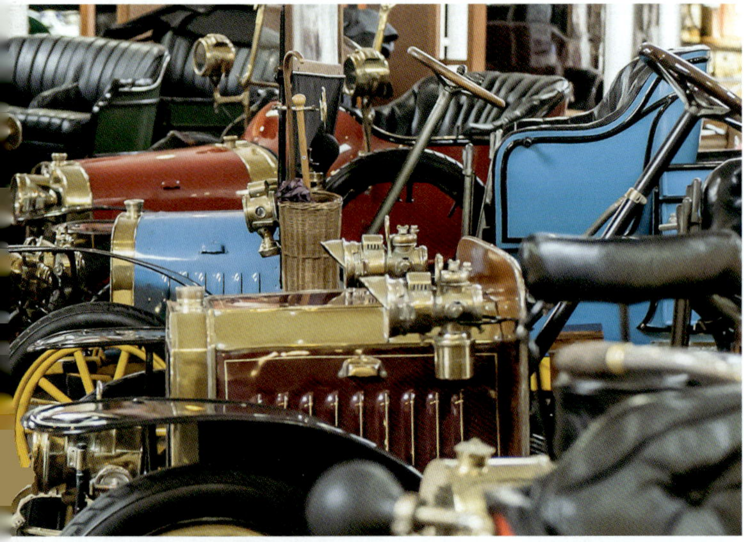

Verschiedene Modelle der Jahre 1904 bis 1918.

bereich die Modelle von der Gründung bis zum Jahr 1904 präsentiert.

Weg dorthin fährt man praktisch nur an den riesigen Fabrikationshallen des PSA-Konzerns entlang. Es ist das größte Automobilwerk in Frankreich und eines der modernsten Europas.

Um das Museum zu erreichen geben Sie "Carrefour de l'Europe, 25600 Sochaux" in das Navigationssystem ein oder diese GPS-Koordinaten: (N47° 30' 56.6" E6° 49' 54.0"). Der Parkplatz vor dem Museum ist groß genug, um ein WOMO bequem abstellen zu können.

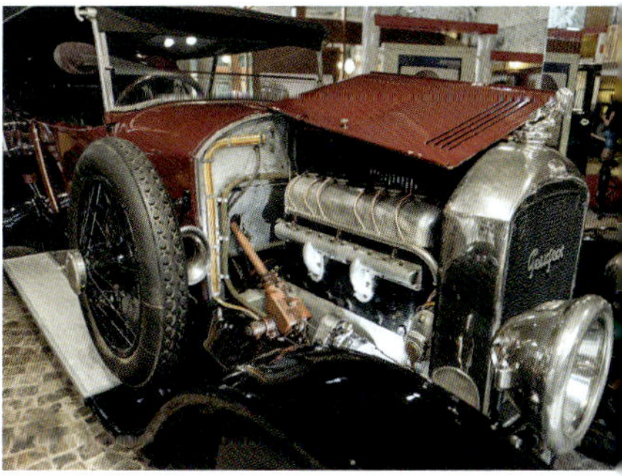

Type 156 Torpédo mit einem Dieselmotor.

Das Museum ist täglich von 10.00 Uhr bis 18.00 Uhr geöffnet. Nur am 1. Januar und am 25. Dezember ist ein Besuch nicht möglich. Der Eintritt kostet für einen Erwachsenen 8,50 €. Von Montag bis Freitag werden Werksbesichtigungen auch in deutscher Sprache angeboten. Hier ist aber eine Reservierung vonnöten, näheres dazu ist auf der website http://www.museepeugeot.com zu finden. Der kombinierte Eintritt Museum plus Werksbesichtigung kostet 18,00 € pro Person.

Im Museum werden nur Fahrzeuge von Peugeot gezeigt. Citroën-Modelle, die hier im Werk Sochaux schon seit längerer Zeit auch vom Band laufen, finden in diesem Museum keine

Voiturette Lion Type A von 1907.

Berücksichtigung. Hier wird nur die Geschichte der **Industriellenfamilie Peugeot** präsentiert und dazu gehören neben den Automobilen auch Sägen, Gewürz- und Kaffeemühlen, Fahrräder und Mopeds. In HÉRIMONCOURT rund 10 km südlich von Sochaux begann die Geschichte dieses Automobilunternehmens mit den Gebrüdern **Jean-Frédéric** und **Jean-Pierre Peugeot**, die 1818 ihr erstes Patent für die Herstellung von Sägen angemeldet hatten und mit der Produktion von Werkzeugen die Arbeitswelt revolutionierten. Da die Sägezähne an den Rachen eines Löwen erinnerten und damit Kraft, Ausdauer, Schnelligkeit und Beweglichkeit symbolisierten, wurde es als Kennzeichen des Herstellers eingraviert und 1858 als Markenlogo registriert. Seitdem hat das Logo zwar einige Veränderungen erlebt, wird aber immer noch verwendet. Pfeffermühlen, Haushaltsgeräte, Fahr- und Motorräder werden auch heute noch mit dem Peugeot-Logo produziert, auch wenn sie teilweise

BB1, Konzeptfahrzeug für ein Elektroauto aus dem Jahre 2010.

Chausson Wohnmobil auf einem Peugeot J7 aus dem Jahr 1978.

nicht zum PSA-Konzern gehören. Im Museum sind neben den Automobilen auch diverse Küchengeräte, Fahrräder und motorisierte Zweiräder ausgestellt. Große Hinweistafeln in französischer und englischer Sprache erläutern die Exponate und erläutern die Geschichte dieses Industrieunternehmens. Hier einen halben Tag zu verbringen, fällt nicht schwer.

Der Ausgang eines Museums führt heutzutage fast immer durch einen Shop, das ist hier nicht anders. Neben einer großen Anzahl von Büchern und Bildbänden über die Automobil- und Industriegeschichte sowie einigen Modellautos, gibt es hier auch die berühmten **Pfeffermühlen** von **Peugeot**. Die sind tatsächlich gut, das können wir nach jahrelangem Gebrauch in der heimischen Küche bestätigen. Wen Sie also noch ein Mitbringsel brauchen, das wäre eine Gelegenheit.

Genug der Technik. Die Tour von MULHOUSE nach MONTBÉLIARD neigt sich hier dem Ende zu. Für die weitere Fahrt stehen jetzt zwei Optionen offen. Die eine führt entlang des Doubs weiter nach BESANÇON, das ist die Tour 2 und folgt nach dem Ende dieses Kapitels. Die andere führt in das Juragebirge zum **Saut du Doubs**, zu dem vielbesuchten Wasserfall an der Grenze zwischen Frankreich und der Schweiz. Das ist die Tour 5 und diese beginnt auf der Seite 182. Sie beginnt mit zwei möglichen Übernachtungsplätzen in der Nähe von Montbéliard, das noch als Hinweis bevor wir uns der letzten Station dieser Tour, dem **Fort Mont Bart** widmen.

Über die Festungsanlagen haben wir hier nun schon genug geschrieben, wir werden das nicht wiederholen. **Mont Bart** wurde nach dem Krieg 1870/71 erbaut und war ein Teil der **Barriere de fer**, die wir auf der Seite 44 schon kurz umschrieben haben.

Aussicht vom Fort Mont Bart auf die Burgundische Pforte. Im Hintergrund

Spähpanzer EBR-75 aus den 50er Jahren vor dem Fort Mont Bart.

Das sehr gut erhaltene Fort kann im April, Mai, Juni und September samstags und sonntags besichtigt werden. Im Juli und August ist es täglich (außer montags) von 14.00 bis 18.00 Uhr geöffnet, der Eintritt kostet 3,00 € pro Person. Der Panzerspähwagen vor dem Fort ist ein Modell aus den 50er Jahren des letzten Jahrhunderts und hat nichts mit der Geschichte des Forts zu tun.

sind die Höhenzüge des Jura erkennbar.

Picknickplatz vor dem stillgelegten Restaurant mit Blick auf das Fort Mont Bart.

Es gibt mehrere Möglichkeiten hier oben das Fahrzeug abzustellen. Vor dem stillgelegten Restaurant steht man einigermaßen waagerecht, ein größerer Parkplatz unterhalb des Forts ist leicht schräg, da muss man dann halt die Keile rausholen. Wie auch immer, Sie werden sicher Ihren Platz finden. Hier sind die Koordinaten: [**037:** N47° 29' 10.4" E6° 45' 47.6"]. Der Weg dorthin ist schmal und kurvenreich, das sagen wir einschränkend gleich dazu. Nach dem Ortseingang von BAVANS geht es rechts hoch, rund 2 Kilometer sind dann noch zurückzulegen. Die Hinweisschilder zum Fort sind klein, die übersieht man schnell. Noch ein Hinweis: An den Wochenenden ist das Gelände am Fort Treffpunkt für Grillparties. Das kann dann auch mal laut werden, wenn Jugendliche in ihrem Überschwang, nach dem Genuss von alkoholischen Getränken ihre Sangeskünste ausprobieren. So haben wir es erlebt, wirklich belästigend war das aber nicht. Da oben ist genug Platz, um sich aus dem Weg zu gehen und irgendwann wird das junge Volk auch mal Müde und dann kehrt Ruhe ein.

TOUR 2 (ca. 135 km)

l'Isle-sur-le-Doubs – Sancey-le-Long – Clerval – Baume-les-Dames – Grotte de la Glaciere – Nancray – Besançon

Freie Übernachtung:	Grotte de la Glaciere, Besançon.
Stellplätze:	Château de Belvoir, Sancey-le-Long, Baume-les-Dames, Nancray (am Musée de l'habitat comtois), Besançon.
Campingplätze:	Clerval, Pont-les-Moulins.
Ver-/Entsorgung:	Sancey-le-Long, Baume-les-Dames, Nancray, Besançon.
Besichtigungen:	Château de Belvoir, Grotte de la Glaciere, Baume-les-Dames, Musée de l'habitat comtois (Freilichtmuseum), Zitadelle und Altstadt von Besançon.
Wandern/Radtour:	Mit dem Fahrrad entlang des Doubs. 35 km von Baume-les-Dames bis nach Besançon und/oder 35 km von Baume-les-Dames bis nach l'Isle-sur-le-Doubs.
Baden/Wellness:	Besançon (Freibad).

Das Château de Belvoir.

Wir verlassen die Festung **Mont Bart**, fahren durch den kleinen Ort BAVANS und weiter über die D663 nach L'ISLE SUR-LE-DOUBS. Das Tal des **Doubs** ist hier breit und flach, der Verkehr nicht übermäßig stark. Viehweiden, Maisfelder und Wälder bestimmen das Landschaftsbild, intensiv genutztes Bauernland eben, nicht sehr spannend. Mal schmiegt sich die Straße direkt an den **Doubs** und dem **Rhein-Rhône-Kanal**, vielfach kann man den Verlauf dieser Wasserwege aber auch nur erahnen. Sie verstecken sich hinter Buschreihen oder kleinen

Wäldern und sind nicht zu sehen. Die Straße führt durch Dörfer, deren Namen man auch gleich wieder vergisst, sobald man den Ort wieder verlassen hat. L'ISLE SUR-LE-DOUBS ist da schon ein etwas größerer Ort, aber wirklich sehenswertes hat dieser Flecken auch nicht zu bieten. Beim überqueren des **Doubs** und des **Rhein-Rhône-Kanals** fällt ein Blick auf die Schleuse, das sieht recht malerisch aus, das war es dann auch schon. Praktisch und verkehrsgünstig ist allerdings der Intermarché am Ortsrand, der an der Avenue Foch liegt (GPS: N47° 26' 50.5" E6° 34' 48.6"). Er eignet sich gut um zu tanken und die Vorräte aufzustocken. Danach geht die Fahrt weiter in Richtung Autobahn, die wir, nachdem wir sie erreicht haben, unterqueren und dann der braunen Beschilderung zum **Château de Belvoir** folgen. Die Landschaft ändert sich, es wird hügeliger, dann bergig und damit auch reizvoller.

Der Stellplatz 800 Meter vom **Château de Belvoir** entfernt, ist auch gleichzeitig der Parkplatz für den Besuch des kleinen Schlosses. Näher ran zu fahren macht keinen Sinn. Das Schloss liegt auf einem Felsvorsprung, die Gasse dorthin ist schmal und Parkmöglichkeiten vor dem Schloss gibt es für Wohnmobile nicht. In den Sommermonaten Juli und August ist das Schloss täglich für Besucher geöffnet. In den anderen Monaten nur an den Sonn- und Feiertagen. Der Eintrittspreis beträgt 6,00 € pro Person.

Das Ende des 12. Jahrhunderts erbaute Schloss war lange Zeit dem Verfall preisgegeben. Erst als 1955 der wenig bekannte Maler **Pierre Jouffroy** das Anwesen erwarb und nach und nach Restaurationsarbeiten vornehmen lies, wurde das

Innenhof des Château de Belvoir.

Der Stellplatz in der Nähe des Château de Belvoir.

(038) WOMO-Stellplatz: Château de Belvoir
GPS: N47° 19' 17,1" E6° 36' 38,7".
max. Womos: 3, maximale Länge 9 m.
Ausstattung: Asphaltierter Platz mit Picknicktisch, geöffnet von Jan. – Dez.
Lage: Ortsrandlage, 800 Meter vom Château entfernt, nachts sehr ruhig.
Preise: gebührenfrei.
Zufahrt: Über die D21 in Richtung Château de Belvoir.

Schloss zu neuem Leben erweckt. Die Räumlichkeiten wurden mit antiken Möbeln ausgestattet und Platz für jährlich wechselnde Ausstellungen geschaffen. Besonders charmant wirkt der Ort durch die Ruhe die er ausstrahlt, die man auch bei einem kleinen Spaziergang auf einem ausgewiesenen Wanderweg durch die unter Naturschutz stehenden Trockenrasengebiete rund um das Dorf BELVOIR genießen kann. Störend im Landschaftsbild wirken die Windräder, die am nahen Horizont auf einem Bergrücken stehen und auf die man in der Gemeinde ganz stolz zu sein scheint. Ein Wanderweg und Informati-

(039) WOMO-Stellplatz: Sancey-le-Long
GPS: N47° 18' 19.9" E6° 35' 41.1", 2 Route de Clerval, 25430 Sancey-le-Long.
max. Womos: 2, maximale Länge 9 m.
Ausstattung: Asphaltierter Platz neben einem Supermarkt, mit Wasserver- und entsorgung (mit Bodeneinlass), Kassettenentleerung, einem Stromanschluß, geöffnet von Jan. – Dez.
Lage: Ortsrandlage, an einer Straßenkreuzung.
Preise: Frischwasser und Strom jeweils 2,00 €. Jetons für den Betrieb gibt es an der Kasse des Supermarktes, mit Euromünzen lässt sich der Automat nicht bedienen.
Zufahrt: An der Kreuzung von D31 und D464.

onspfad zu dieser Form der Energiegewinnung ist am Fuße dieser Anlagen angelegt worden.

Bis nach SANCEY-LE-LONG sind es etwas weniger als 4 Kilometer. Zu sehen gibt es hier nichts besonderes, gäbe es nicht die Versorgungsstation neben einem Supermarkt, würde der Ort hier keine Erwähnung finden (siehe vorhergehende Seite).

CLERVAL der nächste Ort auf dieser Reise ist da schon reizvoller, obwohl der Ort selbst nun auch soviel nicht hergibt. Die Lage des Campingplatzes direkt am Ufer des Doubs ist allerdings ausgezeichnet. Manchmal erscheint es uns so, dass die Entwicklung der Campingplätze in unserem Reisegebiet

(040) WOMO-Campingplatz-Tipp: Clerval
Camping Municipal les Iles

GPS: N47° 23' 39.3" E6° 29' 54.5", 3 Rue de la Porte des Noyes, 25340 Clerval.
max. Womos: >10, maximale Länge 12 m.

Ausstattung: Befestigter Platz mit Wasserver- und entsorgung (mit Bodeneinlass), Kassettenentleerung, Stromanschlüssen, WC, Behälter für die Müllentsorgung, geöffnet von Anfang April – Ende Oktober.
Lage: Ortsrandlage am Doubs in unmittelbarer Nähe des Rhein-Rhône-Kanals, nachts sehr ruhig.
Preise: Gebühr pro Tag 11,00 € für ein Fahrzeug mit zwei Personen. Stromversorgung, Entsorgung und Frischwasser ist im Preis enthalten.
Zufahrt: Der Platz befindet sich an der D683 in Richtung l'Isle-sur-le-Doubs am Ortsausgang links.

nur zwei Richtungen kennen. Entweder mutieren sie zu kleinen Freizeitparks mit Ferienhauskolonien oder sie entwickeln sich zu Wohnmobilstellplätzen mit großem Platzangebot, auf denen man auch noch mit einem Wohnwagen stehen kann oder sein Zelt aufschlagen darf. So ein Campingplatz scheint der in CLERVAL zu sein, auf dem auch sehr große Fahrzeuge Platz finden. Bei unserem Besuch stehen fast nur Wohnmobile auf diesem Platz, zwischendrin mal ein Wohnwagen und Zelte haben wir gar keine gesehen.

Im Ort der vom Campingplatz nur wenige Meter entfernt ist, gibt es kleine Restaurants über die wir allerdings nichts sagen können. Der Platz ist ein guter Standort, um eine Strecke auf der **Eurovelo 6** entlang des **Rhein-Rhône-Kanals** zu radeln. In Richtung l'Isle-sur-le-Doubs muss man dazu nur die Brücke über den Doubs überqueren. Der Weg dorthin ist gut ausgeschildert, den kann man nicht verfehlen. Wir starten unsere Radtour aber erst von der nächsten Station auf dieser Reise.

BAUME-LES-DAMES liegt wie CLERVAL ebenfalls am Doubs. Rund 16 Kilometer trennen diese beiden Orte voneinander. Die Distanz ist über die D683 relativ rasch zu überwinden und die Landschaft auf dieser Strecke entlang des Doubs gewinnt zunehmend an Charme.

Saint-Martin in Baumes-les-Dames.

Der Stellplatz in BAUME-LES-DAMES ist relativ groß und immer gut besucht. Es handelt sich hier um einen beliebten Etappenparkplatz für WOMO-reisende, die in den Süden unterwegs sind oder sich schon wieder auf dem Heimweg befinden. Er ist nur etwas mehr als 5 Kilometer von der Autobahn entfernt. Sollte er bei Ihrer Ankunft belegt sein, so gibt es direkt hinter dem Stellplatz noch einen Campingplatz oder Sie fahren 5 Kilometer weiter nach PONT-LES-MOULINS und nehmen den idyllischen Campingplatz Camping de l'Ile.

BAUME-LES-DAMES ist ein sehr alter Ort, schon die Römer hatten hier eine Siedlung. Das Zentrum der Stadt ist sehr klein und hat seinen mittelalterlichen Grundriss bewahrt. Die

In der Innenstadt von Baumes-les-Dames.

(041) WOMO-Stellplatz: Baume-les-Dames Aire de Camping-Car

GPS: N47° 20' 23.2" E6° 21' 27.6", Quai du Canal, 25110 Baume-les-Dames.
max. Womos: >10, maximale Länge 9 m.
Ausstattung: Befestigter Platz mit Wasserver- und entsorgung (mit Bodeneinlass), Kassettenentleerung, Stromanschlüssen, WC, Behälter für die Müllentsorgung, max. Aufenthaltsdauer: 7 Tage, geöffnet von Jan. – Dez.

Lage: Ortsrandlage am Rhein-Rhône-Kanal in unmittelbarer Nähe zu dem kleinen Kanalhafen von Baumes-les-Dames, nachts sehr ruhig.
Preise: Gebühr pro Tag 9,70 € für ein Fahrzeug mit zwei Personen, Stromversorgung und Entsorgung ist im Preis enthalten, Frischwasser 2,00 €. Gezahlt wird in der Capitainerie am Rande des Platzes. Hier gibt es auch einen kostenlosen WiFi-Zugang und ein kleines Restaurant.
Zufahrt: Auf der D50 in Richtung Ornans nach der Brücke über den Doubs rechts abbiegen.

Hafen an der Capitainerie, Startort der Radtour. Das Hausboot in der Mitte kann gemietet werden.

unvollendete Abtei aus der Mitte des 18. Jahrhunderts liegt ein wenig versteckt hinter dem Rathaus an der Place de la République. Das **Wahrzeichen** der Stadt, ist die **Kirche Saint-Martin**, die im Wesentlichen aus dem frühen 17. Jahrhundert stammt. Der Reliquienschrein in der Kirche stammt aus dem 16. Jahrhundert. Das Angebot an Restaurants und Straßencafés ist überschaubar und so hat man auch sehr schnell einen Bummel durch die Altstadt abgeschlossen.

Wenn man allerdings einen Faible für alte Drucktechnik hat oder sich dafür interessiert, wie noch vor wenigen Jahrzehnten Bücher produziert wurden, der schaut noch im **Atelier et Espace d'Exposition** der Fa. **ÆnCrages & Co** in der 1 rue Faivre d'Esnans vorbei. Hier kann man sich zeigen lassen wie Bücher ohne Tastatur, Bildschirm, komfortablen Grafik- und Seitenlay-

Auf dem Radweg Eurovelo 6 zwischen Baume-les-Dames und Clerval.

outprogrammen mit automatischer Rechtschreibkorrektur und Bildbearbeitungssoftware produziert wurden. Einen kleinen Eindruck können Sie schon mal auf der website des Unternehmens gewinnen http://www.aencrages.com/. Für Besucher ist die Druckerei in den Sommermonaten Juli und August montags und mittwochs von 10.00-12.00 Uhr und von 14.00-16.00 geöffnet.

BAUME-LES-DAMES ist der ideale Standort, um eine Radtour auf der **Eurovelo 6** entlang des **Doubs** bzw. des **Rhein-Rhône-Kanals** zu machen. Landschaftlich reizvoll sind sowohl die Strecke nach L'ISLE-SUR-LE-DOUBS wie die Strecke nach BESANÇON. Beide sind mit ca. 35 Kilometern gleich lang. Die Wege sind topfeben, asphaltiert und ausgezeichnet ausgeschildert. Nur wenige Passagen verlaufen entlang von Autostraßen, sonst sind es reine Rad- und Fußwege, bequem zu fahren und für eine Tagestour ideal und abwechslungsreich. Wer die Lust verspürt den **Rhein-Rhône-Kanal** mit einem Hausboot entlang zu schippern, der kann auch ein Hausboot mieten. Nähere Auskünfte gibt es bei der Capitainerie am Hafen oder hier: http://www.la-capitainerie.fr/.

In BAUME-LES-DAMES ist es möglich einige Tage zu verbringen, ohne Langeweile aufkommen zu lassen. Die Möglichkeit den Tag mit Radtouren oder Wanderungen zu gestalten sind vielfältig, dazu gehört auch das kleine Seitental des **Cusancin**, das wir auf unserem weitern Weg nach BESANÇON durchfahren. Wir verlassen also BAUME-LES-DAMES und fahren auf der D50 in südliche Richtung weiter. Nach rund 5 Kilometern erreichen wir den bereits erwähnten Campingplatz in PONT-LES-MOULINS. Das Flüsschen **Cusancin**, an dem der Campingplatz liegt, eignet sich als Wasserspielplatz für

Kinder und für die ersten Übungen mit einem Kanu, jedenfalls versichern uns das die Eigentümer des Campingplatzes, ein deutschsprechendes Schweizer Paar, das diesen Campingplatz in den Sommermonaten betreibt. Wir haben den Wasserspielplatz dieses idyllisch gelegenen, einfachen Campingplatzes allerdings nicht ausprobiert.

(042) WOMO-Campingplatz-Tipp: Pont-les-Moulins Camping de l'Ile

GPS: N47° 19' 29.5" E6° 21' 40.1", 1, rue Pontarlier, 25110 Pont-les-Moulins.
max. Womos: >10, maximale Länge 7 m.
Ausstattung: Befestigter Platz mit Wasserver- und entsorgung (mit Bodeneinlass), Kassettenentleerung, Stromanschlüssen, WC, Behälter für die Müllentsorgung, kleinem Restaurant, geöffnet von Ende April – Anfang September.

Lage: Ortsrandlage am Flüsschen Cusancin, nachts sehr ruhig.
Preise: Gebühr pro Tag 14,00 € für ein Fahrzeug mit zwei Personen. Stromversorgung 2,50 €, Entsorgung und Frischwasser ist im Preis enthalten.
Zufahrt: Auf der D50 in Richtung Pontarlier gleich nach dem Ortseingang links. Die Einfahrt ist schmal und nur für Fahrzeuge bis 3,5t zugelassen.

Wir fahren weiter. Hinter PONT-LES-MOULINS wird es kurvig und wir gewinnen rasch an Höhe auf unserem Weg zur **Grotte de la Glacière**, dem nächsten Etappenziel.

Rund 12 Kilometer sind es auf der D50 bis zu dem Dorf Orsans. Hier biegen wir rechts ab auf die D120. Der weitere Verlauf bis zur **Grotte de la Glacière**, ist gut ausgeschildert. Verfehlen kann man die mitten im Wald liegende Höhle eigentlich nicht. Der Parkplatz [**043:** N47° 14' 55.6" E6° 21' 53.2"] ist nicht groß, was nicht weiter stört, denn die Besucherzahlen sind nicht hoch. Wenn Sie Übernachtsplätze in Waldeinsamkeit lieben: Hier haben Sie einen! Ruhiger und einsamer geht es kaum.

Parkplatz an der Grotte de la Glaciére.

Nur wenige Meter sind es bis zum Eingang der Höhle. Das Eingangsgebäude und das Restaurant nebendran könnten einige handwerkliche Tätigkeiten gut vertragen, um die Renovierungsbedürftigkeit diplomatisch zu umschreiben.

Eine **Eishöhle** im Sommer zu besuchen ist erfrischend. Am Eingang wird darauf hingewiesen, dass der Besuch der Höhle für Menschen mit Herz-Kreislaufproblemen bedenklich sein kann. Nachdem man die kleine Ausstellung mit zahlreichen Fossilien und Mineralien (die alle nicht aus dieser Höhle kommen) passiert hat, geht es nur im Rahmen einer Führung die Treppen hinunter in die Höhle. Der Temperatursturz ist beträchtlich. Wer vergessen hat sich eine Jacke anzuziehen, wird hier unten bei 5°C schnell frieren. Im Winter gehen die Temperaturen noch tiefer in den Keller und es kann sich am Boden der Höhle Eis bilden, das lange bleiben kann, auch dann, wenn es draußen schon längst wieder grünt, blüht und die Temperaturen im zweistelligen Bereich liegen. Da die Höhle nur einen Nordeingang hat, der zudem durch Bäume geschützt wird, dringt kein laues Frühlings- oder Sommerlüftchen in das Innere. Eine große Tropfsteinlandschaft findet sich hier allerdings nicht. Nur ein großes Gebilde ist im unteren Teil der Höhle zu bewundern. Diese Grotte beeindruckt vor allem durch ihre Größe und die Kälte, die in der Zeit, als es noch keine Kühlschränke und Gefriertruhen gab, auch zur Gewinnung von Eis und als Lagerraum genutzt wurde.

Die Grotte de la Glaciére.

Tropfstein in Grotte de la Glaciére.

Gehöft aus Jonchery im Museumsdorf Maisons Comtoises.

Zu den Bauernhöfen des **Museum Maisons Comtoises,** unserem nächsten Ziel in 18 Kilometern Entfernung, wurde das Eis ganz sicher nicht geliefert, denn diese Sammlung älterer Bauernhäuser auf einem 15 ha großen Gelände besteht erst seit den 80er Jahren. Aus allen Teilen der Franche-Comté wurden Häuser aus dem 17. bis 19. Jahrhundert ab- und an dieser Stelle originalgetreu wieder aufgebaut. Es sind nicht viele. Wer den Vogtsbauernhof im Schwarzwald kennt oder es mit dem Museumsdorf in Tittling im Bayerischen Wald vergleicht wird enttäuscht sein.

Teig kneten und Brot backen im Museum.

Hier steht nicht die Summe der Häuser im Vordergrund. Den Betreibern dieses Museums geht es nicht nur darum alte Häuser vor dem Verfall zu retten und zu erhalten, es geht auch darum die Lebensweise in den vergangenen Jahrhunderten zu zeigen. Von A wie Anbau von Getreide bis Z, dem Zusammenstellen einer Brotbackmischung werden in den Gehöften die unterschiedlichen Tätigkeiten gezeigt. In den Sommermonaten wird man dabei zum mitmachen eingeladen. Eine große Zahl von Veranstaltungen und Ausstellungen werden hier angeboten. Man kann natürlich auch einfach nur durchschlendern und sich über WiFi und dem eigenen Mobiltelefon ganz modern und sogar in deutscher Sprache die einzelnen Objekte erklären lassen. Der Eintritt kostet übrigens 9,00 € pro Person in der Haupt- und 6,50 € in der Nebensaison. Das Museum ist von Ende März bis Anfang November geöffnet. Der Parkplatz am Museum ist sehr groß und bequem zu erreichen.

Kunstausstellung im Museum.

Wer mehr über die Veranstaltungen erfahren möchte: Auf der website des Museums ist alles zu finden http://www.maisons-comtoises.org/.

(044) WOMO-Stellplatz: Nancray

Museum Maisons Comtoises

GPS: N47° 14' 22.5" E6° 11' 08.1", Rue du Musée, 25360 Nancray.
max. Womos: >5, maximale Länge 12 m.
Ausstattung: Befestigter Platz mit Wasserver- und entsorgung (mit Bodeneinlass), Kassettenentleerung, Behälter für die Müllentsorgung, max. Aufenthaltsdauer: 7 Tage, geöffnet von Jan. – Dez.
Lage: Ortsrandlage, nachts sehr ruhig.
Preise: Kostenlos, Frischwasser 2,00 €, funktioniert nur mit Jeton (an der Museumskasse erhältlich).
Zufahrt: Von der D464 in die Rue du Musée fahren.

War es bei den letzten beiden Etappenzielen recht ruhig und beschaulich, wird es nun etwas unruhiger und lauter, das lässt sich nun mal mit dem Besuch einer Großstadt nur schwerlich vermeiden. BESANÇON steht jetzt als nächstes Ziel auf unserer Liste. Um sich besser orientieren zu können haben wir hier wieder einen Stadtplan eingefügt. Darin sind auch alle Stellplätze markiert die wir für Sie ausgesucht haben.

Neben den beiden offiziellen zeigen wir Ihnen noch einige andere, sehr reizvolle Möglichkeiten. Den Anfang machen die beiden offiziellen Plätze.

(045) WOMO-Stellplatz: Besançon,
Aire de Camping-Car

GPS: N47° 14' 14.3" E6° 00' 56.1", Rue d'Arènes, 25000 Besançon
max. Womos: 12, maximale Länge 8 m,
Ausstattung: Asphaltierter Platz mit Wasserver- und entsorgung (mit Bodeneinlass), Kassettenentleerung, Behälter für die Müllentsorgung, max. Aufenthaltsdauer: 3 Tage, geöffnet von Jan. – Dez.

Lage: Direkt am Quai Veil Picard am Ufer des Doubs. Fußweg durch die Innenstadt über die Grande Rue zur Zitadelle ca. 2 km.
Preise: Gebühr pro Tag 7,00 €. Entsorgung und Frischwasser ist kostenlos.
Zufahrt: Nur über die Rue d'Arènes erreichbar.

(046) WOMO-Stellplatz: Besançon
Aire de Camping-Car am Konzerthaus „La Rodia"

GPS: N47° 13' 53.9" E6° 02' 18.3", 8 Avenue de Chardonnet, 25000 Besançon
max. Womos: 20, maximale Länge 8 m.
Ausstattung: Befestigter Platz ohne Versorgungseinrichtungen, max. Aufenthaltsdauer: 7 Tage, geöffnet von Jan. – Dez.

Lage: Er liegt direkt am Ufer des Doubs und ist der Parkplatz des Konzerthauses La Rodia (manchmal Laut!). Auf der anderen Seite des Flusses befindet sich die Zitadelle. Fußweg dorthin ca. 1 km.
Preise: Der Platz ist gebührenfrei.
Zufahrt: Von der Pont de Bregille auf der rechten Seite des Doubs im Kreisverkehr in die Avenue de Chardonnet fahren.

(047) WOMO-Parkplatz: Besançon
Parking des Arènes

GPS: N47° 14' 22.5" E6° 11' 08.1", 67 Rue d'Arènes, 25000 Besançon.
max. Womos: >5, maximale Länge 10 m.
Ausstattung: Befestigter Platz, geöffnet von Jan. – Dez.
Lage: Stadtzentrum, nicht ruhig. Schnellste Alternative zum Aire de Camping-Car Nr. 45. Von uns kein bevorzugter Übernachtungsplatz aber als Parkplatz für eine Stadtbesichtigung durchaus empfehlenswert.

Preise: Gebührenpflichtig, max. 7,00 € für 24h, kostenlos zwischen 19.00 und 9.00 Uhr. Kassenautomat an der Einfahrt.
Zufahrt: Von der D683 in die Rue d'Arènes fahren.

(048) WOMO-Wanderparkplatz: Besançon

Fort de Bregille

GPS: N47° 14' 05.2" E6° 02' 32.8",
99 Chemin du Fort de Bregille, 25000 Besançon.

max. Womos: 2, maximale Länge 7 m.
Ausstattung: Befestigter Platz, geöffnet von Jan. – Dez.
Lage: Am Fort de Bregille, fantastische Sicht auf die Stadt und die Zitadelle (siehe obiges Foto).
Preise: Gebührenfrei.
Zufahrt: Der Straße Chemin du Fort de Bregille bis zum Ende folgen. Achtung! Die Straße ist sehr eng.

(049) WOMO-Picknickplatz: Besançon

Parking Chamars

GPS: N47° 14' 00.3" E6° 01' 08.7", Blvd. Charles de Gaulle, 25000 Besançon.
max. Womos: >5, maximale Länge 10 m.

Ausstattung: Asphaltierter schattiger Platz, geöffnet von Jan. – Dez.
Lage: Stadtzentrum, nicht ruhig. Als Parkplatz für eine Stadtbesichtigung empfehlenswert.
Preise: Gebührenpflichtig, max. 7,00 € für 24h, kostenlos zwischen 19.00 und 9.00 Uhr. Kassenautomat an der Einfahrt.
Zufahrt: Von der D683 in den Blvd. Charles de Gaulle fahren.

(050) WOMO-Picknickplatz: Besançon

Fort de Chaudanne

GPS: N47° 13' 36.7" E6° 01' 28.2",
68 Chemin du Fort de Chaudanne, 25000 Besançon.
max. Womos: 2, maximale Länge 8 m.
Ausstattung: Befestigter Platz mit Grillstelle und Aussichtspunkt auf die Stadt am Fuße der Festung, deshalb an manchen Tagen stark frequentiert, geöffnet von Jan. – Dez.

Lage: Am Fort de Chaudanne, gute Sicht auf die Stadt und die Zitadelle.
Preise: Gebührenfrei.
Zufahrt: Zunächst über die Montée Jean de Gribaldy in den Stadtteil Chaudanne fahren. Dort angekommen, der Straße Chemin du Fort de Chaudanne bis zum Ende folgen. Die Straße ist nicht so eng wie die zum Fort de Bregille.

Von all den hier aufgezeigten Standorten hat uns der am **Fort Bregille** am besten gefallen. Die schmale Straße die dort hinaufführt ist von Nachteil, für den geübten Fahrer und die

Promenade des Glacis
Square Bouchot
Tour de la Pelote
Battant
Hôtel de Champagney
Rue de la Madeleine
Départ bat
Doubs
Marquis Jouffroy d'Abbans
Mus. de beaux-arts et d'archéologie
Église Sainte-Madeleine
Place de la Révolution
047
Pont Battant
Parking des Arènes
Passage Pasteur
Grande-Rue
Église Saint-Pierre
Rue d'Arènes
Quai Veil Picard
Place du 8 Septembre
Le Boucle
La Butte
045
Église Saint-Ma
Musée du Temps
Parc Granvelle
Statue Victor Hugo
Parc Chamars
049
Montée Jean de Gribaldy
Picknickplatz
050
Fort de Chaudanne
Chaudanne
Chemin du Fort de Chaudanne

Besançon

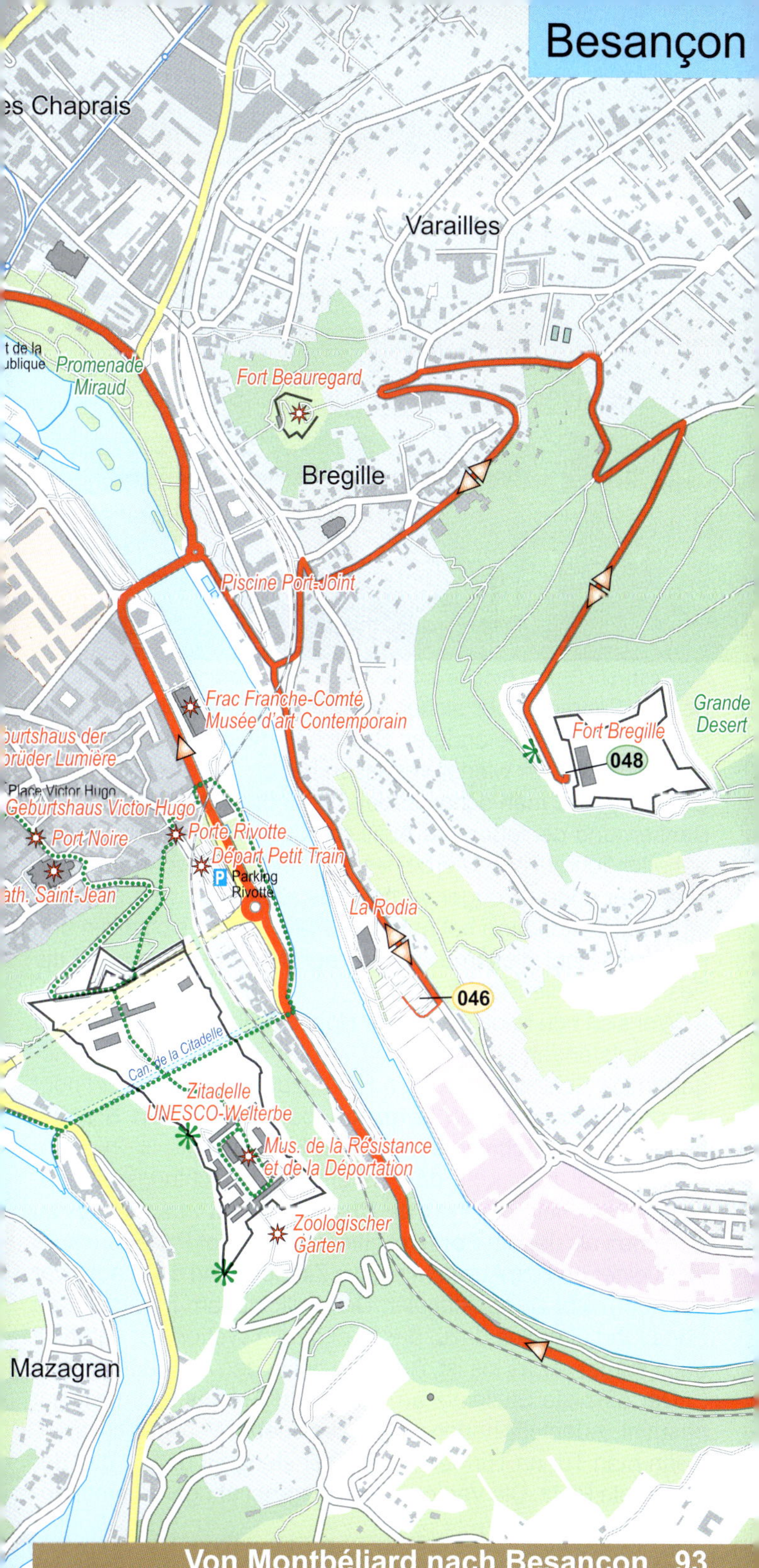

es Chaprais
Varailles
t de la
ublique
Promenade Miraud
Fort Beauregard
Bregille
Piscine Port-Joint
Frac Franche-Comté
Musée d'art Contemporain
Grande Desert
Fort Bregille
048
urtshaus der
rüder Lumière
Place Victor Hugo
Geburtshaus Victor Hugo
Port Noire
Porte Rivotte
Départ Petit Train
Parking Rivotte
ath. Saint-Jean
La Rodia
046
Can. de la Citadelle
Zitadelle
UNESCO-Welterbe
Mus. de la Résistance
et de la Déportation
Zoologischer
Garten
Mazagran

Aussicht vom Fort de Bregille auf die Zitadelle von Besançon bei Nacht.

geübte Fahrerin aber sicher kein Problem. Am Abend dauert es ein wenig bis die anderen Besucher, die ihr Bett nicht dabei haben diesen Ort wieder verlassen haben. Es ist ein beliebter Ort, das muss man schon sagen. Verliebte sitzen hier auf den Bänken und genießen die Aussicht, Jugendliche grillen, Hundehalter führen ihre Vierbeiner aus und es keucht auch der eine oder andere Jogger vorbei. Das alles legt sich erst, wenn es dunkel wird, dann hat man den Platz fast für sich allein und kann sich über diesen Blick (wie auf dem Foto oben) auf die Festung und die Stadt freuen.

Wer sich nun fragt, wie dieser Höhenzug auf der die Festung steht entstanden sein mag und warum der Doubs eine omegaförmige Schleife um diesen Höhenzug gelegt hat, der findet auf dem **Geologischen Lehrpfad**, der um das **Fort Bregille** herumführt auf Schautafeln einige Erklärungen.

Noch mal zurück zu den anderen Übernachtungsmöglichkeiten: Der Platz am **Fort de Chaudanne** ist zwar besser zu erreichen als der am **Fort Bregille**, dafür ist der Parkraum sehr viel kleiner und die Aussicht auf die Zitadelle und die Stadt zwar gut aber nicht so spektakulär. Der Grillplatz am Fußende des Forts führt überdies dazu, dass bei gutem Wetter hier natürlich auch immer etwas los ist. Auch bis tief in den Abend hinein.

Der offizielle Stellplatz an der **Rue d'Arènes** ist immer gut besucht, jedenfalls haben wir dies so erlebt. Wen es nicht stört, wenn man Tür an Tür nebeneinander steht, für den ist das der geeignete Platz. Die Versorgungsanlage ist übrigens immer an-

fahrbar, wenn auch ein wenig eng, auch wenn man den Platz nicht für eine Übernachtung nutzen möchte. Eng kann es auch auf dem nächstliegenden **Parkplatz an der Rue d'Arènes** werden. Es ist eigentlich ein PKW-Parkplatz, aber hier sind auch Transporter und Anhänger abgestellt, „reizvoller Übernachtungsplatz" wäre hier absolut unzutreffend formuliert. Der Platz ist aber sehr gut anzufahren und als Parkplatz gut zu nutzen. Gut und bequem anzufahren ist auch der Platz am **Park Chamars**. Die Grünanlage mit den hohen Bäumen spendet im Sommer einen angenehmen Schatten. Bleibt noch darauf hinzuweisen, dass es auf dem **Stellplatz am Konzerthaus La Rodia** etwas lauter zugehen kann, wenn dort Veranstaltungen stattfinden. Es ist nämlich kein Opernhaus, vor dem die Damen und Herren Besucher in edler Garderobe mit chromblitzenden Limousinen ganz ruhig zum Besuch vorfahren, sondern ein Haus in dem Rock-, Pop- und auch Heavy Metall-Konzerte stattfinden. Das Publikum das hier parkt ist kein schlechteres, nur etwas lauter und unkonventioneller. Und so manch einer, der es noch nicht auf die Bühne geschafft hat, übt dann noch gut hörbar nach einem Konzert auf dem Parkplatz. Dafür hat dieser Platz den Vorteil, dass man das **Freibad (Piscine Port-Joint)** bequem zu Fuß erreichen kann (rund 700 Meter).

Jeder Platz hat also seine Vor- und seine Nachteile. Sie haben die Wahl!

Bevor wir unseren Stadtbummel und die Besichtigung der Zitadelle starten sei noch darauf hingewiesen, dass man sich

Aussicht vom Fort de Bregille auf die Zitadelle von Besançon bei Tag.

auch führen lassen kann. Einmal mit dem **"Petit Train"** und einmal mit dem **Schiff** auf dem Doubs, bzw. Rhein-Rhône-Kanal. Der Petit Train startet am **Parkplatz Rivotte** am Fuße der Zitadelle (siehe Stadtplan). Er fährt hoch bis zur Festung und hält auch in der Innenstadt an der Place du 8 Septembre. Die Fahrt dauert etwa eine Stunde. Preis 8,50 € pro Person. Erläuterungen zu den Sehenswürdigkeiten gibt es unterwegs auch in deutscher Sprache. Von Mai bis September fährt der kleine Zug täglich zwischen 10 und 17 Uhr.

Mit dem **Schiff "le Vauban"** durchfährt man zwei Schleusen und den Tunnel, den **Tunnel fluvial sous la Citadelle**. Die Fahrt dauert etwas mehr als eine Stunde. Die Fahrt kostet 12,00 € pro Person. Die Mitnahme von Hunden auf dem Schiff ist erlaubt. Der Ab- und Anlegeplatz befindet sich an der Pont de la République (siehe Stadtplan). Die Fahrt mit dem Schiff durch die Schleusen und den Tunnel ist sicher sehr reizvoll. Diesen kann man übrigens auch mit dem Rad oder zu Fuß durchqueren, der Straßentunnel ist dagegen für Fußgänger und Radfahrer gesperrt.

Ja, und zu Fuß machen wir uns nun auf den Weg die Stadt und die Festung zu erkunden. Das WOMO stellen wir auf dem **Parkplatz an der Rue d'Arènes** ab und los geht es durch die Stadtteile "Battant", nördlich der omegaförmigen Flussschleife des Doubs, dem Zentrum "La Boucle", mit seiner vielfältigen historischen Bausubstanz und der Festung die jährlich von mehr als 250.000 Touristen besucht wird.

Vom Parkplatz an der Rue d'Arènes sind es nur wenige Meter bis zum Quai Veïl Picard, einer autofreien Straße die nur von der Straßenbahn und Radfahrern und Fußgängern genutzt werden kann. Unweit der **Brücke Battant** befindet sich die **Église Sainte-Madeleine** mit einem beeindruckenden

Altar. Das ist eines der bedeutendsten der 184 Baudenkmäler der Stadt und, davon ist man in BESANÇON überzeugt, auch eine der schönsten Kirchen des 18. Jahrhunderts in Frankreich. Achtlos vorbeigehen muss man also nicht. Ein Blick ins Innere lohnt durchaus.

Auf der Brücke Battant blickt **Marquis Jouffroy d'Abbans** (*1751, †1832) auf den Doubs, auf dem er seine **Palmipède**, das erste funktionierende Dampfschiff der Welt fahren ließ. Es funktionierte nach dem Paddelprinzip einer Ente und verkehrte 1776 zwischen BESANÇON und MONTBÉLIARD. Die Antriebstechnik funktionierte aber noch nicht reibungslos. Eine technische Weiterentwicklung war vonnöten und so entwickelte er den **Pyroscaphe**, den ersten Raddampfer der Welt, den er aber nicht mehr hier, sondern in Lyon bauen ließ. Offen gestanden haben wir uns nie darüber Gedanken gemacht, wo der Raddampfer wohl erfunden worden ist. Auf BESANÇON hätten wir aber ganz sicher nicht getippt. Reisen bildet!

Weiter geht es in die **Grande Rue** die shopping-Meile von BESANÇON. Geschäfte der Haute Couture, Boutiquen, Cafés, Restaurants, Anwaltskanzlei-

Eingangsportal der Église Sainte-Madeleine an der gleichnamigen Straße.

Über dem Altar befindet sich ein Bild des letzten Abendmahls das von der "erleuchteten" heiligen Maria überragt wird.

Blick von der Pont Battant auf den Quai Veïl Picard.

en, alles ist hier in einer bunten Mischung zu finden. Schon die Römer hatten hier von rund 2000 Jahren eine Straße angelegt. Heute ist der verkehrsberuhigte Bereich mit seinen Altstadtfassaden eine beliebte Einkaufsstraße der **Bisontins** wie die Einwohner BESANÇONS genannt werden. Es gibt viele Innenhöfe, die Zufahrten sind zumeist offen. Freunde der Architektur werden vielleicht den einen oder anderen Blick hineinwerfen und sich an den Baustilen des 18. und 19. Jahrhunderts erfreuen. Um die Lebendigkeit der Innenstadt zu erhalten, werden auch ganz mutig hinter alten Fassaden neue Ladenpassagen errichtet, die **Passage Pasteur** ist die erste und wie wir finden, ein gutes Beispiel wie man baufällig gewordenen Innenhöfen neues Leben einhauchen kann.

Altstadtfassade in der Grande Rue.

Am Platz des 8. September **(Place du 8 Septembre)**, dem Herz der Stadt, befindet sich das Rathaus. Wer großes Interesse an der Architektur und der Stadtentwicklung BESANÇONS hat, kann hier eine Ausstellung besuchen, die sich genau diesen Themen widmet.

Blick in die Grande Rue.

Über dem Eingangsportal des Rathauses prangte einst die Inschrift "Gott und dem Kaiser auf ewig treu". Mit dem Kaiser war der Habsburger **Karl V.** gemeint, der auf dem Höhepunkt seiner Macht auch Herrscher über die **Franche-Comté** war. In der Nische neben dem Portal, in der heute ein Brunnen plätschert, stand einst seine Statue. Im 16. Jh. war man noch gut auf ausländische Herrscher zu sprechen, gewährte **Karl V.** ihnen doch gewisse Privilegien wie das Prägen eigener

Blick in Passage Pasteur.

Gold- und Silbermünzen. Das änderte sich im Laufe der Geschichte. Erst wurde die **Franche-Comté** 1678 unter **Ludwig XIV.** französisch, was den stolzen Comtois nicht gefiel. Die Kriege gegen die Preußen 1870/71 sowie die beiden Weltkriege erfreuten natürlich auch niemanden. In den letzten

Nische von Karl V.

Kriegen waren die Deutschen immer der Feind und wurden keineswegs so wohlwollend betrachtet wie Karl V. (*24. Februar 1500; †21. Sept. 1558), dem letzten römisch-deutschen Kaiser, dessen Statue zu einer Zeit weggeräumt wurde, als man auf die Deutschen nicht besonders gut zu Sprechen war. Aber warum erzählen wir das alles? Wir stehen hier eben nicht nur vor einer "leeren" Nische, sondern auch am **Place du 8 Septembre**, der an den Tag der Befreiung von der deutschen Besatzung im Jahre 1944 erinnert. Ein Blick in die Geschichte auf kleinstem Raum sozusagen.

Église Saint-Pierre.

Die Kirche **Saint-Pierre** mit dem eigenwilligen Turm und der Aussichtsplattform (nicht zugänglich für Besucher) steht übrigens auch an diesem Platz. Die Kirche wurde im 18. Jahrhundert erbaut. Sie ersetzte eine Kirche aus dem 4. Jahrhundert. Die Plattform diente dem Turmwächter als Aussichtsterrasse. In der Kirche befand sich eine Uhr, die als "Uhr des Bürgermeisters" bekannt war. Sie gab die offizielle Zeit an und läutete das Öffnen und Schließen der Stadttore ein. Uhren spielen in BESANÇON eine besondere Rolle, wie wir gleich noch sehen werden.

Links neben der Kirche erregt das Büro der **Mouvement Franche-Comté** unsere Aufmerksamkeit. Die Comtois (damit sind die Einwohner der Franche-Comté gemeint) gelten als stolz und eigenwillig, vergleichbar den Katalanen oder Basken in Spanien. Sie kokettieren damit aufrührerisch, widerspenstig, wagemutig, utopistisch und gleichzeitig auch kreativ zu sein. **"Comtois rends-toi ! Nenni, ma foi"** ("Ergebt euch, Bürger der Franche-Comté! Nein, niemals!") ist ihr Motto, das der Überlieferung nach der kämpferische Dialog zwischen französische Truppen und den Comtois bei einer Belagerung der Stadt Dôle entstanden sein soll. Heute ist es auch das Motto separatistischer Gruppen. Im Zuge der Gebietsreform von 2016, die die Anzahl der Regionen von 22 auf 13 reduzierte, wurden **Burgund** und die **Franche-Comté** zu einer Region zusammengelegt. Der **Mouvement Franche-Comté** gefiel das nicht und versuchte die Bevölkerung für einen Anschluss an die Schweiz zu mobilisieren. Wenn schon keine Unabhängigkeit von Frankreich erzielt werden kann, dann würde ein Beitritt in die Schweiz zumindest zu mehr Autonomie führen, lautete eine Argumentation. Eine Mehrheit dafür gab es zwar nicht, aber seien Sie nicht überrascht bei Ihrem Stadtspaziergang am Platz des 8. September ein **"Franche-Comté Autonom"** hoch oben an einem Balkongeländer zu sehen. Der Weg zu einer europäischen Einigung ist noch weit. Das kann man nicht nur fast täglich in der Zeitung lesen, man kann es auch auf Reisen sehen und erleben.

Nun zum nächsten Thema: Der Aufstieg und der Niedergang der Uhrenindustrie in BESANÇON wird wenige Meter weiter im **Palais Granvelle** im **Musée du Temps** gezeigt. Das Palais ließ **Nicolas Perrenot de Granvelle**, der Kanzler des Kaisers **Karl V.** war in den Jahren zwischen 1532 und 1547 errichten. Für ihn war das im Renaissancestil erbaute prachtvolle Palais ein Symbol seiner Macht und seines sozialen Aufstiegs. Der 1484 in ORNANS (da kommen wir auch noch hin) geborene Jurist und Staatsmann stammte nämlich aus einfachen

Eingang des Palais Granvelle.

Der Innenhof des Palais Granvelle.

bürgerlichen Verhältnissen. In dieser Epoche höchste Staatsämter zu bekleiden ohne einen aristokratischen Hintergrund zu haben, ist beachtlich.

Seit 2002 ist nun das **Musée du Temps** hier untergebracht, das mit mehr als 40.000 Exponaten die Geschichte und Entwicklung der Zeitmessung dokumentiert.

Uhrenindustrie in der Franché-Comte

Das Wachstum der Uhrenindustrie in Besançon und in der Franché-Comte begann mit dem Genfer Uhrenhändler **Laurant Mégavand** im Jahre 1793. Mit der Französischen Revolution sympathisierend, musste er die Schweiz verlassen und siedelte nach Frankreich über. Er ließ sich mit weiteren 80 Schweizer Uhrmachern in Besançon nieder und gründete eine Manufaktur. Prominente Unterstützer wie der französische Schriftsteller und Politiker **Honore Gabriel Riqueti, Comte de Mirabeau** erleichterten den Aufbau des Unternehmens, das mit einer neuen Arbeitsteilung in den Produktionsabläufen rasch Erfolge erzielte. Was heute mit Zulieferbetrieben in der Industrie gang und gäbe ist, entwickelte er für die Uhrenproduktion. Weitere 400 Werkstätten wurden in der Stadt gegründet, hunderte weitere Uhrmacher ließen sich hier und im Umland nieder, besonders entlang den Verbindungswegen nach **Le Locle** und **La Chaux-de-Fonds**, den beiden Zentren der Schweizer Uhrenindustrie an der französisch-schweizerischen Grenze. Jeder dieser kleinen Betriebe hat seine spezielle Aufgabe, der eine machte die Zahnrädchen, der andere lieferte Gehäuse etc. und in Besançon wurde dann alles in mehreren Betrieben zusammengebaut. 1883 wurden mehr als 500.000 Uhren gefertigt, das war die Glanzzeit der Uhrenindustrie in der Franche-Comté. Heute gibt es die Uhrenindustrie zwar noch, sie hat aber die große wirtschaftliche Bedeutung für die Region längst verloren.

Hinter dem Museum befindet sich der Park Granvelle mit einer netten Brasserie die Kaffee, Kuchen und kleine Gerichte anbietet. **Victor Hugo,** der große Sohn der Stadt hat die Außenterrasse der Brasserie fest im Blick. Seine Statue steht am Rande des Parkes, hier schaut er sitzend den Gästen und den Parkbesuchern zu.

Sein Geburtshaus ist nur wenige Meter entfernt. Es befindet sich in der Grande Rue 140 und ist erst seit September

2013 für die Öffentlichkeit zugänglich. Es präsentiert sein literarisches und politisches Werk. Wenn Ihnen der Name nichts sagt, den **"Glöckner von Notre-Dame"** kennen Sie sicher, wenn nicht als Roman, dann als Film. Es ist eines seiner Meisterwerke und sein Roman **Les Misérables** wurde ebenfalls verfilmt und auch als Musical inszeniert. Das Haus ist vom 1. April bis zum 31. Okt. täglich von 10:30 Uhr bis 18 Uhr (außer Dienstags) geöffnet. In den Monaten vom 1. Nov. bis 31. Mrz schließt es um 17:30 Uhr. Der Eintritt kostet 2,50 € pro Person.

Schräg gegenüber am Platz Victor Hugo steht das Geburtshaus der **Gebrüder Lumière** den Erfindern des Cinematographen, dem Vorläufer der Filmprojektoren. Außer einer großen Tafel die im ersten Stock an dem Haus angebracht ist, erinnert nichts an die Gebrüder, die den Bildern durch ihre Erfindung das Laufen beibrachten.

Das **Schwarze Tor (Port Noire)** ist vom Geburtshaus des berühmten französischen Schriftstellers nur wenige Meter entfernt. Es ist kein Stadttor, sondern ein Triumphbogen, der im 2. Jahrhundert unter Mark Aurel errichtet wurde, als der Ort noch **Vesontio** hieß und unter römischer Herrschaft stand.

Place Victor Hugo, mit dem Geburtshaus rechts.

Wenige Meter vor dem Triumphbogen fallen auf der linken Seite am **Square archéologique Auguste-Castan** einige Säulen auf. Es handelt sich dabei um eine nicht mehr vollständig erhaltene Säulenreihe vom Peristyl eines Nymphäums aus der Römerzeit, also einer Brunnen- oder Beckenanlage. Hier endete ein von den Römern errichtete Aquädukt. Auch Teile eines Theaters sind erkennbar. Die Parkanlage mit den archäologischen Überresten ist recht klein.

Der Square Auguste.

Wir durchschreiten das Schwarze Tor und haben nur noch wenige Meter bis zur **Cathédrale Saint-Jean** zu gehen.

Diese gewaltige dreischiffige Kathedrale entstand im 12. Jahrhundert. Einige Teile wie der nach einem Einsturz im Jahre 1729 neu errichtete Turm und ein Teil des Ostchores stammen aus dem 18. Jahrhundert. Erhalten geblieben ist der Grundriss der karolingischen Vorgängerkirche.

Die Johannes dem Täufer geweihte Kirche kann mit zahlreichen Kunstwer-

Das Schwarze Tor (Port Noire), im Hintergrund die Kathedrale Saint-Jean.

ken aufwarten. Mit **Charles André van Loo, Charles-Joseph Natoire** und **Jean-François de Troy** waren für diese Kirche Künstler am Werk, die in ihrer Zeit in der Mitte des 18. Jahrhunderts zu den besten ihrer Zunft in Frankreich und Europa gehörten. Ihre großen Bilder in der Kirche mit über drei Metern Höhe und mehr als 2 Metern Breite sind in der Apsis der Kathedrale zu bewundern. Beachtenswert sind auch die Nebenaltäre mit ihren Kunstwerken.

Herausragend in dieser Kirche ist sicher die **Horloge astronomique, die astronomische Uhr**.

Die Uhr besteht aus mehr als 30.000 Teilen (in Worten: dreißigtausend) und zeigt mit ihren Zifferblättern die Tage, die Jahreszeiten und die Uhrzeit für 16 Orte der Erde an. Darüber hinaus wird für 8 Häfen der Stand der Flut angegeben und es wird die Länge von Tag und Nacht sowie die Zeit des Sonnen- und Mondaufgangs angegeben. Ein mechanisches Meisterwerk ersten Ranges!

Wenn Sie also mal kurz die Uhrzeit von Saigon oder Dakar wissen wollen, ein Blick genügt. Und den Wasserstand im Hafen von Le Havre können Sie genauso ablesen wie den im Hafen von Pointe-à-Pitre auf Guadeloupe in der Karibik.

Um das Wunderwerk betrachten zu können brauche Sie unter Umständen etwas Geduld, denn die Öffnungszeiten sind nicht durchgehend, sie sind an der Tür zum Turm angeschlagen oder auf der website http://www.horloge-astronomique-besancon.fr/ nachzulesen. Der Eintritt kostet zurzeit 3,50 € pro Person. Im Inneren der Kirche ist ein Teil der Uhr zu sehen, hier wird aber lediglich die

Gemälde der Künstler Charles André van Loo, Charles-Joseph Natoire und Jean-François de Troy in der Apsis der Cathédrale Saint-Jean.

Die Cathédrale Saint-Jean mit dem Teleobjektiv vom Fort Bregille betrachtet.

Auf dem Wehrgang der Zitadelle von Besançon.

Uhrzeit, die Zeit des Mondaufgangs und der Wochentag angezeigt.

Hinter der Kathedrale führt die Rue des Fusilles de la Résistance hoch zur **Zitadelle**. Die steile Straße überlässt man besser den Autofahrern, die den Parkplatz oben direkt vor dem Eingang anfahren wollen. Wenn Sie mit einem Kastenwagen unterwegs sind und Ihnen die Größe eines PKW-Parkplatzes

Demi-Lune und königliche Front mit Königinnenturm im Hintergrund.

reicht, können Sie das auch machen. Ansonsten empfehlen wir die Fußwege und Treppen, die steil durch eine schattige Parkanlage mit hohen Bäumen hinauf zur Zitadelle führen. Etwas weniger als 100 Meter Höhenunterschied sind es schon auf dieser kurzen Strecke von etwas mehr als 200 Metern, aber die Anstrengung lohnt sich. Wer mit einem Hund unterwegs ist, muss auf einen Besuch der Zitadelle verzichten, denn Hunde dürfen in die Zitadelle nicht hinein.

Die Öffnungszeiten sind sehr besucherfreundlich. In den Sommermonaten ist die Zitadelle täglich von 9.00-19.00 Uhr geöffnet, in der Nebensaison von 10.00-17.00 Uhr. Der Eintrittspreis beträgt pro Person 10,60 €. Das ist der

Königsturm und Treppen zum Wehrgang.

normale Preis für einen Erwachsenen. Daneben gibt es eine ganze Reihe von Ausnahmeregelungen, die wir hier nicht alle aufführen wollen. Sie können das der deutsprachigen website der Zitadelle entnehmen http://www.citadelle.com/de/.

Die natürlichen Voraussetzungen für eine Festung an dieser Stelle könnten kaum besser sein. Der Höhenzug vom Doubs umflossen, bildet eine ausgezeichnete Grundlage für den Bau einer Befestigungsanlage. Diese Situation begeisterte schon den jungen Prokonsul Julius Caesar, als er diesen Ort, den die Römer **Vesontio** nannten, gegen germanische Stämme verteidigte und mit Mauern befestigen ließ.

Exkurs Gebirgsbildung

Die Aufwölbung einer Schicht aus hartem Kalkstein bildet die Basis für diesen Höhenzug. Vor rund 170 Mio. Jahren war hier noch ein flaches Meer, die Tethys oder auch Ur-Mittelmeer, dessen Sedimentschichten im Zuge der alpidischen Gebirgsbildung im Tertiär, also vor rund 10 Mio. Jahren durch die Plattentektonik zusammengeschoben und aufgefaltet wurden. Auf dem geologischen Lehrpfad am Fort Bregille ist das mit Schautafeln erläutert. Da hatten wir schon darauf hingewiesen. Diese alpidische Gebirgsbildung fand natürlich nicht nur hier statt, sondern im gesamten Alpenraum und darüber hinaus. Allerlei besondere Oberflächenformen, Täler und Schluchten sind dabei entstanden, wir werden noch häufiger in diesem Buch darauf zurückkommen. Ein geologisches Seminar machen wir aber nicht daraus. Wenn Sie diese Gebirgsbildung Ihrem Kind veranschaulichen wollen, dann legen Sie ihre beiden Hände in einem Abstand von 10 oder 20 Zentimetern auf ein Tischtuch und bewegen sie dann zueinander. Sie sehen wie das Tischtuch aufgeworfen wird und Falten bildet. Das können Sie mit verschiedenen Tischtüchern machen und je nachdem wie die Struktur des Stoffes ist, werden Sie unterschiedliche Muster in der Auffaltung bekommen. So ist es auch mit der Gebirgsbildung, die unterschiedlichen Sedimentablagerungen führten zu unterschiedlichen Ergebnissen. Das ist etwas, was Sie an den Steilwänden im Jura und in den Alpen immer wieder beobachten können. Mit diesem einfachen Beispiel bilden Sie sozusagen die Plattentektonik mit Ihren Händen nach. Dann folgt noch die Erosion durch Flüsse, weicheres Gestein wird weggeräumt, härteres bleibt bestehen und der Formenreichtum der Erdoberfläche nimmt zu. Was wir mit den Händen und dem Tischtuch so Ruckzuck und ohne Kraftanstrengung machen, läuft natürlich auf der Erde in unvorstellbar langen Zeiträumen und mit unvorstellbaren Kräften ab. Erdbeben erinnern uns daran, das diese Prozesse keineswegs abgeschlossen sind. Dass es alles noch sehr viel komplizierter ist, als es jetzt hier dargestellt wurde, ist uns bekannt. Auf eine komplexe Darstellung verzichten wir hier bewusst, wir verfassen einen Reiseführer, kein Geologiebuch.

Der Bau von Befestigungsanlagen in BESANÇON hat also eine lange Tradition. Die Römer begannen damit, von **Karl V.** ist bekannt, dass er die Stadt befestigen ließ und dann kam **Vauban**.

Doch zunächst muss man sich noch einmal vergegenwärtigen, dass die gesamte **Franche-Comté** und damit auch BESANÇON kein Teil Frankreichs war. Die **Franche-Comté** unterstand der spanischen Krone und kam erst im Verlauf der sogenannten Reunionskriege 1674 zu Frankreich. **Ludwig XIV.** führte diese Kriege hauptsächlich gegen das Heilige

Römische Reich und gegen Spanien um das französische Staatsgebiet zu vergrößern und seine Macht abzusichern. So kamen in dieser Zeit nicht nur die **Franche-Comté** zu Frankreich, sondern auch das **Elsass** und **Lothringen**. Um die neuen Außengrenzen abzusichern wurden nun Festungen gebaut. Als Baumeister wählte er **Sébastien Le Prestre de Vauban**, der 1678 zum Generalkommissar für den Festungsbau Frankreichs ernannt wurde. Inzwischen zählen 12 seiner Bauwerke zum Weltkulturerbe der UNESCO. Sie sind verteilt über ganz Frankreich, vier davon in unseren Reisegebieten des Jura und der Alpen, wenn man die Anreise mit einem Besuch von NEUF-BRISACH dazu zählt. Wer war dieser Mann mit dem wallenden Haar?

Sébastien Le Prestre de Vauban

Vauban wurde im Mai 1633 geboren, stammt aus einfachen Verhältnissen, verwaiste früh und ging im Alter von 17 Jahren in die Armee. Mit 22 Jahren trat er in den Dienst des Königs und wurde Ingenieuroffizier. Er nahm an vielen Belagerungen teil und erwarb sich rasch den Ruf eines "Stadteinnehmers". Wer weiß was zu tun ist um eine Festung einzunehmen, weiß auch wie eine Festung erbaut werden muss, damit dies nicht gelingt. So kam Vauban zu der Ehre den Festungsbau Frankreichs zu organisieren und zu leiten. 56 Berufsjahre verbrachte er damit 33 neue Festungen zu bauen und mehr als 160 Festungen umzugestalten und zu erneuern. Das alles ohne Telefon, CAD-Zeichnungen, Videokonferenzen und Firmenflugzeug um von einer Baustelle zur nächsten zu jetten. Beschwerlich waren die Wege mit der Kutsche, einfach die Zeichnungen auf Pergament, einfach die Werkzeuge um die Pläne zu erstellen und mit einfachsten Mitteln wurden natürlich auch die Bauvorhaben durchgeführt. Er war ständig unterwegs von Arras im Norden Frankreichs nach Villfranche-de-Conflent in den Pyrenäen, von Camaret-sur-Mer in der Bretagne nach Briançon in den Alpen. Alles mit der Kutsche!

Um die Baupläne anfertigen oder begutachten zu können brauchte er Regionalkenntnis, musste die jeweiligen topografischen Verhältnisse kennenlernen. Einen Bauplan "von der Stange" gab es nicht und Serienfertigung auch nicht. Zwar wiederholen sich Elemente seiner Architektur bei den Festungsbauten, aber es ist schon ein Unterschied, ob in einer Ebene gebaut wird, wie in Neuf-Brisach oder auf einem Bergrücken wie in Besançon.

Es ist schon eine außerordentliche Leistung die **Sébastien Le**

Vauban-Statue in der Zitadelle Besançon.

Der Kadettenhof in der Zitadelle von Besançon..

Prestre de Vauban vollbracht hat. 1707 stirbt er im Alter von 74 Jahren im Range eines Maréchal.

Zum UNESCO-Welterbe zählen seine Bauwerke in:Arras, Besançon, Blaye, Briançon, Camaret-sur-Mer, Longwy, Mont-Dauphin, Mont Louis, Neuf-Brisach, Saint-Martin-de-Ré, Saint-Vaast-la-Hougue und Villefranche-de-Conflent.

Man kann über Vauban natürlich auch ein ganzes Buch verfassen, wir belassen es bei der kurzen Darstellung und hoffen das Wesentliche für Sie als Leser zum Verständnis dargestellt zu haben. Betrachten wir nun die Zitadelle selbst.

Der Ziehbrunnen der Zitadelle.

Die Zitadelle von Besançon

Es ist ein weitläufiges Gelände auf dem die Zitadelle steht. Der erste Gebäudekomplex ist die Front Saint-Etienne. Mächtige Mauern stehen hier an einem Wehrgraben. Der Durchgang ist mit Toren gesichert. Heute befinden sich hier die Kasse, ein Souvenirladen, ein Getränkeautomat und WC-Anlagen. Über eine ansteigende Fläche, dem Park Saint-Etienne, der als Glacis angelegt war, gelangt man zur Demi-Lune und über einen Graben zur königlichen Front. Erst hier, etwa 300 Meter hinter dem Eingang befindet man sich im Inneren der Zitadelle. Zahlreiche Gebäude sind hier vorzufinden, die heute unterschiedlichen Zwecken dienen. In der ehemaligen Kadettenschule ist heute das **Museum des Widerstands und der Deportation (Musée de la Résistance et de la Déportation)** untergebracht, im ehemaligen Proviantlager ein Restaurant und in der ehemaligen Majorswohnung residiert heute die Verwaltung. In anderen Gebäuden gibt es ein **Heimatmuseum (Musée comtois)** und ein **Nokatarium** untergebracht. Weiterhin befinden sich im inneren Bereich der Zitadelle eine Kapelle und ein Ziehbrunnen. Der offene südliche Bereich mit seinen vielen Wehrmauern wurde in einen Zoologischen Garten umgewandelt, der über 60 verschiedene Tierarten zählt.

So schön friedlich und ruhig wie heute ging es nicht immer zu. Auch in der Zeit nach Vauban behielt die Zitadelle lange Zeit ihre militärische Funktion, diente als Gefängnis und als Kriegsgefangenenlager in den Kriegen 1870/71 und 1914-1918. Während des Zweiten Weltkrieges besetzte die deutsche Wehrmacht die Zitadelle und nutzte es als Quartier als Exekutionsort. Mehr als 100 französische Widerstandskämpfer wurden hier erschossen. Nach der Befreiung am 8. September 1944 werden hier etwa 6000 deutsche Soldaten bis 1948 unter miserablen Bedingungen gefangen gehalten und für Arbeitsdienste eingesetzt. Zehn Jahre später beginnt eine neue Ära, die Zitadelle wird vom Militär aufgegeben, die Stadt erwirbt das Gelände und macht es der Öffentlichkeit zugänglich.

Für den Besuch der Zitadelle benötigt man sicher einen halben Tag, wenn man die Ausstellungen in den Museen ausgiebig betrachtet und auch einen Zoobesuch mit einschließt auch einen ganzen Tag.

Wir machen uns nun auf den Rückweg. Über schmale und steile Treppen geht es hinunter in Richtung des Parkplatzes Rivotte am Ufer des Doubs, werfen noch einen Blick auf das Stadttor **Porte Rivotte** aus dem 16. Jh. und gehen dann am Ufer des Doubs bis zum Eingang des Kanaltunnels. Die Restaurantschiffe an denen wir auf diesem kurzen Weg vorbeikommen lokken mit preiswerten Tagesgerichten. Durch den Kanaltunnel geht es auf die andere Seite der Stadt und von dort nach einer kurzen Besichtigung der Schleusen über verwinkelte Gassen zurück auf die Grande Rue und zurück zum WOMO.

Im Kanaltunnel von Besançon.

Im **Musée des Beaux-Arts et d'Archéologie** waren wir nicht und das **Hôtel de Champagney** haben wir uns auch nicht angeschaut. Freunde der Architektur werden letzteres sicherlich aufsuchen. Im Stadtplan finden Sie beides verzeichnet.

Tour 3

BESANÇON
Route des Lacs
Nancray
Tour 2
Fort Benoît
Fort Bregille
Zitadelle
UNESCO-Welterbe
Fort de Chaudanne
Musée de l'habitat comtois
Gouffre de Poudrey
Fort de Planoise
DINO-ZOO
Saint-Vit
Ornans
Osselle
Roset-Fluans
Épeugney
Grotte d'Osselle
Courcelles
Quingey
Chantrans
Bolandoz
Nans-sous-Sainte Anne
Mont Mahoux 830 m
Saline UNESCO-Welterbe
Arc-et-Senans
Port-Lesny
Source du Lison
Creux Billard (Wasserfall)
Levier
Mt Poupet 851 m
Grotte Sarrazine
Mouchard
Salins-les-Bains
Fort St-André
Fort Belin
Arbois
Pont-d'Héry
Andelot-en-Montagne
Grotte des Planches (geschlossen)
Grottes des Moidons
Valempoulières
Poligny
Nozeroy
Montrond
Ardon
Archäologisches Museum
Source de l'Ain
Église Saint-Cyr
Crotenay
Champagnole
Domblans
Voiteur
Pont-du-Navoy
Region des Lacs
La Savine
Gorges de la Langouette
Kloster
Baume-les-Messieurs
Cascade des tufs
Grottes de Baume
Sur Roche
Marigny
Fontenu
Les 7 Lacs
Les-Planches-en-Montagne
L. de Chalain
Le Frasnois
Lons-le-Saunier
Vevy
Doucier
L. de Chambly
L. du Val
La Fromagerie
Cascades du Hérisson
Cascade de l'Eventail
Lédonia-Therme
Parc naturel régional du Haut-Jura

TOUR 3 (ca. 306 km)

Grotte d'Osselles – Osselle – Quingey – Ornans – Nans-sous-Sainte-Anne – Salins-les-Bains – Arc-et-Senans – Grottes des Moidons – Champagnole – Nozeroy – Les Planches-en-Montagne – Le Frasnois – La Fromagerie – Doucier – Baume-les-Messieurs – Voiteur – Lons-le-Saunier

Freie Übernachtung:	Ornans, Grottes des Moidons, Les Planches-en-Montagne, Le Frasnois, Cascades du Herisson, Lac de Chalain
Stellplätze:	Quingey, Ornans, Nans-sous-Sainte-Anne, Salins-les-Bains, Arc-et-Senans, Champagnole, Cascades du Herisson, Baume-les-Messieurs, Voiteur
Campingplätze:	Oselle, Salins-les-Bains, Fontenu, Lons-le-Saunier,
Ver-/Entsorgung:	Quingey (mit Fahrzeugwäsche), Ornans, Nans-sous-Sainte-Anne, Salins-les-Bains, Arc-et-Senans, Champagnole, Cascades du Hérisson, Voiteur.
Besichtigungen:	Grotte d'Oselles (Tropfsteinhöhle), Source du Lison (Quelle), Grotte Sarrasine (Felsgrotte), Salins-les-Bains (Saline, UNESCO-Welterbe), Arc-et-Senans (Saline, UNESCO-Welterbe), Grottes des Moidons (Tropfsteinhöhle), Champagnole (Altstadt), Nozeroy (Ville historique).
Wandern:	Source du Lison (Quelle), Gorges de la Languette, Cascades du Herisson, Lac de Chalain, Cascade des tufs.
Baden/Wellness:	Oselles (Strandbad), Ornans (Freibad), Lac de Chalain, Lédonia-Therme in Lons-le-Saunier.

Wir verlassen BESANÇON über die D673 in Richtung DOLE. Es dauert ein wenig um die Stadt zu verlassen, der Großstadtverkehr fordert seinen zeitlichen Tribut. Wir werden das auf dem Weg zu unseren nächsten Zielen ganz sicher nicht vermissen. Bis nach SAINT-VIT sind es rund 20 Kilometer. Den Ort besichtigen wir nicht, wir verlassen hier die D673 und fahren im ersten Kreisverkehr des Ortes Richtung ARC-ET-SENANS weiter. Auf die **Grotte d'Osselle** wird hier schon hingewiesen, da wollen wir hin. Wir befinden uns nun auf der D13 und fahren diese rund 2,5 Kilometer, bis wir auf der rechten Seite eine kleine Seenlandschaft entdecken. Wir biegen ab und folgen der Straße die zu den Seen führt. Das wäre ein schöner, ein geradezu idealer Rastplatz, würden die großen "Einfahrt verboten"-

Die Brücke im hinteren Teil der Höhle wurde bereits im 18. Jh. errichtet.

Schilder uns nicht davon abhalten.Nur Angler, die eine "Carte Pêche" der Gemeinde Saint-Vit vorweisen können, dürfen hier ihre Fahrzeuge abstellen. Als Alternative zu diesem Platz bietet sich nur der kleine Campingplatz im Süden von OSSELLE an, der allerdings nur in den Sommermonaten geöffnet hat [**051:** N47° 08'20.7" E5° 51'08.5"]. Auch hier gibt es Baggerseen, die zwischen dem **Rhein-Rhône-Kanal** und dem **Doubs** liegen. Hier ist Baden erlaubt und der Weg parallel zum Kanal lädt zum spazierengehen und radfahren ein.

Wir steuern nunmehr auf die **Grotte d'Osselle** zu (N47° 08'18.5" E5° 50'12.7" oder als Adresse: 42 Route des Grottes, 25410 Roset-Fluans), die an der schmalen und kaum befahrenen D408 liegt.

Das Bild oben zeigt schon, dass es sich um eine sehr imposante Tropfsteinhöhle handelt. Frei zugänglich ist die Höhle nicht, sie kann nur im Rahmen einer Führung betreten werden. In den Sommermonaten ist sie täglich geöffnet und es finden von 9.00 bis 18.30 Uhr kontinuirlich Führungen statt. Diese

werden entweder in französischer oder in englischer Sprache abgehalten. Da richtet man sich nach der Sprachfertigkeit der jeweiligen Gruppe. Der Eintritt pro Person beträgt 8,00 Euro. Die Öffnungszeiten außerhalb der Hauptsaison können hier nachgesehen werden: http://grottes.osselle.free.fr.

Die Höhle wurde schon im 13. Jh entdeckt und seit Beginn des 16. Jh. kann sie besichtigt werden. Wie alle Höhlen dieses Typs ist sie durch einen unterirdischen Wasserlauf entstanden. Weil irgendwann im Verlauf der Erdgeschichte sich das Wasser einen neuen, tiefer gelegenen Weg gesucht hat, blieb ein Hohlraum zurück in dem die Tropfen des von oben durchsickernden Regenwassers über tausende von Jahren gelösten Kalk zu den kuriosesten Formen ablagerten. **Stalaktiten** werden die Gebilde an der Decke genannt, **Stalakmiten** die auf dem Boden. Treffen sie irgendwann zusammen entstehen **Säulen**. Von den bekannten 14 Kilometern dieser Höhle sind 1200 Meter für Besucher ausgebaut. Die Wege sind betoniert und problemlos begehbar, keineswegs schlüpfrig. Die Beleuchtung

Tropfsteinsäulen in der Grotte d'Osselle.

ist sehr gut und setzt durch die Licht- und Schattenwirkung die ganze Tropfsteingebilde erst so richtig in Szene. Nur frisch ist es hier, 13° C ist die Normaltemperatur im Sommer wie im Winter. Am Ende des begehbaren Teils der Höhle ist man rund 110 Meter von der Erdoberfläche entfernt. Angst muß man nicht haben. Es bröckelt nichts, die Höhle besteht so schon seit zehntausenden von Jahren und wenn man bedenkt, das ein Stalaktit im Schnitt in 100 Jahren nur um 1 cm wächst, die Säulen in der Höhle aber massiv und unverrückbar stehen, kann man erkennen, dass sich hier seit sehr sehr langer Zeit nichts mehr bewegt hat. Die Höhle war auch ein Rückzugsort von **Bären**, die hier vor rund 40 - 50.000 Jahren in großer Zahl gelebt haben. Es sind noch Skelette in der Höhle zu sehen. Dieser "Friedhof" der Bären gilt als die größte Bärennekropole weltweit.

Der weitere Weg auf dieser Reise führt uns in den Ort QUINGEY. Ein kleines beschauliches Städtchen an der **Loue** mit schmucken Bürgerhäusern aus dem 17. und 19. Jahrhundert. Ein Campingplatz mit einem vorgelagerten WOMO-Stellplatz liegt direkt am Fluss. Um eines der fünf Restaurants des Ortes aufzusuchen sind nur wenige Meter zu gehen. Wenige Meter von diesem Platz entfernt befindet sich ein Supermarkt mit Ver-

(052) WOMO-Stellplatz: Quingey

GPS: N47° 06' 11.1" E5° 53' 08.1", 1 Rue des Promenades, 25440 Quingey.
max. Womos: >5, maximale Länge 8 m
Ausstattung: Befestigter Platz vor dem Campingplatz mit Stromanschlüssen, WLAN auf dem Campingplatz, Behälter für die Müllentsorgung, geöffnet von Mai.–Sept., schattig.

Lage: Nahe der Ortsmitte, direkt an der Loue.
Preise: 12,00 € für ein Fahrzeug mit 2 Personen, Stromversorgung 3,00 €.
Zufahrt: Aus Richtung Saint-Vit über die D13 direkt nach der Ortsmitte hinter der Brücke über die Loue links abbiegen.

sorgungseinrichtungen für WOMOs incl. eines Waschplatzes und einer Tankstelle. Es ist gut an dieser Stelle die Vorräte und Wasser aufzufüllen. Bei den nächsten Stationen ist das zwar teilweise auch möglich, aber längst nicht so komfortabel und so preiswert.

(053) WOMO-Versorgungsplatz: Quingey

GPS: N47° 05' 58.6" E5° 53' 09.6", 11A Route de Lyon, 25440 Quingey.
max. Womos: 1, maximale Länge 8 m
Ausstattung: Tankstelle, Ver- und Entsorgung, Waschplatz, Supermarkt, Behälter für die Müllentsorgung, ganzjährig geöffnet.
Lage: Nahe der Ortsmitte, direkt an der D13.
Preise: 2,00 € für Frischwasser.
Zufahrt: Aus Richtung Saint-Vit über die D13 direkt nach der Ortsmitte und der Brücke nach 400 Metern auf der linken Seite.

Von QUINGEY geht es rund 30 Kilometer weiter über die Dörfer nach ORNANS, einem der schönsten und malerischten Orte im Jura. Die Kleinstadt zählt rund 4000 Einwohner und liegt direkt an der **Loue** rund 20 Kilometer von der Quelle **(Source de la Loue)** entfernt. Die alten Häuser stehen direkt am Flussufer und sind auf Pfählen errichtet. Mit ihren Blumengeschmückten Balkonen sind sie ein beliebtes Fotomotiv. Auf dem nebenstehenden Foto sind die zwei beliebten Freizeitaktivitäten abgebildet für die dieser Ort berühmt ist: Kajak fahren und Fliegenfischen. Das Wasser ist blitzsauber **Cartes de pêche** können bei der Gemeinde erworben werden. Nähere Infos dazu gibt es hier: http://ornans.aappma.Info/.

Die erste Frage wenn man in die Stadt fährt lautet meistens, wo parkt man sinnvoller Weise?

Wer eine Kajaktour oder Kanutour machen möchte findet in dieser Stadt ein umfassendes Angebot. Für Anfänger wie für den Profi

Fliegenfischen und Kajakfahren in Ornans.

Ornans im Tal der Loue.

werden hier kleine und große Touren auf diesem überwiegend ruhigen Fluss angeboten. Das praktische dabei ist, dass eine Übernachtungsmöglichkeit mit dem WOMO auf der Wiese neben dem Bootsanleger des Verleihers gleich mit dabei ist und die Betreiber auch noch ein Restaurant führen.

Die Loue in der Nähe des Bootsverleihs.

Einen Stellplatz gibt es auch für die Schwimmer: Das örtliche Frei- und Schwimmbad bietet ausreichenden Parkraum, um nach einen Besuch nicht gleich weiterfahren zu müssen. Wer nur einen Stadtbummel machen möchte, der findet auf einem alten Betriebsgelände noch frei verfügbare Plätze und wer sich auf einem ruhigen und abgeschrankten offiziellen WOMO-Komfortstellplatz mit Versorgungseinrichtungen und WiFi wohler fühlt, kann auch diesen in ORNANS anfahren. Wir haben alle erforderlichen Daten um diese Plätze zu finden auf der folgenden Seite zusammengestellt.

(054) WOMO-Stellplatz: Ornans, Evolution 2

GPS: N47° 06' 15.0" E6° 09' 46.2", 12 Route de Montgesoye, 25290 Ornans.
max. Womos: 10, maximale Länge 9 m

Ausstattung: Befestigter Platz, sehr sonnig, Restaurant.
Lage: An der Straße Richtung Pontarlier, nachts ruhig
Preise: Gebührenfrei nach Kanu- oder Kajakfahrt.
Zufahrt: Direkt an der D67 nach dem Ortsausgang von Ornans auf der rechten Seit in Richtung Pontarlier.

(055) WOMO-Badeplatz: Ornans, Hallen- und Freibad

GPS: N47° 06' 07.0" E6°09' 39.2", Allée de la tour de Peilz, 25290 Ornans.

max. Womos: 5, maximale Länge 9 m
Ausstattung: Asphaltierter Platz ohne Versorgungseinrichtungen, geöffnet von Jan. – Dez.
Lage: Ortsrandlage, ruhig.
Preise: Der Parkplatz ist gebührenfrei
Zufahrt: Auf der Rue du Viaduc, die Ampelbrücke über die Loue nehmen.

(056) WOMO-Picknickplatz: Ornans, Av. Gén. de Gaulle

GPS: N47° 06' 26.0" E6° 08' 24.7", 15 Av. Général de Gaulle, 25290 Ornans.

max. Womos: 4, maximale Länge 9 m
Ausstattung: Befestigter Platz, keine V/E, Aldi in der Nähe.
Lage: Am Ortseingang, 600 Meter bis zur Ortsmitte.
Preise: Gebührenfrei.
Zufahrt: Von der D67 (Hauptdurchgangsstraße) in die Av. Général de Gaulle fahren.

(057) WOMO-Stellplatz: Ornans

GPS: N47° 06' 26.4" E6° 08' 52.7", Rue des Essarts Cendrin, 25290 Ornans.
max. Womos: 16, maximale Länge 9 m
Ausstattung: Asphaltierter Platz mit Wasserver- und entsorgung (mit Bodeneinlass), Kassettenentleerung, Stromanschlüssen, WiFi, Behälter für die Müllentsorgung, max. Aufenthaltsdauer: 7 Tage, geöffnet von Jan. – Dez.

Lage: Am Hang oberhalb des Ortes, nachts ruhig
Preise: Gebühren gestaffelt nach Saison zwischen 5,00 und 10,00 €. Stromversorgung, Frischwasser und Entsorgung ist kostenlos.
Zufahrt: Von der D67 über die Rue du Moulin und Rue de la Plante in die Rue des Essarts Cendrin fahren.

Der berühmteste Sohn der Stadt ist **Gustave Courbet,** der zu den bedeutendsten Maler des französischen Realismus zählt. In seinem zum Museum umgebauten Geburtshaus (1 Place Robert Fernier) sind zahlreiche seiner Werke ausgestellt. Das Museum befindet sich am linken Ufer der Loue und ist rund 250 Meter von dem schönen, lauschigen und schattigen zentralen Platz des Ortes entfernt, der auch den Namen des Malers trägt. Verfehlen kann man das Museum nicht. Bei der hohen Anzahl der Hinweisschilder sollte es kein Problem das **Musée Courbet** zu finden. In den Sommermonaten werden zur Erinnerung an den Maler unterschiedliche Veranstaltungen angeboten.

Nun zu einem ganz anderen Thema.

Wir verlassen ORNANS über die D492 in Richtung BAUME-LES-DAMES und folgen der Wegweisung zum **Parc Prehistorique**. Rund 12 Kilometer sind es bis dorthin. Das Dorf in dem dieser Park liegt heißt CHARBONNIÈRES-LES-SAPINS. Wenn man der Wegweisung folgend die Hauptstraße verlassen hat und auf den letzten

Camarasaurus, Pflanzenfresser, Fundstellen in den USA, ca. 150 Mio Jahre alt.

Kilometern zu diesem Dorf unterwegs ist, fragt man sich unweigerlich ob das wohl der richtige Weg sein kann. Schmal ist das Sträßchen, sehr schmal. Aber es ist schon richtig, wundern Sie sich also nicht, die Wegweisung stimmt schon. Wer das Schild mit der Aufschrift **"DINO-ZOO"** entdeckt hat, ist richtig gefahren. Praktischerweise befindet sich nur wenige Meter von diesem Schild entfernt ein sehr großer Übernachtungsplatz für die WOMO-Reisenden. Der Platz ist leicht geneigt, geschottert und sehr sonnig. Wir haben uns ganz eng an den Rand ge-

(058) WOMO-Stellplatz: Dino-Zoo

GPS: N47° 08' 55.3" E6° 12' 42.8",
Rue de la Préhistoire, 25620 Charbonnières-les-Sapins.

max. Womos: > 10, maximale Länge 10 m
Ausstattung: geschotterter, leicht geneigter und sonniger Platz mit Rasenflächen. Keinerlei Versorgungseinrichtungen. Max. Aufenthaltsdauer: 7 Tage, geöffnet von Jan. – Dez.
Lage: Am Rande des Dino-Zoos, nachts ruhig
Preise: Gebührenfrei
Zufahrt: Siehe Text oben.

stellt, um wenigstens noch ein wenig Schatten zu ergattern. Bis zum Eingang sind es ca. 400 Meter. Direkt vor der Pforte befinden sich weitere Parkplätze, die allerdings für eine Übernachtung nicht zugelassen sind. Wer nur in den Park will, kann hier aber genausogut parken wie weiter oben.

Was erwartet uns nun in dieser rund 15 Hektar großen Parklandschaft, für die der Betreiber rund 12 Euro Eintritt pro Erwachsenem und fast 10 Euro pro Kind verlangt?

Eins sei gleich vorausgeschickt, so abenteuerlich wie in **Steven Spielbergs Jurassic Park-Filmen** ist es nicht, vor allem hat man

Tyrannosaurus Rex, einer der letzten fleischfressenden Saurier der Kreidezeit.

von diesen täuschend echt aussehenden Figuren nichts zu befürchten. Über 100 Exemplare finden sich hier in der Waldkulisse zur Betrachtung wieder. Es sind keine Kitschfiguren, sie spiegeln schon den Stand der wissenschaftlichen Erkenntnis über das Aussehen der Saurier wieder. Umrissen wird auch die erdgeschichtliche Entwicklung dieses Raumes. **Jura** ist eben nicht nur ein Landschaftsbegriff, **Jura** ist auch eine erdgeschichtliche Epoche, die etwa vor 200 Mio Jahren begann und vor etwa 145 Mio. Jahren endete. Das Juragebirge besteht hauptsächlich aus den Ablagerungen des damaligen **Tethysmeeres**, das fossilienreich auch Saurierknochen aufweist. Vor allen Figuren steht eine wetterfeste Tafel auf der auch in deutscher Sprache die wesentlichen Informationen zusammengestellt sind. Aufgeführt werden immer die Größe, die Art und die Zeitepoche dieser Urviecher. Es wird dabei nicht nur die erdgeschichtliche Epoche des **Jura** abgehandelt, sondern auch die Zeit davor **(Trias)** und die Zeit danach **(Kreide)**. So wird der Weg durch diesen Park zu einem Spaziergang durch die prähistorische Geschichte der Erde, die mehr als 500 Millionen Jahre zurückreicht.

Plateosaurus.

Unsere Vorfahren, vom Hominiden bis zum Homo Sapiens.

Gefunden wurden Saurierknochen weltweit, auch einige hier im Jura. Überreste des **Plateosaurus**, ein (aufgerichtet) bis zu 9 Meter großer pflanzenfressender Saurier wurden in der Nähe von LONS-LE-SAUNIER gefunden. Er lebte vor rund 230 Mio. Jahren, ist der älteste in Frankreich gefundene Saurier und der größten in seiner Epoche. Der **Brachiosaurus** ist einer der größten Landtiere in der Erdgeschichte. Mit 12 bis 13 Metern in der Höhe und 25 Metern in der Länge sowie einem geschätzten Gewicht von 30 Tonnen ein echter Koloss. Von diesem pflanzenfressenden Ungetüm, das vor rund 153 Mio. Jahren lebte, wurden Knochen in den USA, in Portugal, Algerien und Tansania gefunden.

Jetzt haben wir hier mit kurz gefassten Sätzen nur 2 Saurier beschrieben. Wenn Sie durch den Park gehen jede Skulptur betrachten und jede Tafel aufmerksam lesen, dann werden Sie Zeit brauchen. Einen halben Tag mindestens. Dann gibt es im Eingangsbereich noch Ausstellungen, Filmvorführungen und Animationen. Wer das alles mit anschauen und miterleben möchte, kann hier einen ganzen Tag verbringen. Wenn Sie danach erschöpft sind und in ihrer Bordküche nichts mehr anrichten wollen: Am Ausgang wartet ein Restaurant auf Gäste. Haute cuisine wird hier allerdings nicht angeboten, es ist eher ein Schnellrestaurant mit einfachen Gerichten.

Bevor Sie aber dorthin gelangen kommen Sie auf dem Spazierweg durch die Saurierlandschaft noch an unseren Vorfahren vorbei.

Kolossalfigur des Brachiosaurus.

Da stehen sie schön aufgereiht, der Hominide, der Homo Habilis, der Homo Erectus, der Neandertaler und der Homo Sapiens.

Die **Gouffre de Poudrey**, die sich nur wenige Kilometer nördlich des Dino-Zoos befindet, haben wir nur verschlossen vorgefunden, falscher Tag, falsche Urzeit. Also können wir über diese Höhle mit Licht- und Showeffekten nichts sagen, das sehen wir uns dann für die nächste Auflage einmal an. Auf dieser website www.gouffredepoudrey.com erfahren Sie näheres über die Höhle.

Wir machen uns nun auf den Weg zu einem weiteren Naturwunder im Jura. Dazu fahren wir zunächst nach ORNANS zurück und von dort in Richtung SALINS-LES-BAINS weiter. Auf den Hinweisschildern steht oft nur kurz SALINS, davon darf man sich nicht irritieren lassen.

Wir verlassen also das Tal der **Loue** und fahren über die D492 auf eine Ebene. Über mehrere Kilometer geht es durch flachwelliges Bauernland. Kurz vor NANS-SOUS-SAINTE-ANNE kündigt sich das nächste Tal an und kurvig geht es hinunter in den gerade genannten Ort an der **Lison**.

(059) WOMO-Stellplatz: Nans-sous-Sainte-Anne Parking Laiterie du Lison

GPS: N46° 58' 36.4" E5° 59' 58.4",
10 Grande Rue, 25330 Nans-sous-Sainte-Anne

max. Womos: 5, maximale Länge 8 m.
Ausstattung: Befestigter Platz mit Frischwasserversorgung und öffentlicher Toilette, max. Aufenthaltsdauer: 7 Tage, geöffnet von Jan. – Dez.
Lage: In der Ortsmitte, nachts ruhig.
Preise: Kostenlos.
Zufahrt: Direkt an der Grande Rue.

(060) WOMO-Stellplatz: Nans-sous-Sainte-Anne Aire de Camping-Car, Taillanderie

GPS: N46° 58' 21.1" E5° 59' 48.5", Creux de la Dois, 25330 Nans-s-Ste-Anne.
max. Womos: 6, maximale Länge 8 m.

Ausstattung: Idyllischer, befestigter Platz mit kleinen Hecken zwischen den Stellplätzen, keine Versorgungseinrichtungen, max. Aufenthaltsdauer: 7 Tage, geöffnet von Jan. – Dez.
Lage: Am Ortsrand, nachts absolut ruhig.
Preise: Gebühren 1,50 €.
Zufahrt: Von der Grande Rue der Beschilderung "Taillanderie" folgen.

Nans-sous-Sainte-Anne mit Dorfkirche und Brunnen.

Der Fluss oder genauer gesagt die Quelle, die **Source du Lison**, macht diesen Ort interessant und hauptsächlich in Sommermonaten zum Ziel von naturverbundenen Touristen. Rund 150 000 sollen es sein, die jedes Jahr durch dieses Dorf mit seinen etwas über 130 Einwohnern kommen. In der Vor- und Nachsaison ist es am ruhigsten. Die Wasserschüttung der Quelle ist im Frühjahr am höchsten. Dann hat man den lauschigen Stellplatz an der **Taillanderie** auch schon mal für sich ganz allein. Der Platz hat uns sehr gut gefallen. Die **Taillanderie** ist eine ehemalige Sensen-Schmiede und Hammerwerk in der in den Sommermonaten auch Vorführungen zu dieser alten Handwerkskunst dargeboten werden. Eindrucksvoll ist das Mühlrad, das die Kopfpeitschen antreibt und auch heute noch funktionsfähig ist. Schon im Mittelalter bestanden hier Handwerksbetriebe, die mit der vorhandenen Wasserkraft Mühlen und Hammerwerke betrieben, bis die Dampfmaschine und später die Elektrizität diese Standorte unrentabel werden ließ und sie hier nur noch ein Schattenda-

Grotte Sarrazine.

Source du Lison im Mai.

sein führen konnten bzw. gänzlich geschlossen wurden. Heute stehen die Naturschauspiele für die Touristen im Vordergrund.

Vom Stellplatz führt ein Wanderweg zur **Source du Lison**. Mit etwa 1500 Metern, ein kurzer Spaziergang, der durch schattigen hohen Baumbestand führt. Die Quelle ist schon gewaltig. In den Winter- und Frühjahrsmonaten sprudeln zwischen 8 und 11 m^3 Wasser pro Sekunde aus dem Felsentor. Sie zählt damit zu den stärksten Quellen im Jura. Erfrischend ist es hier und je näher man der Quelle kommt umso feuchter und lauter wird es. Die Quelle führt im Gegensatz zu dem unweit gelegenen rund 80 Meter hohen Wasserfall **Creux Billard** auch im Sommer Wasser. Zwar nicht soviel wie auf dem Foto, aber trocken fällt sie nicht. Von der Quelle bis zum **Creux Billard** sind es nur 250 Meter. Es gibt eine unterirdische wasserführende Verbindung zur **Source du Lison** der durch den tragischen Tod eines jungen Mädchens bestätigt wurde, die am **Creux Billard** in den Abgrund stürzte und drei Monate später unterhalb der Quelle aufgefunden wurde.

Die **Grotte Sarrazine** ist ebenfalls nur rund 250 Meter von der Quelle entfernt. Auf unebenen Wegen geht es über Stock und Stein zu diesem Überhang, dessen Dimensionen mit der Kamera einfach nicht einzufangen sind. Auf der vorangegangenen Seite bekommen Sie einen Eindruck. Die zwei Menschen auf dem Bild bilden einen guten Maßstab. Was man nicht sieht: Die Fotografin auf dem Foto steht immer noch innerhalb der

Grotte, d.h. etliche Meter über ihrem Kopf kragt das Gestein über sie hinweg. Würde es regnen, sie würde nicht naß.

Im Fuß der Grotte ist eine Quelle zu sehen, die mit der **Source du Lison** über ein verzweigtes Höhleninnere verbunden ist. Führt das Höhlensystem in diesem Gestein z.B. nach heftigen Niederschlägen mehr Wasser als die **Source du Lison** ausschütten kann, dann fungiert die Quelle in der **Grotte Sarrazine** quasi als Überlauf. Da heißt es dann aufpassen und sich dem Quelloch besser nicht zu nähern. Auf Tafeln wird explizit auf diese Gefahr hingewiesen.

Wer die angebotenen Stellplätze nicht nutzen will und einen Kurzbesuch der Quelle, des Wasserfalls und der Grotte vorzieht, kann bis zu dem Wanderparkplatz an der Quelle vorfahren (GPS: N46° 58' 02.8" E6° 00' 38.0"). Von hier aus sind dann nur 250 rollstuhlgerechte Meter zur Quelle zurückzulegen. Hier mit dem Wohnmobil über Nacht stehen zu bleiben mag eine reizvolle Idee sein, gestattet ist es nicht.

Nach diesem erfrischenden und auch geruhsamen Aufenthalt, wenden wir uns dem nächsten Ziel zu.

Von NANS-SOUS-SAINTE-ANNE nach SALINS-LES-BAINS sind es nur rund 14 Kilometer. Wir bleiben auf der D492, die uns zunächst wieder einen Hang hochführt, wenige Kilometern und einige Kurven später aber auch gleich wieder hinunter, diesmal in das Tal der **Furieuse**, einem 19 km langen Fluss, der in die **Loue** mündet.

Das Rathaus der Stadt. Fort André ist neben dem Rathausturm noch erkennbar. Im Vordergrund Denkmal für General Cler, der in Salins geboren wurde, im Dienste Napoleon III. stand und bei einer Schlacht tödlich verwundet wurde.

SALINS, der Name lässt es schon erahnen, der Ort muss etwas mit Salz zu tun haben. Tatsächlich war die Herstellung des **"Weißen Goldes"** über Jahrhunderte das Rückgrat der Wirtschaft in SALINS und verschaffte der Stadt Größe, Ansehen und ordentlichen Reichtum. In der Blütezeit der Salzsiederei war die Stadt die zweitgrößte in der **Franche-Comté**. Im Mittelalter war Kochsalz bekanntlich unentbehrlich für die Konservierung von Lebensmitteln. Salzdiebstahl wurde mit dem Tode bestraft. Zum Schutz der Stadt wurden Burgen gebaut. Nach der Annexion der **Franche-Comté** durch Frankreich 1674 kam eine

(061) WOMO-Stellplatz: Salins-les-Bains

GPS: N46° 55' 56.6" E5° 52' 45.2",
Rue de la Republique (D472), 39110 Salins-les-Bains

max. Womos: 3, maximale Länge 8 m
Ausstattung: Asphaltierter Platz mit Frischwasserversorgung. Entsorgung über Bodeneinlass, Kassettenentleerung, keine Stromversorgung. Geöffnet von Jan. – Dez.
Lage: Im Stadtgebiet direkt an der Durchgangsstraße D472, unattraktiv.
Preise: Kostenlos.

(062) WOMO-Campingplatz-Tipp: Salins-les-Bains

GPS: N46° 56' 48.8" E5° 52'44.9", Rue de la Gare, 39110 Salins-les-Bains
max. Womos: >5, maximale Länge 8 m
Ausstattung: Grünflächen, Plätze mit Hecken abgetrennt. Entsorgung über Bodeneinlass. Geöffnet von April – Okt.
Lage: Im Stadtgebiet, etwas abseits der D472, zentrumsnah, dennoch ruhig.
Preise: Gebühren gestaffelt nach Saison zwischen 14,50 und 18,70 € für ein Fahrzeug mit 2 Personen. Stromversorgung, Frischwasser und Entsorgung ist kostenlos..
Zufahrt: D472, am ersten Kreisverkehr nach der Ortseinfahrt der Beschilderung "Camping Municipal" folgen. .

Blick vom Fort Sant-André auf Salin-les Bains.

weitere hinzu. Auf Veranlassung **Ludwig XIV.** wurde das **Fort Saint-André** errichtet, natürlich von **Vauban**, von wem auch sonst zu dieser Zeit. Es steht heute noch, ist gut erhalten und wir privat genutzt. Das **Fort Belin** auf der gegenüberliegenden Seite des Tales liegt in Sichtweite aber auch das ist nicht zu besichtigen. Gut geschützt widmete sich also die Stadt der Salzgewinnung.

Bevor wir uns der **Saline** anschauen noch ein paar Worte zur Park- und Stellplatzsituation. Der offizielle Stellplatz eignet sich bestenfalls zur Wasserver- und -entsorgung. Als Übernachtungsplatz ist er denkbar ungeeignet und selbst als Parkplatz unpraktisch, denn es geht sehr eng zu. Wer länger bleiben möchte, dem empfehlen wir den Campingplatz anzufahren. Wer nur die **Saline** besuchen möchte, der parkt am be-

Das Tor zur Saline, gleichzeitig Teil der ehemaligen Stadtbefestigung

Das Bogengewölbe führt vom unteren zum oberen Brunnen.

Das Wasserrad im oberen Brunnen.

sten auf dem Parkstreifen an der Hauptstraße vor der Saline. Zum Übernachten sind die Plätze in NANS-SOUS-SAINTE-ANNE oder in ARC-ET-SENANS der nächsten Station unserer Reise sehr viel besser geeignet. Nun aber zur **Saline**, die nur im Rahmen einer Führung besichtigt werden kann, in der Regel nur in französischer Sprache. In den Sommermonaten gibt es deutschsprachige Führungen. Infos dazu: www.salins-les-bains.com. Die Saline ist fast das gesamte Jahr über für Besucher täglich zwischen 10.00 und 16.00 Uhr geöffnet. Der Eintritt pro Person beträgt 7,50 €.

La Grande Saline

Die Führung beginnt mit allgemeinen Erläuterungen zur Salzgewinnung und der Geschichte. Nach der trockenen Einführung beginnt der spannende Teil tief im Keller der Saline. Über ein schmale Treppe geht es hinunter. Es ist mit 12° C. recht frisch hier unten, da ist es schon gut eine Jacke dabei zu haben, auch im Sommer.

Der Keller ist zweigeteilt. Der untere Brunnen ist der ältere Teil, der obere Brunnen der neuere. Verbunden sind beide mit einem Gang, der durch ein Bogengewölbe führt. Im unteren Brunnen trat das salzhaltige Wasser aus einer natürlichen Quelle aus. Wieder spielt hier die Entstehungsgeschichte des **Jura** eine Rolle. In der Zeit als die Dinosaurier noch lebten, befand sich in dieser Region die Tethys, ein großer Ozean mit einigen flachen, stark salzhaltigen Nebenmeeren, die im Laufe der Jahrtausende immer weiter verdunsteten und eine dicke Salzkruste hinterließen. Formungsvorgänge während der Gebirgsbildung des **Jura** drückten diese Salzkruste in größere Tiefen. Heute liegt diese etwa 250 Meter unter der Erdoberfläche. Kontakt mit Wasser und hydrostatischer Druck führte zum Austritt der **Sole** an dieser Stelle.

Pfanne in der Salzsiederei.

Lange Zeit nutzte man in Salin nur diese Quelle. Steigender Salzbedarf und Gewinnstreben führten zur Entwicklung neuer Techniken. Im oberen Brunnen wurde eine Pumpenanlage errichtet die von einem Wasserrad angetrieben wurde. Damit war man in der Lage, die **Sole** direkt aus rund 250 Metern Tiefe zu holen. Der Salzgehalt war sehr viel höher. Konnte man aus der natürlichen Quelle nur rund 40 Gramm pro Liter Wasser extrahieren, waren es hier rund 330 Gramm.

Die **Sole** wurde nach oben in die Salzsiederei gepumpt und dort in riesige Pfannen geleitet. 38.000 Liter fasste eine Pfanne die mit heißem Rauch aus einem in unterem Geschoß stehenden Ofen erhitzt wurde. Das System funktionierte nach Prinzip einer römischen Bodenheizung. Wurde zu Beginn noch mit Holz geheizt, stellte man Anfang des 19. Jh. auf Steinkohle um. Die Sole wurde solange eingedampft, bis nur noch eine Salzkruste übrig blieb. Die wurde dann herausgebrochen zum abtrocknen auf die Abdeckung gelegt und danach ins Depot und in den Vertrieb gebracht.

Die Arbeit in der Saline war hart, sehr hart, eine echter Knochenjob, wie man heute salopp formulieren würde. Alt sind die Arbeiter in der Saline nicht geworden und gesund gestorben sind sie auch nicht.

Der Niedergang der Salzindustrie in SALINS verlief in Etappen. Neue Techniken der Salzgewinnung aus dem Meer und aus Salzbergwerken führten zu einem starken Preisverfall des **"weißen Goldes"**. Mit der veralteten Technik war man in SALINS einfach nicht mehr konkurrenzfähig. Der Betrieb wurde 1962 eingestellt. Die Entwicklung zu einem Thermalstandort und Soleheilbad verlief bislang nur schleppend. Vielleicht bringt die neue Therme, die 2017 eröffnet worden ist, einen neuen Aufschwung. Sie befindet sich in unmittelbarer Nähe des Campingplatzes. Mehr Informationen zur neuen Therme gibt es hier: www.thermes-salins.com.

Eingangsportal der Saline Royal in Arc-et-Senans..

Die Reste der Saline sind heute ein vielbesuchtes Industriedenkmal das zusammen mit unserem nächsten Ziel, der **königlichen Saline** von ARC-ET-SENANS zum **Welterbe der UNESCO** zählt.

ARC-ET-SENANS liegt nur 16 Kilometer von SALINS entfernt und ist über die D472 und die D121 schnell erreicht. Der Stellplatz liegt in unmittelbarer Nähe der Saline. An der Einfahrt ist man schnell vorbeigefahren, das Hinweisschild vor Ort ist klein und die Hofeinfahrt zum Platz nicht sehr groß. Auf den ersten Blick vermutet man nicht, da hineinfahren zu müssen. Was ist nun das Besondere an dieser Saline in einem Ort, der sonst keine Sehenswürdigkeiten aufzuweisen hat?

(063) WOMO-Stellplatz: Arc-et-Senans

GPS: N47° 01' 59.6" E5° 46' 50.4", 29 Grande Rue, 25610 Arc-et-Senans

max. Womos: 10, maximale Länge 9 m

Ausstattung: Befestigter Platz mit Frischwasserversorgung. Entsorgung über Bodeneinlass, Kassettenentleerung, keine Stromversorgung. Geöffnet von Jan. – Dez.

Lage: In der Ortsmitte hinter der Mairie (Rathaus) in unmittelbarer Nachbarschaft der Saline. Nachts ruhig.

Preise: Kostenlos, Frischwasser 100 Liter 2,00 €.

Zufahrt: Von Grande Rue in die Einfahrt der Mairie abbiegen.

Mitte bis Ende des 18. Jahrhunderts wurden die Versorgung mit Brennmaterial für den Betrieb der Saline in SALIN immer schwieriger, der Transport immer aufwändiger. Die Produktion und damit der Ertrag blieb hinter den Erwartungen des damaligen Königs Ludwig XV. zurück. Um die Erträge für den königlichen Hof zu steigern wurde beschlossen eine weitere Saline zu errichten und zwar dort, wo es keine Probleme mit der Brennstoffversorgung gab. Mit der Planung und den Bau wurde **Claude-Nicolas Ledoux** beauftragt, ein Architekt, der sich schon mit vielen außergewöhnlichen Projekten profiliert hatte.

Ein Standort für die neue Saline war schnell gefunden, die riesigen Waldflächen rund um ARC-ET-SENANS versprachen eine sichere Versorgung mit Brennmaterial, nur die **Sole**, die gab es hier nicht. Also baute man eine Pipeline von SALIN hierher. Zunächst aus ausgehöhlten Tannenstämmen, später aus Gußrohren. 135000 Liter flossen täglich streng bewacht nach ARC-ET-SENANS, wo es über ein heute nicht mehr vorhandenes **Gradierwerk** geleitet wurde, um den Salzgehalt der Sole durch Verdunstung noch zu erhöhen. Danach wurde die Sole wie in SALINS in großen Pfannen gesiedet und weiterverarbeitet.

Entgegen den Erwartungen erbrachte die neue Saline nicht den gewünschten Ertrag. Die Pipeline war undicht und führte zu Verschmutzungen und musste häufig repariert werden. 1895 wurde, nur 116 Jahre nach der Inbetriebnahme, die Pro-

Eingangsportal der Saline Royal in Arc-et-Senans..

Die Idealstadt von Claude-Nicolas Ledoux

Wir stehen am Vorabend der Französischen Revolution als **Claude-Nicolas Ledoux** 1774 den Auftrag erhielt die Saline in **Arc-et-Senans** zu bauen. Wir befinden uns im Zeitalter der Aufklärung. Gewohnte Denkweisen werden hinterfragt, gesellschaftliche Umbrüche kündigen sich an. Von diesen neuen Ideen und Vorstellungen ist auch **Claude-Nicolas Ledoux** erfasst und versucht diese auch in der Architektur umzusetzen, so steht es in den Schriften über ihn. Für den Neubau der Saline ersann er den Plan einer kreisförmig angelegten Stadt, mit dem Haus des Direktors im Zentrum. Zentralistisch wie Frankreich selbst könnte man meinen. Die beiden Salzsiedereien wurden links und rechts davon angeordnet und die Gebäude für Handwerker und Stallungen bilden einen Kreis um diese drei Gebäude. In einem weiteren Kreis sollten dann noch Gebäude für die Dorfbevölkerung entstehen. Dazu kam es jedoch nie. Selbst der innere Kreis wurde nicht vollständig erstellt, es blieb bei einem Halbkreis. Das Modell der Stadt lässt sich in dem Museum, das dem Architekten dieser Anlage gewidmet ist betrachten. Es befindet sich in einem der Gebäude neben dem Eingang und zeigt insgesamt 60 Projekte dieses Mannes. Viele davon wurden nie realisiert, andere, die gebaute wurden, sind mittlerweile zerstört. Nach der Französischen Revolution 1789 war die Karriere des königlichen Hofbaumeisters beendet. **Claude-Nicolas Ledoux** starb 1806.

duktion eingestellt. Die Gebäude wurden teilweise zerstört und die gesamte Anlage war dem Verfall preisgegeben. Erst in den 60er Jahren des letzten Jahrhunderts begann man mit der Instandsetzung dieses Industriedenkmals und bereits 1982 wurde es UNESCO-Welterbe. Die Saline von SALIN kam erst 2009 hinzu, das sei hier der Vollständigkeit halber noch erwähnt.

Von den Salzsiedeanlagen ist heute nichts mehr zu sehen, Die Gebäude der ehemaligen Salzsiedereien werden heute für Ausstellungen und Veranstaltungen genutzt. Im Erdgeschoss des Direktorenhauses befindet sich eine Dauerausstellung zum Thema Salz. Hinter den Gebäuden sind Schaugärten angelegt und einmal im Jahr findet hier auch ein groß angelegte **Gartenschau** statt.

Für den Besuch dieser Anlage benötigt man nicht mehr als ein oder zwei Stunden. Man kann einfach durchgehen, sich von der Architektur beeindrucken lassen und die Ausstellungen anschauen, einen Audioguide mitnehmen oder eine App auf das Smartphone laden, um mehr über die Geschichte dieser Anlage zu erfahren oder auch an einer klassischen Führung teilnehmen. Der Eintritt beträgt in der Sommermonaten 9,80 € pro Person, in der Nebensaison 8,80 €. Die Anlage ist praktisch das gesamte Jahr zu besichtigen. Genaue Öffnungszeiten und weitere Informationen gibt es hier: www.salineroyale.com.

Von ARC-ET-SENANS führt uns der Weg zu einer weiteren Höhle, die **Grottes des Moidons** stehen auf dem Programm.

Multimediaausstellung in einer der ehemaligen Salzsiedereien.

Rund 28 Kilometer haben wir dazu zurückzulegen. Wir fahren dabei ein Stück auf der sehr gut ausgebauten N83, die wir in ARBOIS aber auch gleich wieder verlassen. ARBOIS ist das Zentrum des Weinbaus im Jura und die Heimatstadt **Louis Pasteurs,** in dessen ehemaligen Wohnhaus heute ein Museum untergebracht ist. Beeindruckend ist der mächtige 60 Meter hohe Turm der **Église Saint-Just** im Zentrum des kleinen Städtchens. Wer einmal durch den Ort schlendern mag und den Jurawein in einem der Weinkellereien probieren möchte, der findet in der Rue Bousson de Mairet (N46° 54' 07.2" E5° 46' 31.0") einen leicht anfahrbaren zentrumsnahen Parkplatz.

Wir fahren weiter, lassen die sicher sehr beeindruckende Tallandschaft **Reculée des Planches** kurz hinter ARBOIS außer acht und biegen nach rund 10 Kilometern rechts zur **Grottes des Moidons** ab, die tief im Wald versteckt liegt.

Eigentlich hatten wir uns in der Vorbereitung darauf gefreut diesen schönen Waldparkplatz vor der Grotte als Übernachtungsplatz aufzunehmen. Es ist ein idyllischer Ort und nach unserem Verständnis ein idealer Platz mit Tischen, Bänken und vielen Spazier- und Wanderwegen im Wald. Leider wird die

(064) WOMO-Picknickplatz: Grottes des Moidons

GPS: N46° 50' 15.9" E5° 48' 24.7", Bois de Baumin, 39800 Molain.

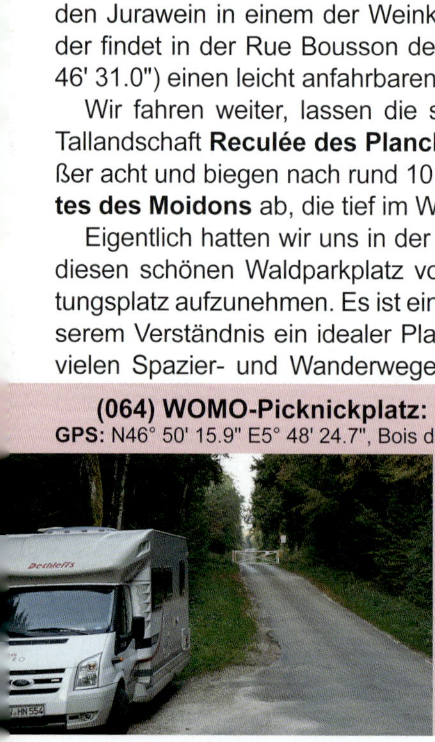

max. Womos: 3, maximale Länge 9 m.

Ausstattung: keine, geöffnet von Jan.– Dez.

Lage: Im Wald vor der Zufahrt zur Höhle.

Preise: kostenlos.

Zufahrt: Von der D469 zwischen Arbois und Montrond den Hinweisschildern "Grottes des Moidons" folgen.

Der Eingangsbereich der Grottes des Moidons.

Zufahrt schon kurz hinter der Hauptstraße des Nachts abgesperrt. Eine solide Schranke aus Metall sorgt dafür, dass aus dem Parkplatz vor der Höhle kein WOMO-Übernachtungsplatz wird. Das ist einerseits verständlich, andererseits auch schade. Für die Übernachtung bleibt hier dann nur eine Parkbucht an der Zugangsstraße. Das geht zwar, ist aber wirklich nur eingeschränkt zu empfehlen.

Ein Besichtigung der Höhle dauert etwa eine Stunde. Wenn Sie Glück haben ist gerade der Leiter der Höhle zugegen, der neben anderen Guides auch Besucher durch die Höhle führt und perfekt deutsch spricht. Ansonsten müssen Ihre Französischkenntnisse reichen, um den Ausführungen während der Führung zu folgen. Zur Einführung gibt es einen kleinen Film, der etwas über die Entdekkung und den Ausbau dieser Höhle zeigt. Das Prinzip der Höhlenentstehung ist genauso, wie schon in der **Grotte d'Osselle** beschrieben, das müssen wir hier nicht wiederholen. Nur die Laune der Natur will es,

Eines der vielen Tropfsteingebilde in der Grottes des Moidons.

Großer Saal in der Grottes des Moidons.

dass die Größe der Säle und die Tropfsteingebilde anders aussehen. Jede Besucherhöhle im Jura hat ihre Eigenheiten und ist durch die eine oder andere Besonderheit hervorzuheben. Hier sind es z.B. die schlanken Stalakmiten, die aussehen wie überdimensionale Salzstangen. In Mode gekommen sind Ton- und Lightshows am Ende einer Führung, so ist es auch hier.

Nach der Führung lädt die Gartenterrasse zu einem Kaffee oder einer kleinen Mahlzeit ein. Das Restaurant ist allerdings nur in den Sommermonaten Juli und August in Betrieb und bietet nur einfache Gerichte an. Geöffnet ist die Grotte von April bis September. Der Eintritt kostet 8,90 € pro Person.

Der nächste Ort auf unserer Reise ist CHAMPAGNOLE, er ist rund 15 km von der gerade besuchten

Höhle entfernt. Die rund 8000 Einwohner zählende Industriestadt hat einen kleinen schön hergerichteten Ortskern mit der **Église Saint-Cyr-et-Sainte-Juliette** als Hauptsehenswürdigkeit. Vom Stellplatz (siehe übernächste Seite) hierher sind es zu Fuß rund 900 Meter. Wer den nicht nutzen möchte findet in der Rue de l'Égalité (N46° 44' 50.7 E5° 54' 39.7") auch einen Parkplatz, der nur 300 Meter entfernt ist.

Die Kirche mit der Zwiebelhaube auf dem Glokkenturm zeigt eine schöne Inneneinrichtung mit einem **Barockaltar** aus dem frühen 17. Jahrhundert. Die Kirche ist frisch restauriert und der Vorplatz ist vor nicht allzu langer Zeit erneuert worden. Das sieht alles sehr gepflegt aus!

Neben der Kirche findet an jedem Samstagvormittag ein Wochenmarkt statt. Neben allerlei Haushaltsgegenständen und Kleidern werden auch regionalen Spezialitäten sowie frisches Obst und Gemüse angeboten. Es ist eine gute Gelegenheit sich mit Vorräten einzudecken. Nebenbei bemerkt: Wenn Sie weiterhin genau unserer vorgeschlagenen Route folgen, dann empfiehlt es sich in diesem Ort die Vorräte zu überprüfen und ggfs. zu vervollständigen. Das gilt natürlich auch für

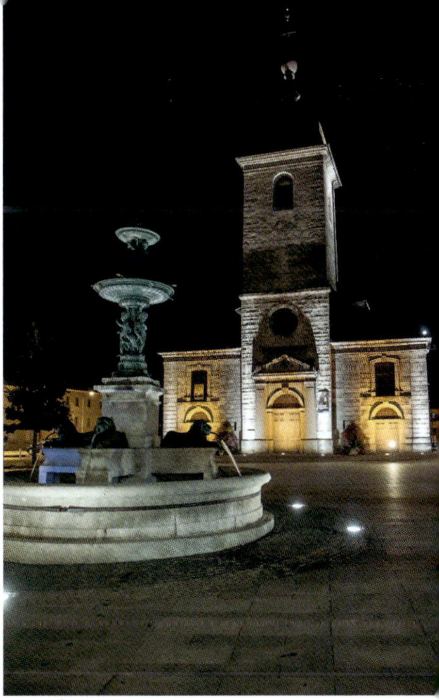

Die Église Saint-Cyr-et-Sainte-Juliette in Champagnole bei Nacht.

Barockaltar aus dem frühen 17. Jahrhundert in der Église Saint-Cyr-et-Sainte-Juliette in Champagnole.

Wurststand auf dem Wochenmarkt in Champagnole.

den Wasservorrat im WOMO und die Entsorgung der Bordtoilette. Auch an einem Tag unter Woche, finden Sie hier in den Supermärkten alles nötige. Es gibt gleich mehrere, Hinweisschilder zeigen den Weg. Die nächsten Stationen unserer Reise bieten nämlich kaum Einkaufs- und Versorgungsmöglichkeiten dafür viel Natur.

Château d'Eau, Wachtturm, Wasserspeicher und Uhrturm in einem. Davor befindet sich das Archäologische Museum.

Markant ragt der als **Wasserspeicher** gebaute Turm in unmittelbarer Nähe der Kirche auf. Er wurde 1789 nach einem verheerenden Brand errichtet. Das Feuer verschonte damals nur die Kirche und einige wenige Nebengebäude, der Rest des damaligen Ortskerns wurde ein Raub der Flammen. Am Fuße des Turmes befindet sich das **Archäologische Museum**. Es ist nicht groß und verfügt über Exponate aus gallo-römischer Zeit, Teile eines römischen Fußbodenmosaiks sowie über einige Ausstellungsstücke aus der Zeit der Merowinger.

Von den vielen außergewöhnlichen und interessanten Zielen die wir in

(065) WOMO-Stellplatz: Champagnole Aire Municipale

GPS: N46° 44' 47.5" E5° 53' 57.5",
20 Rue Georges Vallerey, 39300 Champagnole
max. Womos: 6, maximale Länge 9 m.
Ausstattung: Befestigter Platz mit Wasserver- und entsorgung (mit Bodeneinlass), Kassettenentleerung, Müllentsorgung, max. Aufenthaltsdauer: 24h, geöffnet von Jan.– Dez.
Lage: Ortsrand neben einem Campingplatz, Freibad 300 Meter.
Preise: 6,00 €, Frischwasser und Strom für eine Stunde 4,00 € nur mit Jeton (erhältlich an der Rezeption des Campingplatzes). Grauwasserentsorgung und Kassettenentleerung kostenlos.
Zufahrt: Nach verlassen der N5 am zweiten Kreisverkehr die erste Ausfahrt nehmen und nach 350 Metern links in die Rue Georges Vallerey abbiegen.

diesem Buch zusammengestellt haben, ragt der nächste Ort heraus. Er liegt weit abseits, hier kommt man nicht zufällig vorbei, hier muss man schon ganz bewusst hinfahren.

Fast alle Orte die wir durchfahren haben zeigen an den Rändern Industrie- Gewerbe- oder Neubaugebiete oder etwas anderes neuzeitliches. Das ist in NOZEROY, das 15 Kilometer von CHAMPAGNOLE entfernt liegt, gänzlich anders. Wer sich diesem Dorf auf einer Anhöhe liegend nähert, bekommt den Eindruck, hier jemand am Ende des Mittelalters das Stadttor zugeschlossen und den Schlüssel weggeworfen. Das ist natürlich übertrieben aber das geschlossene **mittelalterliche Ortsbild** ist erhalten geblieben. Erst jetzt, so scheint es, beginnt man damit den Ort behutsam zu renovieren. Dabei war diese 400 Seelen-Gemeinde mal ein richtig bedeutendes Städtchen mit Burg, Festungsmauer und überregionaler Funktion. Im 16 Jh. hatte der Ort 1200 Einwohner und verfügte über

Port de l'Horloge in Nozeroy.

Der Marktplatz (Place des Annonciades) in Nozeroy.

2 Krankenhäuser. Aber die Pestepidemien in diesem Jahrhundert forderten viele Opfer. Zu alter Größe und Bedeutung kehrte die Stadt nicht mehr zurück. Von der Stadtbefestigung sind noch Reste erhalten, das **Uhrentor (Port de l'Horloge)** gehört dazu. Die Burg wurde geschleift, die Ruine befindet sich oberhalb des romantisch gelegenen Stellplatzes. Durch den Ort zu schlendern nimmt nicht viel Zeit in Anspruch, ist aber sicher eine lohneswerte Angelegenheit, wenn man verschwiegene Altstadtgassen mag. Dabei wird man auch an den zwei Restaurants vorbeikommen, die recht preiswert regionale Spezialitäten anbieten. Da kann die Bordküche auch wieder einmal ungenutzt bleiben.

Die Kirche **Saint-Antoine**, die zum größten Teil aus dem 15. Jahrhundert stammt, wirkt von außen recht unscheinbar, glänzt aber im Inneren mit einem bemerkenswerten Chorgestühl und einer schön geschnitzten Kanzel. Der Stellplatz von NOZEROY ist eine Klasse für sich.

Blumenszenerie vor einem Haus in Nozeroy.

(066) WOMO-Stellplatz: Nozeroy

GPS: N46° 44' 47.5" E5° 53' 57.5", Rue des Remparts, 39250 Nozeroy
max. Womos: 6, maximale Länge 7 m.
Ausstattung: Befestigter, teilweise schattiger Platz ohne Versorgungseinrichtungen, Stromanschluß auf Nachfrage im Rathaus mit 2 A möglich, geöffnet von Jan.– Dez.
Lage: Ortsrand, unterhalb der Burgruine mit einer phantastischen Aussicht, absolut ruhig. Der ideale Platz um Tisch und Stühle rauszustellen.

Preise: 6,00 € pro Tag und Fahrzeug. Morgens und Abends kommt jemand zum kassieren vorbei. Trifft man ihn nicht an, wird die Zahlung im Rathaus erbeten. Ein in den Briefkasten eingeworfener Umschlag mit dem richtigen Betrag und dem aufnotierten Autokennzeichen geht auch.
Zufahrt: In Nozeroy bis vor das Stadttor (Port de l'Horloge) fahren. Dann links in die Rue des Remparts abbiegen und dem Verlauf der Straße bis zum Ende folgen. Dort, wo es am Ende der Straße rechts in den Ort geht, links eine sehr schmale Straße hinunterfahren. Nach 200 Metern ist der Platz erreicht.

Von NOZEROY machen wir uns nun auf den Weg zu einer schmalen und sehr eindrucksvollen Schlucht. Hier gilt es eine Einschränkung zu beachten: Wer mit einem Fahrzeug mit einem zulässigem Gesamtgewicht über 3,5 t unterwegs ist, darf den ausgesuchten Platz nicht anfahren. Es gibt leider auch keine Alternativroute für die größeren Fahrzeuge und in diesem Fall auch keine vernünftige Parkplatzalternative um in die Nähe dieser Schlucht zu kommen. Wer also mit so einem großen Fahrzeug unterwegs ist, dem empfehlen wir nach CHAMPAGNOLE zurückzukehren und von dort die übernächste Station am **Lac le Petit Maclu** anzufahren, dort gibt es keine Einschränkungen.

(067) WOMO-Wanderparkplatz: Gorges de la Langouette

GPS: N46° 39' 21.2" E6° 00'19.0",
Rue de la Langouette, 39150 Les Planches-en-Montagne.

max. Womos: 3, maximale Länge 7 m.
Ausstattung: Asphaltierter schattiger Parkplatz mit Tischen und Bänken, Mülleimer, max. Aufenthaltsdauer: 24h, geöffnet von Jan.– Dez.
Lage: Ortsrand an einer Brücke über die Savine.
Preise: kostenlos.
Zufahrt: Von der D127 rund 200 Meter nach dem Ortseingang rechts in die Rue de la Langouette abbiegen. Achtung: Die Straße ist nur für Fahrzeuge bis 3,5t zugelassen.

Auf dem Weg zur **Gorges de la Langouette** weist kurz hinter NOZEROY ein Schild auf die Quelle des Ain **(Source de l'Ain)** hin. Im Vergleich zu den anderen Quellen, die wir schon besucht haben, ist sie nicht so beeindruckend. Also fahren auf den schmalen Straßen weiter und erreichen das Ziel nach 18 Kilometern.

Spaziergang durch die Gorges de la Langouette

Wanderung mögen wir diesen kleinen Ausflug in diese schmale und beeindruckende Schlucht nicht nennen. Es ist wirklich nur ein 1-stündigerSpaziergang. Vom Parkplatz geht es zunächst über die Brücke der **Savine.** Direkt dahinter beginnt auf der linken Seite der schmale Spazierweg. Die ersten Meter führen am Rande eines Ackers entlang und beeindrucken überhaupt nicht. Auf der linken Seite hört man zwar den Fluss tief unten brodeln und rauschen, erkennen kann man aber nicht viel. Interessant wird der Weg erst dort, wo er im Wald verschwindet. Jetzt führt der Weg näher an den Fluss heran und Treppen führen hinunter in die 47 Meter tiefe Schlucht, die an ihrer schmalsten Stelle nur 4 Meter Breite misst. Das Wasser hatte eine Reihe von Strudeltöpfen in das Bachbett gerieben. Eine Erosionsform, die wir an anderer Stelle noch in viel größerer Form sehen werden. Hier kann man dem Wasser je nach Wasserstand bei der Erosionsarbeit zuschauen. Da der Weg nicht lang ist, geht es auch gleich wieder die Treppen hoch. Am Ende des Weges wartet ein ca. 10 Meter hoher Wasserfall, der vor Jahren künstlich verstärkt wurde, um mit der Wasserkraft elektrische Energie zu erzeugen und eine Sägewerk zu betreiben. Das Werk brannte 1959 ab und wurde nicht wieder aufgebaut, die Ruine blieb.

Die Gorges de la Langouette.

Strudeltöpfe in der Gorges de la Langouette.

Der offizielle Wanderweg führt noch durch den Ort **Les-Planches-en-Montagne**. Den kann man sich aber eigentlich auch sparen, den beeindruckendes gibt es hier nicht zu sehen. Auf demselben Weg geht es zurück und am Parkplatz warten Tisch und Bänke unter schattigen Bäumen darauf für ein Picknick genutzt zu werden.

(068) WOMO-Wanderparkplatz: Lac le Petit Maclu

GPS: N46° 37′ 59.8" E5° 55′ 09.2", D75 39130 Le Frasnois.

max. Womos: 3, maximale Länge >10 m.
Ausstattung: Befestigter schattiger Parkplatz mit Tischen und Bänken, Mülleimer, max. Aufenthaltsdauer: 24h, geöffnet von Jan.– Dez.
Lage: Idyllischer Platz am Lac le Petit Maclu.
Preise: kostenlos.
Zufahrt: Von der D75 zwischen der N5 und dem Dorf Le Frasnois.

Von LES PLANCHES-EN-MONTAGNE bis zum **Lac le Petit Maclu**, unserem nächsten Ziel, sind es nur kurze 8 Kilometer. Er ist einer der kleinsten der sieben Seen, die hier rund um LE FRASNOIS, einem kleinen Dorf anzutreffen sind. **Les 7 Lacs** wurde diese Mikroregion getauft. Zusammen mit den weiter südlich gelegenen Seen ist sie ein Teil der **Region des Lacs** in der findige Tourismusmanager auch gleich eine 150 Kilometer lange ausgeschilderte Route angelegt haben, die kreuz und quer durch diese insgesamt 20 Seen zählende Landschaft führt. **Route des Lacs** heißt diese Straße. Auf den nächsten Kilometern und zu Beginn der nächsten Tour werden Ihnen die Hinweisschilder immer wieder begegnen.

Wir folgen dieser Straße nur dort, wo es besonders schön und interessant ist. Wer den kompletten Verlauf dieser Touristenstraße sehen möchte, der schaut bitte auf die Routenkarte am Anfang dieses Kapitels, dort ist sie mit einer blau gepunkteten Linie verzeichnet.

Die kleinen und größeren Seen, die wir in diesem Kapitel noch aufsuchen

Angler auf dem Grand Lac Maclu.

Sicht auf den Lac Grand Maclu.

werden, sind Relikte der letzten Eiszeit als Gletscher Moränenberge vor sich her schoben, die nach abschmelzen des Eises den Abfluss des Wassers versperrten. Die weiter südlich gelegen Seen entlang des **Ain** sind **Stauseen**. Dazu mehr im nächsten Kapitel. Baden ist an den meisten Seen nicht möglich.

Der Parkplatz am **Lac le Petit Maclu** ist ein schöner Standort, um die Landschaft der sieben Seen zu erkunden. Zahlreiche Wanderwege sind angelegt und gut ausgeschildert, verlaufen kann man sich hier nicht. Wer lieber mit dem Mountainbike unterwegs ist , findet hier zahlreiche Wege die befahren werden können. Große Tafeln am Parkplatz weisen auf verschiedene Wege mit Kilometerangaben hin. Da kann man

(069) WOMO-Campingplatz-Tipp: Lac de Narlay

GPS: N46° 38' 27.4" E5° 54' 21.6", Le Coin d'En Haut, 39130 Le Frasnois.
max. Womos: 3, maximale Länge 7 m.

Ausstattung: Rasenplatz, einfachste Ausstattung, Entsorgung ist hier nicht möglich, Stromversorgung nur an wenigen Plätzen, geöffnet von Mai – Sept.
Lage: Ortsrand am Ufer des Lac de Narlay.
Preise: 16,00 € für ein Fahrzeug mit 2 Personen.
Zufahrt: Von der D75 in Le Frasnois der Beschilderung zum Campingplatz folgen. Die Straße zum Platz ist sehr schmal.

seine individuelle Tour gut zusammenstellen. Die Seen stehen alle unter Naturschutz. Baden ist bei allen untersagt, auch am **Lac de Narlay,** direkt neben LE FRASNOIS, dessen nur in den Sommermonaten geöffneter Zeltplatz über einen kleinen Badestrand verfügt. Das Kinder hier mal plantschen wird natürlich toleriert. Wer gern angelt kann kann hier seinem Hobby nachgehe. Tages- oder Wochenkarten kann man an der Rezeption des Campingplatzes erwerben.

Vom Parkplatz am **Lac le Petit Maclu** führt einer der zahlreichen Wanderwege vorbei am **Lac Grand Maclu**, dann vorbei an der Südspitze des **Lac de la Motte d'Ilay** bis zu den **Cascades du Hérisson**. Der Weg ist rund 7 Kilometer lang. Entlang der Seen verläuft der Weg nahezu waagerecht auf rund 800 Metern Meereshöhe. Dieser Weg ist Genusswandern pur. Der Weg ist schattig und an vielen Stellen besteht die Möglichkeit direkt an das Seeufer zu gelangen, um den Spiegelungen der Wolken oder Äste auf der Seeoberfläche zu betrachten oder mit viel Glück auch einmal einen Fischreiher auf Futtersuche zu beobachten. Anstrengender wird es nur, wenn man die Abbruchkante der **Cascades du Hérisson** erreicht hat und den Weg vollständig hinuntergeht. Das sind auf relativ kurzer Distanz rund 280 Meter Höhenunterschied, die man dann natürlich auf dem Rückweg auch wieder hinauf muss. Das kann nicht nur anstrengend sein, das hängt nun mal von Ihrer Konstitution ab, es kann auch enttäuschend sein. Denn so schön

Die Cascade de l'Éventail während einer Trocken- und nach einer Regenperiode.

Cascade du Grand Salut.

Cascades du Hérisson

Mit sieben Hauptfällen, die Höhen zwischen 10 und 65 Metern haben rauscht der **Hérisson** zu Tal. Am häufigsten abgebildet wird die **Cascade de l'Éventail (Fächer-Kaskade)**, sie ist die höchste die über mehrere Felsstufen zu Tal stürzt. Sie ist auch die erste zu der man kommt, wenn man sich den Fällen von der Talseite her nähert. Es folgt mit der **Cascade du Grand Salut** ein weiterer beeindruckener Fall von 60 Metern Höhe. Die weiteren Fälle die oberhalb folgen sind der **Gour Bleu**, der **Saut Château Garnier**, der **Saut de la Forge** sowie **Saut du Moulin** und Saut Girard. Sie alle sind wesentlich kleiner. Der Weg führt teilweise über Stufen und Treppen. Die Absicherung ist gut, doch kann er rutschig und glatt sein. Festes Schuhwerk ist in jedem Fall erforderlich. Oben angekommen, wartet in den Sommermonaten ein kleines Restaurant mit Terrasse auf die Gäste, die sich nach dem anstrengendem Aufstieg eine Pause und eine kleine Stärkung gönnen möchten.

wie sie in den Tourismusprospekten mit rauschendem Wasser abgebildet sind, zeigen sich die Kaskaden nicht immer. Bei längerer Trockenheit und Schönwetterperioden wird aus den stark wasserführenden Kaskaden ein Rinnsal.

Wer nicht vom **Lac le Petit Maclu** zu den **Cascades du Hérisson** wandern mag, sondern es gern etwas bequemer hätte, dem offerieren wir drei Möglichkeiten.

(070) WOMO-Wanderparkplatz: La Fromagerie

GPS: N46° 37' 02.6" E5° 52' 54.6", 3 Chemin du Bois de Fontaine, 39130 Le Frasnois.

max. Womos: >5, maximale Länge 9 m.
Ausstattung: Befestigter Platz ohne Versorgungseinrichtungen, ganzjährig geöffnet.
Lage: Oberhalb der Cascades du Hérisson, abseits der Straße die nach Doucier führt.
Preise: kostenlos.
Zufahrt: Über die D39, 500 Meter hinter der Abzweigung von der D75 bei der Auberge du Hérisson..

(071) WOMO-Wanderparkplatz: Cascades du Hérisson

GPS: N46° 36' 53.8" E5° 50' 46.1", Lieu-dit Val Dessus, 39130 Doucier..
max. Womos: >10, maximale Länge 9 m.

Ausstattung: Befestigter Platz ohne Versorgungseinrichtungen, ganzjährig geöffnet. In der Sommersaison mit Restaurant hinter der Tourist-Info.
Lage: Am Fuße der Cascades du Hérisson, abseits der Straße die nach Doucier führt.
Preise: In den Sommermonaten 5,00 € pro Fahrzeug, in der Nebensaison kostenlos.
Zufahrt: Die D326 bis zum Ende durchfahren.

(072) WOMO-Stellplatz: Relais de l'Eventail

GPS: N46° 36' 49.2" E5° 50' 54.8", Lieu-dit Val Dessus, 39130 Doucier.
max. Womos: >10, maximale Länge 9 m.
Ausstattung: Befestigter Platz mit Wasserver- und entsorgung (mit Bodeneinlass), Kassettenentleerung, Müllentsorgung, geöffnet von Juni – Aug.

Lage: Am Ende der D326, nur wenige Meter bis zu den Wasserfällen.
Preise: 17,00 € incl. Frischwasser und Entsorgung für ein Fahrzeug mit 2 Personen, Strom (6A) 3,60 €, Hund 2,00 €.
Zufahrt: Die D326 bis zum Ende durchfahren.

Der Parkplatz La Fromagerie befindet sich oberhalb der Kaskaden, die beiden anderen unten im Tal. In der Luftlinienentfernung sind es nur 3 Kilometer, auf der Straße 21 Kilometer.Bevor wir das Seengebiet verlassen, statten wird dem größten natürlichen See der **Region des Lacs** noch einen Besuch ab.

Lac Chalain heißt er und ist nicht schwer zu finden. Von allen Seiten weisen Hinweisschilder auf diesen See hin, der in den Sommermonaten zur überdimensionalen Badewanne des Jura wird. Zwei große Campingplätze finden wir hier vor. Der eine belegt praktisch mit seinen Anlagen das gesamte Ostufer, der andere das Nordwestufer. Den am Ostufer haben wir hier aufgenommen. Er bietet eine Reihe von Plätzen für WOMOs an, denen es ansonsten schwer gemacht wird ein Plätzchen zu finden. Im Südwesten des Sees gibt es einen großen Uferparkplatz der nicht angefahren werden kann, weil er in 2 Metern Höhe abgeriegelt ist und den schönen Wan-

Blick auf den Lac Chalain vom Wanderparkplatz oberhalb des Nordostufers

Eindeutige Aussage!

derparkplatz oberhalb des Nordostufers (N46° 40' 11.0" E5° 48' 53.3") muss man am Abend wieder verlassen. Bleibt nur ein Platz oberhalb des Campingplatzes, der ist zwar ruhig und bietet auch eine schöne Sicht über den See, ist aber keineswegs ideal. Da bleibt eigentlich

(073) WOMO-Campingplatz-Tipp: Domaine de Chalain

GPS: N46° 39' 53.8" E5° 48' 50.8", Domaine de Chalain, 39130 Doucier.
max. Womos: >10, maximale Länge 8 m.
Ausstattung: Komfortcampingplatz mit Strand am See, Hallen- und Freibad, Restaurant, Kinderspielplatz, Animationsangeboten. Sehr gepflegte Anlage. Geöffnet von Ende April – bis Mitte September.
Weiter Informationen: www.chalain.com, Tel. 0 3 84 25 78 78
Lage: Am Ostufer des Lac de Chailain.
Preise: Saisonal unterschiedlich 20,00 – 40,00 € pro Fahrzeug mit 2 Personen incl. Frischwasser und Entsorgung, Strom (10A) 3,00 €, Hund kostenlos.
Zufahrt: In Doucier der Beschilderung zum Campingplatz folgen. Von der D39 in die D39E abbiegen und bis zum Ende durchfahren.

(074) WOMO-Picknickplatz: Lac de Chalain

GPS: N46° 39' 46.3" E5° 49' 00.8".
max. Womos: 2, maximale Länge >10 m.
Ausstattung: Befestigter halbschattiger Parkplatz, geöffnet von Jan.– Dez.
Lage: Oberhalb des Campingplatzes mit schöner Aussicht auf den See.
Preise: kostenlos.
Zufahrt: Über die D90 die von Fontenu nach Doucier führt.

nur die Wahl: Tief in die Tasche greifen und den schönen Campingplatz nutzen oder weiterfahren.

Wir fahren weiter. Auf der D39 geht es in Richtung LONS-LE-SAUNIER. Ziel sind die **Cascade des tufs** und die **Grottes de Baume** in BAUME-LES-MESSIEURS. Von DOUCIER bis zur Einmündung in die D471 sind rund 16 Kilometer zurückzulegen. Wir fahren bewusst nicht den kürzesten Weg, der uns in dem Örtchen VEVY rechts ab auf die D4 führen würde, sondern bleiben auf der D39, bis wir die D471 erreicht haben, biegen dann rechts ab und folgen nach rund 1,4 Kilometern dem Hinweisschild zum Aussichtspunkt **"La Roche de Bau-**

Aussicht in den Talkessel von Baume.

me". Nach 350 Metern ist der Aussichtspunkt erreicht. Ein Umweg der sich lohnt! Wir blicken in die Tiefe und sehen nahezu senkrecht stehende Felswände. Der Talgrund der Schlucht die hier so unmittelbar und ohne Übergang beginnt liegt rund 120 Meter tiefer. Es gibt viele **Kerbtäler** und **Talkessel** im Jura, die hier **Reculées** genannt werden. Dieser **Talkessel von Baume (Cirque de Baume)** zählt zu den größten landschaftlichen Sehenswürdigkeiten nicht nur des Jura, sondern ganz Frankreichs. Unten, vor unseren Füßen sozusagen, befinden sich die **Cascade des tufs** und die **Grottes de Baume**. Im Hintergrund ist BAUME-LES -MESSIEURS mit seiner Klosteranlage erkennbar.

Eine lange in den Fels geschlagene Treppe führt hinunter, die nehmen wir nicht, wir fahren runter. Wir müssen dazu zurück auf die D471 Richtung CRANÇOT/CHAMPAGNOLE und nach etwas mehr als einem Kilometer im Ort CRANÇOT links ab auf die D4 nach BAUME-LES-MESSIEURS. Dort angekommen fahren wir am Kloster vorbei, verlassen den Ort schon fast wieder, bis wir in einem rechten Winkel links abbiegen kön-

nen. Schnell geht es über eine Brücke und die Hinweisschilder zum "Restaurant des Grottes" weisen im übrigen auf den richtigen Weg. Nun müssen wir die Straße nur noch bis zum Ende durchfahren. Der Parkplatz am Ende dieser Straße ist zweigeteilt. Ein etwas größerer liegt vor dem Restaurant, ein kleinerer dahinter. Wer hier parkt steht direkt an der **Cascade des tufs**. Bei einem Besuch im Hochsommer wies ein Schrei-

(075) WOMO-Picknickplatz: Cirque de Baume

GPS: N46° 41' 28.0" E5° 38' 23.1", 4 À Roche, 39570 Baume-les-Messieurs.
max. Womos: 10, maximale Länge 8 m.

Ausstattung: Befestigter Platz neben dem Restaurant der Grotte, geöffnet von Jan. – Dez. Öffentliches WC am Parkplatzrand.
Lage: Am Ende der D70E1, nur wenige Meter bis zu den Wasserfällen.
Preise: kostenlos.
Zufahrt: Von Baume-les-Messieurs im Text oben beschrieben.

ben in einer Plastikhülle darauf hin, dass eine Übernachtung mit dem Wohnmobil hier nicht gestattet ist und man bitte für die Nacht den Campingplatz aufsuchen möge. Bei einem Besuch im Herbst war der Platz ziemlich verwaist und von dem Hinweis nichts mehr zu finden. Eine direkte Nachfrage im Rathaus zur Klärung des Sachverhalts blieb bislang ohne Antwort.

Neben den **Cascade des tufs**, die im Sommer genauso trocken werden können wie die **Cascades du Hérisson,** ist noch die **Grottes de Baume** zu besichtigen eine etwa ein Kilometer lange Galeriehöhle. Der Eingang befindet sich hinter den **Cascade des tufs**. Der Eintritt kostet 8,50 € pro Person und kann nur von April bis September im Rahmen einer Führung besichtigt werden.

Blick auf das ehemalige Benediktinerkloster in Baume-les-Messieurs.

Das **Benediktinerkloster** in BAUME wurde im 6. Jahrhundertvom irischen Mönch Columban gegründet. Blieb das Klosterleben lange Zeit bescheiden und die Mönche züchtig, so änderte sich dies im Laufe der Jahrhunderte als adelige Stiftsherren in BAUME lebten und sehr weltliche Ansprüche verfolgten. Diese **"Herren = Messieurs"** waren recht unbescheiden und sorgten dafür das der Ort und die Abtei in BAUME-LES-MESSIEURS umbenannt wurde. Die Französische Revolution macht all dem ein Ende, die Abtei wurde aufgelöst, alle Güter versteigert und der Ort in BAUME-LE-JURA umbenannt. Jahre später kehrte man zum alten Namen zurück.

Das Kloster kann von April bis September besichtigt werden, natürlich nur im Rahmen einer Führung. Es gibt inzwischen deutschsprachige audioguides, die man an der Kasse erhalten kann. Der Eintritt beträgt 6,00 € pro Person.

Sehenswert sind die Kirche mit einem **Portal aus dem 15. Jahrhundert**, einem **flämischen Schnitzaltar** aus dem frühen 16. Jahrhundert und das Abteigebäude. In der Kirche befindet sich auch das Grab des Abts **Jean de Watteville**, dessen abenteuerliche Lebensgeschichte wir hier nicht wiedergeben können, sie ist einfach zu lang. Sie handelt von Mord und Totschlag, Haremsleben, Kuhhandel mit Ludwig XIV. und einem Leben als Abt. Wenn Sie das neugierig gemacht hat, dann werden Sie der Abtei sicher in Ihr Besuchsprogramm aufnehmen.

(076) WOMO-Campingplatz-Tipp: Baume-les-Messieurs

GPS: N46° 42' 45.2" E5° 38' 10.7",
4 Place de la Toupe, 39570 Baume-les-Messieurs.

max. Womos: 10, maximale Länge 8 m.

Ausstattung: Befestigter schattiger Platz, geöffnet von April – Sept.

Lage: Am Ortsausgang in Richtung in Voiteur direkt am Fluss la Seille, sehr ruhig.

Preise pro Tag: 14,00 € für ein Fahrzeug mit 2 Personen. Strom 3,00 €, Haustier 1,50 €

Zufahrt: Liegt an der Ausfallstraße nach Voiteur, gut ausgeschildert, nicht zu verfehlen.

VOITEUR als Reiseziel zu empfehlen, wäre reichlich übertrieben. Wir betrachten ihn nur als Durchgangsort, der für die Entsorgung, den Einkauf und für eine Betankung optimal ist. Alles dicht beieinander und nicht so stark frequentiert wie in größeren Städten und nur 200 Meter vom Stellplatz entfernt der nicht sonderlich schön ist, aber sehr ruhig wenn die sportlichen Aktivitäten beendet sind. Ob man uns beim Pétanque hätte mitspielen lassen? Wir wissen es nicht.

(077) WOMO-Stellplatz: Voiteur

GPS: N46° 45' 18.3" E5° 36' 52.6", 14 Rue du Cimetière, 39210 Voiteur.

max. Womos: 4, maximale Länge 9 m.

Ausstattung: Befestigter Platz mit Wasserver- und entsorgung (mit Bodeneinlass), Kassettenentleerung, Müllentsorgung, geöffnet von Jan. – Dez.

Lage: Am Ende der Rue du Cimetière (Sackgasse), zwischen Friedhof und Sportplatz.

Preise: kostenlos.

Zufahrt: Von der D70 in Richtung Domblans vor der Kirche rechts abfahren.

Wir brechen auf. Nach LONS-LE-SAUNIER, der Hauptstadt des Departement Jura geht die Reise recht fix, die knapp 11 Kilometer auf der gut zu fahrenden D70 haben wir schnell hinter uns gebracht. Einen Parkplatz zu finden braucht schon etwas mehr Zeit, wenn man nicht gleich den Campingplatz anfahren möchte, der abseits des Zentrums liegt. Über einen klassischen Wohnmobilstellplatz verfügt diese Stadt mit 17.000 Einwohnern nicht. Entweder man stellt sich auf einen Parkplatz und da ist die Auswahl sehr eingeschränkt oder man fährt auf den nicht gerade billigen Campingplatz. In der Nähe des Zentrums steht mit dem **Place de Verdun** (143 Avenue Paul Seguin, N46° 40' 26.0" E5° 33' 32.9") ein Platz zur Verfügung, der keine Höhenbegrenzung hat, recht groß ist und damit eine gute Chance bietet das WOMO abzustellen. Denn mit einem größeren Fahrzeug belegt man ja oft gleich zwei PKW-Parkplätze,

(078) WOMO-Campingplatz: Lons-le-Saunier

GPS: N46° 41' 05.2" E5° 34' 07.1",
Rue Robert Schuman, 39570 Lons-le-Saunier.
max. Womos: >5, maximale Länge 9 m.
Ausstattung: Befestigter Platz mit Wasserver- und -entsorgung (mit Bodeneinlass), Kassettenentleerung, Müllentsorgung, WiFi, geöffnet von April – Sept.
Lage: Am nördlichen Stadtrand, großes Freizeitbad in 200 Metern Entfernung mit ermäßigtem Eintritt.
Preise: Hauptsaison: Womo mit zwei Personen und Stromversorgung 24,50 €, Ver- und Entsorgung 4,50 €, Haustier 3,00 €
Zufahrt: Über den Boulevard de l'Europe (Umgehungsstraße) der Beschilderung folgen.

das geht hier. Bis zum Zentrum sind es zu Fuß rund 700 Meter, bis zur **Lédonia-Therme** nur 350 Meter. Der Campingplatz ist von der Therme und Zentrum rund 2 Kilometer entfernt.

Das Zentrum von LONS-LE-SAUNIER ist als durchaus attraktiv zu bezeichnen. Rund um die **Place de la Liberté** fin-

Die Rue du Commerce.

den sich viele Restaurants, Brasserien und Cafes die in den Sommermonaten auf der breiten Anlage ihre Tische und Stühle aufgestellt haben. Das Angebot der lokalen Gastronomie ist vielfältig, da ist für jeden etwas dabei. Wer shoppen gehen möchte, der findet in den umliegenden Boutiquen eine reiche Auswahl und die Kinder können sich, wenn es heiß ist, am flachen Springbrunnen vor Denkmal des **General Lecoubre** vergnügen. Auf der gegenüberliegenden Seite fällt die prächtige **Rokkoko-Fassade** des **Theatergebäudes** auf. Das Glockenspiel an diesem Gebäude lässt zu jeder vollen Stunde einige Takte der **Marseillaise** erklingen. Der Komponist der französischen Nationalhymne **Rouget de Lisle** ist ein Sohn dieser Stadt. Das Geburtshaus des Komponisten steht in der **Rue du Commerce 24** und kann besichtigt werden. Dort erfährt man so einiges über den Komponisten und über die Geschichte der französischen Nationalhymne. Die **Rue du Commerce** ist mit ihren Arkaden eine außergewöhnliche Straße. Sie beginnt am **Tour de l'Horloge**, einem alten Stadttor, das noch von der ehemaligen Stadtbefestigung übrig geblieben ist. Die Häuser der **Rue du Commerce** wurden nach einem Stadtbrand im 17. Jahrhundert erbaut. Jedes Haus hat einen individuellen Charakter auch wenn der Stil der Architektur gleich ist. Die Bögen sind mal höher, mal breiter und haben unterschiedliche Verzierungen. Dabei soll damals die Auflage ergangen sein, alles einheitlich zu gestalten. Kritische Geister merken dazu an, das der berühmte Widerspruchsgeist und Individualismus der Comtois das einfach nicht zulässt. Eine Einschränkung der Unabhängigkeit mögen sie nicht. Wir

Arkaden in der Rue du Commerce.

Auf der Place de la Liberté

Die Lédonia-Therme im Abendlicht.

finden es reizvoll so wie es ist und empfehlen einfach einmal durch die Arkaden zu gehen, hinter denen sich Geschäfte und

Das Theater an der Place de la Liberté.

Lokale befinden, schließlich ist es ja die **Rue du Commerce**. LONS-LE-SAUNIER ist in Frankreich beliebtes Heilbad, dessen mineralreiche Quellen gegen Wachstumsstörungen und Rheuma eingesetzt werden. Die Therme steht jedem Besucher offen, der Eintrittspreis beginnt bei 14,00 € für das Thermalbad. Alle weiteren Anwendungen im Beauty- und Gesundheitsbereich sind, wie bei Thermalbäder üblich, extra zu zahlen. Wer sich in einem der modernen Freizeit-Spaßbäder wohler fühlt, der muss in das **Aqua-Rel** in unmittelbarer Nähe des Campingplatzes gehen. Dumm nur, dass der Parkplatz vor diesem Freizeitbad eine Durchfahrtssperre für Fahrzeuge über 2 Meter Höhe hat. Also doch auf den Campingplatz fahren?

Zurück zur **Lédonia Therme**. Wenn man schon einmal hier ist, dann sollte man einen Spaziergang durch den weitläufigen und schön angelegten Park nicht auslassen.

Wenn Sie sich mit den Übernachtungsmöglichkeiten hier in LONS-LE-SAUNIER nicht anfreunden können, dann fahren Sie noch einmal 20 Kilometer bis nach ORGELET weiter, wo unser nächstes Kapitel beginnt. Hier finden Sie einen großen und kostenlosen Stellplatz. So haben wir es auch gemacht.

Tour 4

Champagnole
Pont-du-Navoy
Baume-les-Messieurs
Kloster
Cascade des tufs
Grottes de Baume
075 WC
Sur Roche
Lons-le-Saunier
Lédonia-Therme
Vevy
Region des Lacs
Marigny
L. de Chalain
Fontenu
Tour 3
Doucier
074
Les 7 Lacs
Le Frasnois
L. de Chambly
L. du Val
070
La Fromagerie
Cascades du Hérisson
WC 071
Cascade de l'Eventail
072
La Tour-du-Meix
080
081
082
Eglise Notre-Dame
WC 079
Orgelet
Lac de Vouglans
Maisod
Charchilla
083
Le Regardoir
085
Moirans-en-Montagne
Lac de l'Abbaye
Région des Lacs
St-Claude
086
Jeurre
Parc naturel régional
Condes
088
Lavancia-Epercy
Lac de Coiselet
Dortan
du Haut-Jura
089
Chavannes-sur-Suran
Oyonnax
Thoirette
Chartreuse de Sélignac
Izernore
Lac Genin
092 WC
Viaduc de Cize-Bolozon
Charix
Lac de Nantua
Glacières de Sylans
Nantua
Serrières-sur-Ain
091
Lalleyriat
Porte de Cuvéry 1178 m
Les Neyrolles
093
124
Fort l'Ecluse
Les Pertes de la Valserine
La Guinguette
090
Mailllat
094
Bellegarde-sur-Valserine
Tour 7
Grottes du Cerdon
Plateau de Retord
Chapelle de Retord
Labalme
Cerdon
Poncin
Monument des Maquis de l'Ain
Crêt du Nu 1351 m
Rhône
B u g e y
N
10 km
Route des Lacs
Chanay
095
Corbonod
L'Ain
A39
A40
A404
N5
D27
D39
D471
D52
D678
D1083
D470
D301
D437
D436
D27
D217
D936
D85
D25
D991
D91
D979
D42
D74
D1084
D55D
D55
D101
D31
D12
D21
D1508

TOUR 4 (ca. 165 km)

Orgelet – Lac de Vouglans – Jeurre – Lac de Coiselet – Thoirette – La Guingette – Labalme – Nantua – Lac Genin – Plateau de Retord – Chanay

Freie Übernachtung:	Lac de Vouglans, Lac de Coiselet, La Guingette, Labalme (Le Grottes du Cerdon), Plateau de Retord.
Stellplätze:	Orgelet, Lac de Vouglans, Jeurre, Thoirette, Nantua, Lac Genin, Chanay.
Campingplätze:	Lac de Coiselet.
Ver-/Entsorgung:	Orgelet, Lac de Vouglans, Jeurre, Thoirette, Nantua, Lac Genin, Chanay.
Besichtigungen:	Orgelet (Ort), Viaduc de Cize-Bolozon, Monument des Marquis de l'Ain, Le Grottes du Cerdon, Nantua (Ort), Glacières de Sylans, Chapelle de Retord.
Wandern:	Lac de Vouglans, Lac Genin, Plateau de Retord.
Baden/Wellness:	Lac de Vouglans (Strandbäder)

Im Mittelalter war das heute rund 1500 Einwohner zählende kleine Städtchen ORGELET ein bedeutender Ort. Es war Hauptstadt einer Grafschaft und gelangte zu bescheidenem Wohlstand, den es zu verteidigen galt. Die Wehrkirche **Église Notre-Dame** mit ihrem hohen Turm, ist ein beeindruckendes Zeugnis dieser Zeit. Für Turm und Kirche werden leider nur im

(079) WOMO-Stellplatz: Orgelet

GPS: N46° 31' 20.1" E5° 36' 26.9", Rue du Faubourg de l'Orme, 39270 Orgelet.
max. Womos: 20, maximale Länge 9 m.
Ausstattung: Befestigter halbschattiger Platz mit Wasserver- und entsorgung (mit Bodeneinlass), Toilette, Kassettenentleerung, Müllentsorgung, geöffnet von Jan. – Dez. Die Entsorgungsstation befindet am Rande des Platzes, Richtung Ortsmitte.
Lage: Am Ortsrand in der Nähe des Fußballplatzes.
Preise: kostenlos.
Zufahrt: Von der D470 in der Ortsmitte rechts abbiegen und der Beschilderung "Camping Car" folgen, diese Straße ist allerdings sehr schmal. Bequemer ist es, bis zum Kreisverkehr weiterzufahren und dort die erste Ausfahrt Richtung Beaufort zu nehmen. In beiden Fällen sind es nur rund 250 Meter bis zum Stellplatz.

Wehrturm und Eingang der Église Notre-Dame.

Juli und August Führungen angeboten und das dann auch nur an Donnerstagen. Das Innere der Kirche kann zu jeder Zeit besichtigt werden. Sie überrascht mit einem 46 Meter hohen **gotischen Gewölbe**, großen Emporen und einem 32 Meter breitem Querschiff. Die aus dem 17. Jahrhundert stammende Orgel ist die älteste im Jura, die während der Gottesdienste den Gesang der Gläubigen in dieser katholischen Kirche begleitet. Apropos Gesang: ORGELET ist ganz stolz darauf, der Geburtsort des Komponisten **Guillaume Joseph Rousselle** (*1743 in Orgelet; †1807 in Auxerre) des in Frankreich sehr bekannten Chansons **Cadet Rousselle** zu sein. Ein Spottlied, das die damaligen Herrschaftsverhältnisse aufs Korn nahm und heute in einer abgewandelten Form und kindgerechten Fassung in den Kindergärten Frankreichs gesungen wird.

Neben der Kirche hat Orgelet keine weiteren Sehenswürdigkeiten aufzuweisen, die man unbedingt besucht haben muss.

Straße in Orgelet.

Der Ort ist insgesamt nett anzuschauen und ein Rundgang durch die Gassen reizvoll, erwarten Sie aber bitte keine Restaurants oder Cafes, die gibt es nur in der Nähe der Durchgangsstraße, in der sich auch eine Patisserie befindet, die neben leckeren Kuchen auch Baguette anbieten. Der Stellplatz ist nur 250 Meter von hier entfernt.

Wir verlassen nun ORGELET und machen uns auf den Weg zum **Lac de Vouglans**, einem großen Stausee der vom **Ain** gespeist wird. Hier treffen wir auch wieder auf die **Route des Lacs**, der wir teilweise folgen. Sie können es auf der Karte erkennen, wenn Sie einmal zurückblättern.

Lac de Vouglans

Dieser Stausee wurde 1968 in Betrieb genommen. Er ist der oberste von sechs Staustufen an der Ain. Mit einem Fassungsvermögen von 600 Mio. m³ Wasser ist er nach dem **Serre-Ponçon** und dem **Sainte-Croix** der drittgrößte Stausee Frankreichs. Er hat eine Fläche von 16 km², ist 35 km lang und variiert in der Breite zwischen 300 und 800 Meter. Die maximale Tiefe liegt bei 100 Metern. Er dient in erster Linie der Gewinnung von Elektrizität. Erzeugt werden pro Jahr rund 280 Mio. kWh. In zweiter Linie ist er Erholungsgebiet mit Badestränden, Yachthäfen, Segel- und Surfrevieren.

Der Lac de Vouglans bei La Tour.du-Meix.

Nach nur 6 Kilometern ist das Seeufer bereits erreicht. Kurz hinter dem Ort LA TOUR-DU-MEIX befindet sich auf der linken Seite ein großer Campingplatz, an dessen Rand sich auch ein Stellplatz befindet. Verblüfft stellen wir fest, dass an einem sonnigen und warmen Sonntag Anfang September hier die

(080) WOMO-Badeplatz: Surchauffant

GPS: N46° 31' 16.2" E5° 40' 16.1", D356 39270 La Tour-du-Meix.
max. Womos: 10, maximale Länge 9 m.
Ausstattung: Befestigter schattiger Platz mit Wasserver- und entsorgung (mit Bodeneinlass), Kassettenentleerung, Müllentsorgung, geöffnet von Jan. – Dez. Die Versorgungsstation ist nur von Ende April bis Mitte September in Betrieb.
Lage: Am Rande des Campingplatzes Surchauffant, 400 Meter bis zum Stausee.
Preise: Stellplatz 10,00 €., Wasser Ver- und -entsorgung 2,00 €.
Zufahrt: Von der D470 nach dem Straßeneinschnitt durch hohe Felsen (See schon sichtbar) in einer leichten Rechtskurve links abbiegen.

Der Yachthafen von La Tour du-Meix.

Bürgersteige schon hochgeklappt erscheinen, um es salopp zu formulieren. Der lange Badestrand ist leer und nur vereinzelt trifft man hier noch Besucher an. Auf unserem weiteren Weg entlang des Sees ist es zwar auch erkennbar ruhig, aber so ausgestorben wie es hier wirkt, ist es nicht. In den Monaten Juli und August, so sagte man uns, würde man hier kaum einen Platz finden.

(081) Parkplatz am Nordufer.

(082) Lauschiges Plätzchen am Ostufer.

Wer das Angebot rund um den Stellplatz nicht nutzen möchte, sondern lieber etwas abseits steht, um eine Wanderung oder Radtour zu starten, der findet hier (**081:** N46° 30' 48.1" E5° 40' 55.0") oder noch wesentlich lauschiger hier (**082:** N46° 29' 50.0" E5° 41' 03.0") ein geeignetes Plätzchen. Ob diese Plätze in den Sommermonaten genauso frei anzutreffen sind, wissen wir nicht. Vermutlich nicht, aber probieren Sie es, wenn Sie hier im Juli oder August unterwegs sind. Wenn das nicht klappt, gibt es etwas weiter südlich einen großen Stellplatz mit einem bequem zu erreichenden Badestrand. **Plage de Mercantine** heißt der Strand und liegt etwa 2 Kilometer hinter dem Ort MAISOD. Die Zufahrt dorthin ist gut ausgeschildert, die Straßen sind schmal und werden auf den letzten Kilometern sehr schmal. Hier muss man bei Gegenverkehr auch mal das Bremspedal bedienen.

Einmal auf dem Stellplatz angekommen, sind nur wenige Meter zum Strand hinunter. Für Wasserratten ein idealer Ort und in der Vor- und Nachsaison stört es auch niemanden, wenn man länger als die erlaubten 24 Stunden auf diesem Platz verweilt. Wer lieber einen Platz mit Aussicht über den See hätte, der nutzt den **Campingplatz Trelachaume** in der Rue du Mont du Cerf, 39260 Maisod (**084:** N46° 28' 05.8" E5° 41' 18.2"). Er

Plage de la Mercantine am Lac de Vouglans.

(083) WOMO-Badeplatz: Maisod, Plage de la Mercantine

GPS: N46° 28' 02.0" E5° 41' 33.1", D301E2, 39260 Maisod.

max. Womos: > 10, maximale Länge >10 m.

Ausstattung: Schöner befestigter schattiger Platz, Müllentsorgung, geöffnet von Jan. – Dez.

Die Wasserver- und entsorgung (mit Bodeneinlass) sowie die Möglichkeit der Kassettenentleerung befinden sich in der Nähe des Yachthafens GPS: N46° 27' 52.0" E5° 41'17.5", ca. 500 Meter vom Stellplatz entfernt. Es empfiehlt sich zunächst zu dieser Versorgungsstation zu fahren, denn hier befindet sich auch der Automat für das Parkticket. Die Station befindet sich auf der linken Seite. Es empfiehlt sich zunächst daran vorbeizufahren und auf die weiter unten vorhandene große Wendeplatte zu nutzen. Hier können auch große Fahrzeuge wenden ohne rangieren zu müssen.

Die Versorgungsstation ist nur von Ende April bis Mitte September in Betrieb.

Lage: Oberhalb des Lac de Vouglans, 350 Meter bis zum Badestrand.

Preise: 6,00 € pro Fahrzeug mit 2 Personen, max. Aufenthalttsdauer 24 h.

Zufahrt: Von der D301 ca. 1 km hinter Maisod in einer Linkskurve rechts in die D301E2 abbiegen "Plage de la Mercantine" ist ausgeschildert. Nach weiteren 500 Metern links abbiegen.

liegt oberhalb des Stellplatzes. Um dorthin zu kommen sind 2 Kilometer zu fahren. Geöffnet ist der Platz von Ende April bis Anfang September und ist deutlich teurer als der Stellplatz. Wenn es darum geht eine phantastische Aussicht auf den See zu haben, dann blättern Sie doch bitte eine Seite weiter.

Der Lac de Vouglans in einer Panoramaansicht.

Wenn man die D470 entlang fährt, sieht man über weite Strecken überhaupt nichts von dem See. Versäumen Sie nicht den Aussichtspunkt **Le Regardoir** abseits der Straße anzusteuern. Die Aussicht auf den See ist einfach grandios. Besonders schön ist, dass man dies mit einem Restaurantbesuch verbinden kann.

Die Aussicht im Sommer von der Terrasse oder im Winter aus dem Gastraum mit Panoramafenstern zu genießen und dabei noch ein wenig zu schlemmen ist doch verlockend, oder nicht?

Spezialitäten der **Franche-Comté** finden sich auf der Karte, und das zu moderaten Preisen. Filet de truite fumée et son pot de Cancoillote chaude (geräuchertes Forellenfilet mit heißem Cancoillote, letzteres ist ein Kochkäse), Filet de canard aux airelles (Entenbrust mit Preiselbeeren), Fondue Comtoise und andere leckere Gerichte stehen zur Wahl. Dazu ein schöner trockener Weißwein, eine Vorspeise vorneweg und zum Abschluss ein Dessert. Essen wie Gott in Frankreich, das gehört auf einer Reise durch unser Nachbarland dazu. Das muss und

(085) WOMO-Picknickplatz: Le Regardoir

GPS: N46° 26' 43.9" E5° 42' 30.6"
max. Womos: 5, maximale Länge 9 m.
Ausstattung: Befestigter sonniger Platz ohne Versorgungseinrichtungen.
Lage: In der Nähe des Kreisverkehrs D470/D470E.
Preise: kostenlos.
Zufahrt: Über die D470, im Kreisverkehr D470/D470E dem Hinweisschild "Le Regardor" folgen.

Das Restaurant Le Regardoir am Lac de Vouglans.

kann man sicher nicht jeden Tag machen, aber hier muss das einfach sein, bei dem Angebot und der Aussicht. Da bleibt die Bordküche aufgeräumt und unbenutzt.

Der weitere Weg führt uns zum **Lac de Coiselet** einem kleinen Stausee von nur 6 Kilometern Länge. Der kürzere Weg dorthin führt mit 17 Kilometern Länge über die D217, der etwas längere mit 21 Kilometer über die D27 und D436. Die Straßen des längeren Wegs sind besser ausgebaut und führen an einem Stellplatz vorbei, der als Etappenplatz nutzbar ist.

(086) WOMO-Stellplatz: Jeurre, Aire de Camping-Car

GPS: N46° 21' 56.6" E5° 42' 21.2", 35 Rue Principale, 39360 Jeurre.
max. Womos: > 10, maximale Länge >10 m.
Ausstattung: Befestigter schattiger Platz, mit Wasserver- und entsorgung (mit Bodeneinlass), Kassettenentleerung, Behälter für die Müllentsorgung, geöffnet von Mrz. – Okt.

Lage: Am Ortsrand, 500 Meter vom Fluss La Bienne entfernt..
Preise: 5,00 € pro Fahrzeug mit 2 Personen, Frischwasser 2,00 €, Strom 3,00 €. Entsorgung kostenlos.
Zufahrt: Vor der Einmündung der D27 in die D436 links.

Die Städtchen und Dörfer am **Lac de Coiselet** und weiter flussabwärts sind klein. Von den touristischen Hochburgen ist man hier weit entfernt. Hier gibt es keinen Rummel. Natur pur ist angesagt. Die wenigen Campingplatzbetreiber begnügen sich damit, Stellflächen für die Gäste zur Verfügung zu stellen und vielleicht noch Boote zu verleihen. Ein Ausbau zu kleinen Freizeitparks wie am **Lac de Chalain** ist bislang unterblieben. Ruhig geht es hier also zu, sehr ruhig. Wenn Sie so etwas suchen, dann sind sie hier genau richtig.

Lac de Coiselet.

(087) WOMO-Campingplatz-Tipp: Sous le Moulin

GPS: N46° 20' 06.9" E5° 37' 28.0", Rue de la Plage, 39240 Condes.
Ausstattung: Befestigter schattiger Platz mit Wasserver- und entsorgung . Geöffnet von Mitte April bis Ende September.
Lage: Direkt am See.
Preise: 12,00 € für ein WOMO mit 2 Personen incl. Strom.
Zufahrt: Auf der D60 am Westufer des Sees den Ort Condes durchfahren und nach dem Ortsende der Beschilderung zum Campingplatz folgen.

(088) WOMO-Picknick-platz: Lac de Coiselet
GPS: N46° 19' 26.0" E5° 36' 28.9".
max. Womos: 2, maximale Länge 7 m.
Ausstattung: keine
Lage: Wiese am See.
Preise: kostenlos.
Zufahrt: D60 zwischen Condes und Thoirette

Die Straße (D60) zwischen CONDES und THOIRETTE ist schmal und wenig befahren. Auf einem Wiesengrundstück am Rande der Straße kann man direkt an das Seeufer fahren, das sind nicht mehr als 30 Meter. Man sollte nur sicher sein, dass der Boden trocken ist. Ist er feucht und leicht durchweicht, könnte es schwierig werden wieder herauszukommen.

Hier lohnt es sich die Stühle hervor zu holen und den Tisch aufzuklappen, hier stört sie niemand und Sie stören niemanden. Freiheit pur. Wie im Verkaufsprospekt für Wohnmobile stehen Sie hier einsam am Seeufer und können die Natur genießen. Ist doch super, oder?

Wenn Sie dann nach langem Stillstand wieder einmal zu einer Versorgungsstation eilen müssen, ist die nächste nicht weit. Im 10 Kilometer entfernten THOIRETTE finden Sie alles was sie benötigen, auch für den Kühlschrank und die Bordküche, denn der Stellplatz liegt direkt neben einem kleinen Supermarkt.

(089) WOMO-Stellplatz: Thoirette, Carrefour
GPS: N46° 16' 09.4" E5° 32' 06.6", 6 Grande Rue,39240 Thoirette.
max. Womos: 5, maximale Länge 8 m.
Ausstattung: Befestigter schattiger Platz, mit Wasserver- und entsorgung (mit Bodeneinlass), Kassettenentleerung, Behälter für die Müllentsorgung, geöffnet von Jan. – Dez.
Lage: Am Ortsrand neben einem kleinen Carrefour-Supermarkt, 100 Meter von der Brücke über den Ain entfernt.
Preise: 6,00 € pro Fahrzeug mit 2 Personen, Frischwasser, Strom, Entsorgung kostenlos.
Zufahrt: An der Brücke über den Ain, 2. Ausfahrt im Kreisverkehr, dann nach wenigen Metern rechts.

In der Nähe von THOIRETTE befindet sich die **Chartreuse de Sélignac**, eine von Laienbrüdern geführte Kartause, die ein Klosterleben auf Zeit anbieten.

Wir fahren weiter Richtung Süden. Ob man links oder rechts des **Ain** fährt ist abhängig davon, ob man durch die Pfeiler der außergewöhnlichen doppelstöckigen Bogenbrücke **Cize-Bolo-**

zon fahren kann oder sich zu fahren traut. Die Brücke ist einspurig, die Durchfahrtsbreite ist mit 2,3 Metern angegeben, die Durchgangshöhe mit 2,8 Metern. Kommen wir da durch? Die

Doppelstöckige Bogenbrücke Cize-Bolozon.

Trauen wir uns dadurch?

offiziellen Maße unseres Fahrzeugs sind 2,78 Metern in der Höhe und 2,32 Metern in der Breite.

Auch wenn die Frau schimpft, das Kind im Manne kann nicht anders und will es ausprobieren. Vorsichtig, ganz vorsichtig fahren wir ran, um dann festzustellen, das es ganz locker mit viel Luft nach allen Seiten geht ohne die Spiegel einklappen zu müssen.

Erbaut wurde die Brücke zwischen 1872 und 1875. Der obere Teil dient als Eisenbahnbrücke, der untere Teil ist die einspurig befahrbare Straßenbrükke. Die Pfeiler erreichen eine Höhe von 73 Metern und die Bögen haben eine Spannweite von bis zu 16 Metern. Die Konstruktion erinnert in ihrer Form an einen römisches Aquädukt. Eine Schautafel auf der linken Seite des Flusses erzählt ein wenig über die Geschichte der Brücke. Hier erfährt man, dass sie 1944 von der Resistance gesprengt wurde und bereits im Mai 1950 originalgetreu wieder hergerichtet war. Als Eisenbahnbrücke ist sie auch heute noch in Betrieb. Zwar können die TGV sie nur mit stark reduzierter Geschwindigkeit nutzen, aber sie zu umgehen würde zu längeren Fahrzeiten führen. Den Neubau einer Eisenbahnbrücke scheint man bislang nicht in Erwägung gezogen zu haben.

Kein Problem!

Wir fahren weiter durch das reizvolle tiefe Tal das der **Ain** in die Felslandschaft gegraben hat, unterqueren bei SERRIÈRES-SUR-AIN eine Autobrücke und treffen bei LA GUINGUETTE auf einen weiteren **Stausee**, einen kleinen, dem man bislang keinen Namen gegeben hat. An diesem Stausee befindet sich eine Brasserie mit Café, kleinen Snacks und Tretbootverleih. Der Parkplatz (N46° 07' 17.3" E5° 25' 27.0") bietet für ein WOMO ausreichend Platz. Als Zwischenstopp und Kaf-

Im Tal des Ain zwischen der A40 und dem Viaduc de Cize-Bolozon.

Inseleroberung mit dem Tretboot.

Die Terrasse der Brasserie La Guinguette.

feepause ein nettes Lokal um sich vom **Ain** zu verabschieden, den wir nun bald verlassen werden.

Die nächsten 5 Kilometer bis nach PONCIN ist der **Ain** noch unser Begleiter. Wir durchfahren PONCIN bis die breite Querstraße D1084 erreicht ist. Hier sehen wir unsere nächsten Ziele **Grottes du Cerdon** und NANTUA schon auf den Straßenschildern angezeigt. **Bugey** wird die Landschaft des südlichen Jura zwischen dem **Ain** und der **Rhône** genannt, die wir jetzt durchfahren. Die D1084 steigt zunächst nur schwach an, windet sich dann aber rasch höher. In einer Haarnadelkurve fällt eine überdimensionale Steinskulptur auf. Es handelt sich hierbei um ein Mahnmal, das an die gefallenen **Partisanen (Maquis)** erinnert, die in dieser Region erste Erfolge im Widerstand gegen die Deutsche Besatzung erzielen konnten und dafür von der deutschen Wehrmacht gnadenlos verfolgt wurden. Neben dem Mahnmal befindet sich ein Ehrenfriedhof für 88 der getöteten Partisanen und Opfer des Faschismus.Das Denkmal mit der 17 Meter hohen Frauenfigur wurde 1951 eingeweiht.

Mémorial des maquis de l'Ain et de la Résistance.

Nach diesem kleinen Zwischenstopp, der an unsere jüngere unerfreuliche Geschichte erinnert, setzen wir die Fahrt fort und kommen nachdem wir den Ort LABALME passiert haben bei den **Höhlen von Cerdon (Grottes du Cerdon)** an.

Die schattigen Parkplätze auf dem Gelände sind eng und bei hohem Besucherandrang mit PKW schnell belegt. Da ist für Wohnmobile wenig, bis gar kein Platz. Vor dem Eingang zum Gelände steht aber eine große feste Wiesenfläche zur Verfügung, auf der man auch über Nacht stehen bleiben kann.

(090) WOMO-Picknickplatz:
Grottes du Cerdon, Parc de loisirs préhistoriques

GPS: N46° 05' 50.6" E5° 28' 54.7", Les Grottes du Cerdon, 01450 Labalme.
max. Womos: 5, maximale Länge 8 m.
Ausstattung: Befestigter sonniger Platz, ohne Versorgungseinrichtungen, ohen Tische und Bänke. Geöffnet von Jan. – Dez.
Lage: Vor der Einfahrt des Parkgeländes kurz hinter dem Örtchen Labalme.
Preise: kostenlos.
Zufahrt: Über die D1084 in Richtung Maillat kurz nach dem Ortsende von Labalme links abbiegen.

Was macht diese Höhle so interessant? Muss man die auch noch anschauen, wenn man schon die **Grotte d'Osselle** und die **Grotte des Moidons** gesehen hat. Wiederholt sich nicht alles? Stalagmiten und Stalaktiten kennen wir schon, die sehen zwar von Höhle zu Höhle immer etwas anders aus, aber im Prinzip doch immer gleich. Warum also diese Höhle auch noch? Wer die in diesem Buch beschrieben Quellen **(Source du Lison, Source de la Loue, Source du Doubs)** aufgesucht hat, mag sich vielleicht gefragt haben, wie es wohl in dem Berg aussieht, aus dem das Wasser mit großer Kraft herausschießt. Das kann man ja nicht sehen, wenn man kein Höhlentaucher ist. Hier kommt jetzt die **Grottes du Cerdon** ins Spiel. Das spannende an dieser Höhle: Hier kann man durch einen schon vor langer Zeit versiegten unterirdischen Fluss gehen, von der Stelle wo er in den Fels eintrat, bis zu der Stelle, wo er in einer großen Öffnung seine Wassermassen in das Tal ergoss.

Eingangsbereich der Grottes du Cerdon.

Dort, wo heute die Treppen sind, floss einst das Wasser durch den Fels.

Neben der Besichtigung der Höhle werden im **prähistorischen Park** verschiedene Aktivitäten angeboten, mit denen die Tätigkeiten und Lebensumstände der Menschen in prähistorischer Zeit nachempfunden werden können. Dazu gehört das Feuer machen, Jagen mit dem Sperr und vieles anderes mehr. Die Eintrittspreise sind gestaffelt, man kann nur die Höhle besuchen, dann kostet der Eintritt 9.50 € pro Person oder man bucht das gesamte angebotene Programm für 15,50 €.

Höhle und Park sind von April bis Oktober geöffnet. In der Vor- und Nachsaison ist das Angebot eingeschränkter und die Besuchszeiten begrenzter als in den Monaten Juli und August. Genaue Infos dazu gibt es hier: www.grotte-cerdon.com

Wir haben nur die Höhle besucht und wie immer bei einem Höhlenbesuch die Jacken dabei. Die braucht man auch, denn im kältesten Bereich der Höhle sind es nur 4°C. Bei Sommerhitze für den einen eine schöne Abkühlung, für Menschen mit Kreislaufschwäche eine Herausforderung.

Los geht es mit einer motorisierten Touristenbahn, die uns den Berg hinauf bringt. Oben angekommen gibt es zunächst die allgemeinen Erläuterungen. Am Ende der Eiszeit haben sich die Gletscher zurückgezogen, sind abgeschmolzen und aus dem Schmelzwasser sind Flüsse und Seen entstanden. Irgendwann fehlt den kleineren Flüssen der Nachschub durch abtauendes Gletscherwasser und trockneten aus. Ein ganz

natürlicher Prozess des Klimawandels, auf den der Mensch keinen Einfluss hatte.

Dieser kleine versiegte Fluss den wir nun betreten, hatte sich seinen Weg durch das klüftige Gestein gesucht und dabei einerseits durch eine chemische Reaktion das Kalkgestein gelöst und anderseits mit Geröll, Steinen und Sand (den Erosionswaffen der Flüsse, wie **Julius Büdel** ein längst verstorbener Professor der Geomorphologie einmal schrieb) sein unterirdisches Flussbett immer größer ausgeräumt, so groß, dass der neuzeitliche Mensch eine ganz bequem zu gehende Treppe in dieses Flussbett bauen

Große Formenvielfalt.

Blick aus der Quelle auf den Weinbauort Cerdon.

konnte. Nachdem der Fluss versiegt war, entstanden durch absickerndes Regenwasser eine Fülle von Tropfsteinformen, die je nach Mineralgehalt des Ausgangsgesteins eine unterschiedlliche Färbung aufweisen.

Am Ende der langen Treppen befindet sich eine größe Höhle, die dem Steinzeitmenschen als Kühlschrank diente und in der in den 30er Jahren des letzten Jahrhunderts ein Käsehersteller seinen **"Bleu de Gex"** reifen ließ. Durch den erst 1985 freigelegten Siphon tritt man ins Freie und steht dort, wo der Fluss einst sein Wasser zu Tal stürzen ließ. Weitergehen kann man hier nicht. Um zum Ausgang zu gelangen, geht es zurück in die 4° kalte große Höhle und von dort über Treppen nach draußen. An heißen Tagen ein Temperaturschock, der die Schweißperlen auf die Stirn treibt.

Schweißperlen auf die Stirn trieb uns auch der erste Besuch des 17 Kilometer entfernten NANTUA. Frohgemut den Stellplatz ansteuernd, mussten wir bei der Ankunft feststellen, dass er bereits dicht beparkt war. Ähnliches erlebten wir des öfteren in ANNECY. Wir bekommen immer gleich Fluchtgedanken, wenn wir die Fahrzeuge nur in Aufbautürbreiteabstand nebeneinander auf einem Stellplatz stehen sehen. Aber jeder wie er mag! Um vom Stellplatz wieder weg zu kommen, war Millimeterarbeit beim schweißtreibenden Wendemanöver gefragt. Eine Übernachtung am **Lac Genin** (siehe übernächste Seite) entschädigte dann aber für die Mühe.

NANTUA ist ein hübsch gelegener Ort. Von der Badebucht am Stellplatz hat meinen einen schönen Blick auf den 2,5 Kilometer langen und 650 Meter breiten See. Die Platanenallee am Ufer lädt zu einem Spaziergang ein, an dessen Ende sich im Restaurant Chez le Père Durdu ein **Quenelle de Brochet** mit **Queues d'Écrevisses** und einer **Sauce Nantua** geniessen

(091) WOMO-Badeplatz: Nantua

GPS: N46° 09' 17.2" E5° 35' 48.8", Route de Port, 01130 Nantua.
max. Womos: 12, maximale Länge 8 m.
Ausstattung: Befestigter halbschattiger Platz, mit Wasserver- und entsorgung (mit Bodeneinlass), Kassettenentleerung, Behälter für die Müllentsorgung, Tischen und Bänken, geöffnet von Apr. – Okt.
Lage: Am Ortseingang direkt am Seeufer. Der Platz ist nicht sehr ruhig, auch nachts nicht. Straßenverkehrslärm und TGV gut hörbar. Lidl in 200 Metern Entfernung, mehrere Restaurants in der Innenstadt in 800- bis 1000 Metern Entfernung.
Preise: 7,50 € pro Fahrzeug mit 2 Personen, Frischwasser und Entsorgung kostenlos.
Zufahrt: Über die D1084 die am nördlichen Ufer des Lac Nantua entlangführt.

lässt. Für diese Spezialität ist NANTUA in Frankreich bekannt. Es gibt natürlich auch anderes auf der Karte, man muss nicht die Hechtklöße mit Flusskrebsen und Nantuasoße nehmen.

Der am Ende der letzten Eiszeit entstandene See ist die Hauptattraktion der Kleinstadt. Baden, spazieren, Boot fahren, segeln, angeln (Carte de pêche gibt es beim office de tourisme), alles möglich bei einem Aufenthalt.

Uferpromenade in Nantua.

Von der ehemaligen großen Benediktinerabtei in der Stadtmitte ist nur die **Église Saint-Michel** übrig geblieben. Die anderen Gebäudeteile wurden in den Revolutionswirren komplett zerstört. Eine mächtige Kirche die Kunstliebhaber sicher aufsuchen werden, um das Gemälde **Martyrium des**

Église Saint-Michel in Nantua.

Heiligen Sebastian von **Delacroix** zu betrachten, das an der Wand des linken Seitenschiffes hängt.

Nur wenige Meter von der Kirche entfernt befindet sich in der Montée de l'Abbaye das **Musée de la résistance de l'Ain**, das **Museum zur Widerstandsbewegung**, das mit seiner umfangreichen Sammlung und zahlreichen Ausstellungsstücken an die Partisanen erinnert, die sich in dieser Region besonders harte Kämpfe mit der deutschen Wehrmacht lieferten.

Lac Genin, Paradies für Angler.

Ist es am **Lac de Nantua** laut und die Straße an der Uferpromenade viel befahren, so erlebt man den rund 17 Kilometer entfernten **Lac Genin** wohltuend ruhig. Ganz einsam ist es hier nicht, das kann man nicht sagen. Es gibt hier ein Gasthaus (ohne Restaurant), direkt daneben einen Wohnmobilstellplatz und am Waldrand stehen auf einem Dauerstellplatz einige Wohnwagen. Baden ist hier nicht gestattet. Der See auf 837 Metern Höhe ist Angelrevier. Etliche Petrijünger stehen am Ufer und hoffen voller Geduld auf einen guten Fang. Das können Sie auch machen. Erlaubniskarten sind im Gasthaus

(092) WOMO-Picknickplatz: Lac Genin

GPS: N46° 13' 10.5" E5° 41' 42.2", 18 Rue du Lac Génin, 01130 Charix.
max. Womos: 10, maximale Länge 10 m.
Ausstattung: Befestigter halbschattiger Platz, mit Wasserver- und entsorgung (mit Bodeneinlass), Kassettenentleerung (Die Technik ist nicht auf dem neuesten Stand, sehr individuell), Behälter für die Müllentsorgung, Tische und Bänke, geöffnet von Jan. – Mitte Okt.
Lage: Neben dem Gasthaus in unmittelbarer Nähe des Seeufers. Der Platz ist sehr ruhig, nicht nur nachts.
Preise: 5,00 € pro Fahrzeug mit 2 Personen (im Gasthaus zu zahlen), Frischwasser und Entsorgung kostenlos.
Zufahrt: Über die D74 aus Nantua, im Verlauf der Straße auf die Beschilderung achten. Die Straßen dorthin sind sehr schmal.

zu erwerben. Für Wanderer gibt es hier nur wenige ausgewiesene Wege. Wer gern mit dem Rad unterwegs ist , findet auf den schmalen Straßen in der Umgebung des Sees genügend Möglichkeiten.

Wir haben noch nicht genug Waldluft geschnuppert. Die nächsten beiden Plätze sind reine Wanderparkplätze im Wald auf dem **Plateau de Retord** auf über 1000 Metern Höhe.

Doch der Reihe nach. Vom **Lac Genin** geht es uber ein sehr schmales Sträßchen wieder hinunter. Hinter der 250 Seelengemeinde CHARIX führt die Straße unter die A40 hindurch. Hier gehts es rechts ab auf die breite D1084 und wenig später haben wir am **Lac de Sylans** eine Ruine im Blick.

Glacières de Sylans, Societe des Glacieres de Paris ist am Giebel der Ruine zu lesen. Bei der Ruine handelt es sich um

Ruine der Fa. Glacières de Sylans, Societe des Glacieres de Paris.

ein besonderes Industriedenkmal. Es ist nur von außen zu besichtigen, betreten kann man diese stark baufällige Ruine nicht. Auf Stegen, die entlang des Hauptgebäudes angelegt wurden, stehen einige Tafeln in französischer und englischer Sprache, die über die Funktion dieser Anlage Aufschluss geben. Man mag es ja kaum glauben, aber gegen Ende des 19. Jahrhunderts wurde hier Eis produziert. In den Spitzenzeiten wurden täglich 20 bis 30 Wagons mit Eis abgefertigt und nach Paris, Genf, Lyon, Marseille, Toulon und sogar Algier abtransportiert.

Im Winter wurde das Eis aus dem See gesägt und in isolierten Kühlhäusern gelagert, um auch im Sommer die Restaurants und Cafés der genannten Städte beliefern zu können. Zu Beginn des 20. Jahrhunderts, als der Kühlschrank durch das von **Carl von Linde** in Deutschland entwickelte Kühlverfahren seinen technischen Durchbruch hatte, wurde die Produktion eingestellt.

Chapelle de Retord.

Parkplatz unterhalb des Porte de Cuvéry.

Wir fahren auf der D1084 weiter nach LES NEYROLLES und folgen dort bei erster Gelegenheit dem Hinweisschild **Plateau de Retord**. Es geht nun stetig bergauf und es wird allmählich einsam. In Lalleyriat biegen wir auf die D55 ab und neben dem Hinweisschild auf das **Plateau de Retord** weist ein weiteres Schild auf die **Route des Sapins** hin. Straße der Tannen, ja so ist es, kilometerweit geht es durch einen Fichtenwald, da fühlt man sich als Schwarzwälder doch gleich ganz heimisch.

Wandern und Radfahren in frischer und kühler Luft ist hier angesagt. Da man vor der **Chapelle de Retord** nicht nächtigen darf, ein Schild weist ausdrücklich darauf hin, haben wir für Sie zwei andere ruhige Plätze ausgesucht. Der eine befindet sich an der Zufahrt zur Kapelle [**093:** N46° 06' 13.1" E5°42' 04.9"] gleich nach der Abfahrt von der D101, der andere rund 4 Kilometer weiter etwas unterhalb des 1178 Meter hohen Passes **Porte de Cuvéry** [**094:** N46° 06' 41.2" E5° 44' 09.6"].

Als Startort für ausgedehnte Wanderungen und Radtouren ist der letztgenannte der bessere Platz. Von hier aus sind bis zum **Crêt du Nu**, dem höchsten Punkt des Plateaus 10 Kilometer. Der Aussichtspunkt gewährt einen schönen Blick in das Rhônetal und wenn die Witterung es besonders gut meint, reicht der Blick auch bis zum **Mont Blanc**.

Rinder auf dem Plateau de Retord.

An einem Wochentag in der Vor- oder Nachsaison werden Sie hier in diesem sehr abwechslungsreichen Wald-, Wiese-, und Weideland nur wenigen Menschen begegnen. Um sich hier nicht zu verlaufen empfehlen wir die Mitnahme der Top-Karten OT3230 und OT3330 die es im Buchhandel oder im IGN-onlineshop www.espaceloisirs.ign.fr/boutique zu kaufen gibt. Die Lieferung nach Deutschland verläuft übrigens problemlos.

Die weitere Fahrt führt uns kurvenreich hinunter in das Rhônetal. Bis nach CHANAY sind es 22 Kilometer, hier endet diese Tour. Weiter geht es mit der Tour 8 auf Seite 232. Auf den folgenden Seiten geht es mit den Touren 5 bis 7 von MONTBÉLIARD durch den östlichen **Jura**.

(095) WOMO-Stellplatz: Chanay

GPS: N46° 00' 17.9" E5° 46' 58.0", 1 Allée d'Izernore, 01420 Chanay.
max. Womos: 5, maximale Länge 8 m.
Ausstattung: Befestigter halbschattiger Platz, mit Wasserver- und entsorgung (mit Bodeneinlass), Kassettenentleerung, Waschbecken, Behälter für die Müllentsorgung, geöffnet von Jan. – Dez.
Lage: Neben einem Sportgelände, nachts ruhig.
Preise: Nutzung und Entsorgung kostenlos, Frischwasser 3,00 €, nur mit Euroscheckkarte und PIN zu zahlen, keine Münzen.
Zufahrt: Etwa in der Ortsmitte rechts in die Route des Bocconod abbiegen, dann sind es noch 150 Meter.

Tour 5

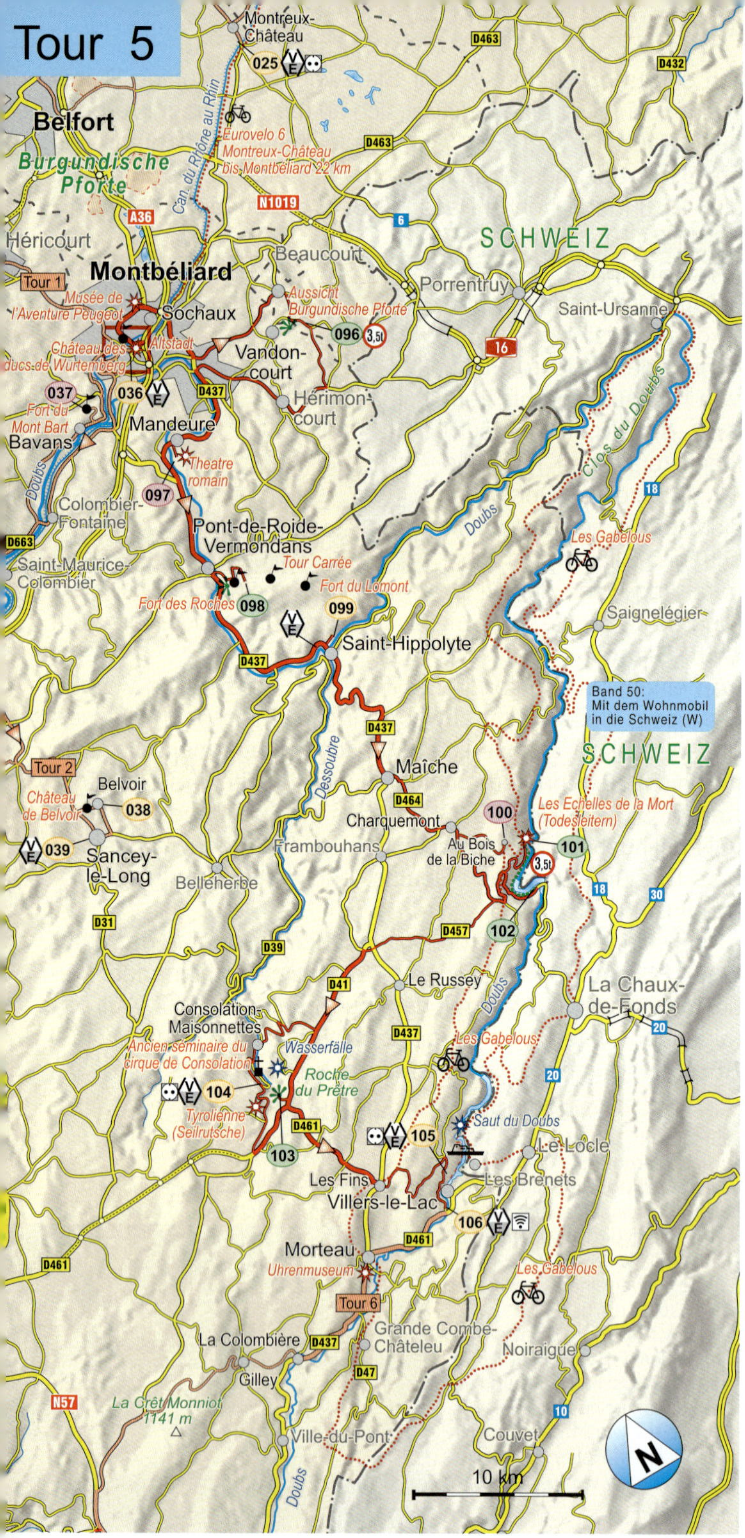

Montreux-Château
Belfort
Burgundische Pforte
Eurovelo 6 Montreux-Château bis Montbéliard 22 km
Can. du Rhône au Rhin
Héricourt
Montbéliard
Tour 1
Musée de l'Aventure Peugeot
Sochaux
Château des ducs de Wurtemberg
Altstadt
Beaucourt
Aussicht Burgundische Pforte
Vandoncourt
Hérimoncourt
Porrentruy
Saint-Ursanne
SCHWEIZ
Fort du Mont Bart
Bavans
Mandeure
Theatre romain
Colombier-Fontaine
Pont-de-Roide-Vermondans
Saint-Maurice-Colombier
Tour Carrée
Fort du Lomont
Fort des Roches
Saint-Hippolyte
Clos du Doubs
Doubs
Les Gabelous
Saignelégier
Band 50: Mit dem Wohnmobil in die Schweiz (W)
Maîche
Dessoubre
Tour 2
Belvoir
Château de Belvoir
Sancey-le-Long
Belleherbe
Charquemont
Frambouhans
Au Bois de la Biche
Les Echelles de la Mort (Todesleitern)
Le Russey
La Chaux-de-Fonds
Consolation-Maisonnettes
Ancien séminaire du cirque de Consolation
Wasserfälle
Roche du Prêtre
Tyrolienne (Seilrutsche)
Saut du Doubs
Le Locle
Les Brenets
Les Fins
Villers-le-Lac
Morteau
Uhrenmuseum
Tour 6
Grande Combe-Châteleu
La Colombière
Gilley
Noiraigue
La Crêt Monniot 1141 m
Ville-du-Pont
Couvet
10 km

TOUR 5 (ca. 190 km)

Beaucourt – Mandeure – Saint-Hippolyte – Les Echelles de la Mort – Consolation-Maisonettes – Villers-le-Lac – Pontarlier – Lac Saint-Point – Lac Remoray – Source du Doubs

Freie Übernachtung:	Beaucourt (Aussichtspunkt Burgundische Pforte) Mandeure, Fort des Roches, Les Echelles de la Mort, Roche du Prêtre
Stellplätze:	Saint-Hippolyte, Consolation-Maisonettes, Villers-le-Lac, Pontarlier, Lac Saint-Point, Lac Remoray, Mouthe
Campingplätze:	Keine
Ver-/Entsorgung:	Saint-Hippolyte, Consolation-Maisonettes, Villers-le-Lac, Lac Saint-Point, Lac Remoray, Mouthe
Besichtigungen:	Theatre romain (Mandeure), Fort des Roches, Ancien séminaire du cirque de Consolation (Consolation-Maisonettes), Château de Joux (Pontarlier)
Wandern:	Beaucourt (Aussichtspunkt Burgundische Pforte) Les Echelles de la Mort (am Doubs), Saut du Doubs (Villers-le-Lac), Lac Remoray, Source du Doubs (Mouthe)
Baden/Wellness:	Lac Saint-Point, Lac Remoray

Dem **Doubs** werden wir auf dieser Tour und auch auf der folgenden immer wieder begegnen. Mal kreuzen wir ihn, mal fahren wir mit dem Rad an ihm entlang, mal wandern wir ein Stück an seinem Ufer oder betrachten vom Ausflugsboot die von ihm geschaffene ausdrucksstarke Naturlandschaft.

Bevor wir das tun, werfen wir aber noch einmal einen Blick in die **Burgundische Pforte** und fahren deshalb zu einem **Aussichtspunkt** bei VANDONCOURT, der zwischen MONTBÉLIARD und der Schweizer Landesgrenze liegt. Einschränkend müssen wir hinzufügen, dass dies nur mit Fahrzeugen geht, die ein zul. Gesamtgewicht von 3,5t. nicht überschreiten.

Die Straßen die hierher führen, sind in der Tat schmal und die Ortsdurchfahrten teilweise sehr schmal und verwinkelt. Oben angekommen geht der Blick weit über das Land. Flach wellig liegt die **Burgundische Pforte** vor uns, die **Vogesen** sind im Hintergrund deutlich sichtbar, wirken aber auf der Distanz gar nicht so hoch wie wir vermutet hatten. Das ist also die Ebene, die warme Luft aus dem Rhône-/Saônetal in die Oberrheinische Tiefebene lässt und dem südbadischen

Blick auf die Burgundische Pforte vom Aussichtspunkt bei Vandoncourt.

Raum milde Temperaturen beschert. Die abendliche Herbstsonne macht das Licht ein wenig diffus, bald geht sie unter und wir kehren zu dem kleinen Wanderparkplatz zurück, wo der letzte Jogger gerade in sein Auto steigt und wir sind bis zum nächsten Morgen allein.

(096) WOMO-Wanderparkplatz: Vandoncourt

GPS: N47° 27' 38.4" E6° 54' 47.8", Rue d'Abbevillers, 25230 Vandoncourt.

max. Womos: 5, maximale Länge 7 m.
Ausstattung: Befestigter schattiger Platz.
Lage: Im Wald in der Nähe des Aussichtspunktes, nachts ruhig.
Preise: kostenlos.
Zufahrt: In Vandoncourt den Fahrtrichtungshinweisen Route Forestière/Abbevillers/La Suisse folgen.

Als nächstes Ziel haben wir das **Gallo-römische Theater** in MANDEURE, einer kleinen Gemeinde im Süden von MONTBÉLIARD auf dem Programm. Die Überreste dieser Anlage befinden sich an der Rue du Théatre [**097:** N47° 26' 58.5" E6° 47' 45.1"], kurz vor der Brücke über den **Doubs**.

Epomanduodurum, wie MANDEURE zur Römerzeit hieß, war eine Stadt mit großer Bedeutung. Ihre Blütezeit hatte sie im 1. Jahrhundert. Das immer noch sichtbarste Zeichen ihrer ehemaligen Größe ist das **antike Theater**. Darüber hin-

aus fand man in archäologischen Grabungen Überreste von Thermen, Wohnhäusern, Befestigungsanlagen sowie zahlreiche Münzen, Amphoren und Schmuck. Die Stadt war ca. 435 Hektar groß und erstreckte sich auf beiden Seiten des **Doubs**. **Epomanduodurum** war ein wichtiger Verkehrsknotenpunkt auf dem römischen Verbindungsweg zwischen **Vesontio** (heute Besançon) und **Augusta Raurica** (östlich von Basel).

Die Ruine des Gallo-römischen Theaters in Mandeure.

Da wir nun am **Doubs** sind, wird es Zeit, einige Worte über diesen Fluss zu verlieren.

Der Doubs

Woher der Fluss einen Namen hat, darüber streiten die Gelehrten. Zwei Erklärungen gibt es: Die einen leiten ihn aus dem Lateinischen ab: (dubius = zweifelnd oder unentschlossen) und zielen dabei auf die markanten und abrupten Richtungswechsel des Flusses, die anderen sehen in dem Namen einen keltischen Ursprung (dub = dunkel) und erklären dies mit der teilweise dunklen, schattigen Tallandschaft am Oberlauf des Flusses. Beides klingt plausibel, was nun richtig ist, wollen wir hier nicht weiter erörtern. Wir erfreuen uns an der schönen Naturlandschaft, die er zweifellos mitgeprägt hat.

Der **Doubs** ist 453 km lang und damit in etwa so lang wie die Weser von Hann.Münden bis zur Mündung in die Nordsee. Von der Quelle **(Source du Doubs)** bis nach **St-Ursanne** in der Schweiz folgt er den Jura-Falten in einem leichten Bogen von Südwest nach Nordost. In **St-Ursanne** ist er nur noch rund 40 km vom **Rheinknie** bei **Basel** entfernt, schafft es aber nicht die Felsen des Jura zum Rhein zu durchbrechen. Mit einer nahezu 180°- Kehrtwende fließt er nach Westen, kurz hinter **Saint-Hippolyte** nach Norden und ändert in **Montbéliard** erneut die Richtung. Nun geht es in einem immer breiter werdenden Tal nach Südwesten bis er in **Verdun-sur-les-Doubs** in die **Saône**, dem längsten Nebenfluss der **Rhône** mündet. Obwohl der **Doubs** 453 km lang ist, liegen Mündung und Quelle nur 90 km Luftlinie auseinander.

Der spektakulärste Teil des Flusses ist sicher der Oberlauf von der Quelle bis nach Saint-Ursanne in der Schweiz. Von Montbéliard bis zur Mündung ist er teilweise kanalisiert. Hier ist das Fahrrad ein geeignetes Verkehrsmittel die Flusslandschaft zu erkunden (siehe Tour 2). Vom Saut du Doubs bis nach St. Ursanne gibt es einige Wanderwege und von Goumois bis St. Ursanne bietet der Doubs eine beliebte Kanustrecke. Damit beschäftigen wir uns allerdings nicht.

Blick vom Aussichtspunkt am Fort des Roches in das Tal des Doubs.

Der Osten Frankreichs ist von **Befestigungsanlagen** aus mehreren Jahrhunderten überzogen. Eine davon befindet sich oberhalb des Städtchens PONT-DE-ROIDE-VERMONDANS, 10 Kilometer hinter MANDEURE. Der Weg zu der Anlage ist nicht ausgeschildert. Nach der Überquerung des **Doubs** in

PONT-DE-ROIDE-VERMONDANS geht es nach links und nach ca. 280 Metern rechts in die Rue du Maquis (D124). Dieser Straße einfach hinauf auf das Plateau folgen. Doch Achtung! Diese Straße ist sehr schmal und kurvenreich. Für Fahrzeuge über 7 Metern Länge ist dieser Weg nicht zu empfehlen.

Das Fort des Roches ist frei begehbar.

Das **Fort des Roches** gehört mit den benachbarten allerdings nicht frei zugänglichen Befestigungsanlagen Tour Carée und Fort du Lomont zu dem als **"Système Séré de Rivières"** (siehe Seite 44) bezeichneten Festungsring, der nach dem Deutsch-Französischem Krieg (1870/71) vom Norden bis in den Süden Frankreichs errichtet wurde und die Ostgrenze gegen das Deutsche Reich unter Kaiser Wilhelm I. schützen sollte. Heute ist das Fort ungenutzt.

Der Parkplatz [**098:** N47° 22' 26.5" E6° 46' 52.6"] ist ein ausgezeichneter Ausgangsplatz für Wanderungen in die Umgebung zu und für Spaziergänge entlang des Steilhanges mit Blick in das **Tal des Doubs**.

Wandern am Doubs. Im Herbst besonders schön.

Saint-Hippolyte, Brücke über den Doubs.

(099) WOMO-Stellplatz: Saint-Hippolyte

GPS: N47° 19' 07.9" E6° 48' 51.4", Espl. des Fêtes, 25190 Saint-Hippolyte
max. Womos: 8, maximale Länge 12 m
Ausstattung: Asphaltierter Platz, Behälter für die Müllentsorgung, max. Aufenthaltsdauer: 7 Tage, geöffnet von Jan. – Dez.

Lage: Direkt im Ort, von dem Doubs nur durch einen Grünstreifen mit Tischen und Bänken getrennt, nachts ruhig.
Preise: Kostenlos.
Zufahrt: Von der D437 in Richtung Pontarlier/Maîche vor der Brücke über den Doubs links abbiegen. Esplanade des Fetes.
Ver- und Entsorgung: Es gibt eine Ver- und Entsorgungsstation mit Bodeneinlass an der D437 im Norden von St-Hippolyte in Richtung Montbéliard, etwa 1 km vom Stellplatz entfernt. **GPS:** N47° 19' 33.1" E6° 48' 36.3".Die Entsorgung ist kostenlos, Frischwasser kostet 2,00 €. Der Automat akzeptiert nur 2-Euro-Münzen.

Die weitere Fahrt führt uns entlang des **Doubs** nach SAINT-HIPPOLYTE. Es ist ein kleiner Etappenort mit zwei netten Restaurants. Wandern steht hier auf dem Programm. In SAINT-HIPPOLYTE endet ein Themen-Wanderweg der in ST-URSANNE in der Schweiz beginnt und in drei Etappen über die Höhen entlang des Doubs führt. Es ist der **Weg des Hausierers (Le Colporteurs)**, der durch die schöne Landschaft entlang des Doubs führt. Die Höhenunterschiede, die es dabei zu überwinden gilt, sind durchaus anspruchsvoll.

Auf der website www.lescheminsdelacontrebande.com/de oder im Tourismusbüro von ST-HIPPOLYTE erfahren Sie nicht nur näheres zu diesem Weg, sondern auch zu drei weiteren Themen-Wegen, die sich dem Schmuggel in früheren Jahrhunderten zwischen der Schweiz und Frankreich widmen.

Das diese Wanderwege durchaus als spektakulär zu bezeichnen sind, sehen wir bei unserem nächsten Ziel.

In ST-HIPPOLYTE verlassen wir den Doubs. Auf der D437 geht es über MAÎCHE nach CHARQUEMONT. Über schmale Straßen geht es hinter dem Ort nur noch bergauf. Eine Straße, die mit großen Fahrzeugen nicht zu befahren ist. Wer mit einem Fahrzeug über 7,50 Meter Länge unterwegs ist, sollte diesen Weg meiden. Nach etlichen Kurven auf holpriger Straße oben angekommen, erwartet uns das Gasthaus **Au Bois de la Biche** mit regionalen Spezialitäten [**100:** N47° 11' 08.8" E6° 51' 07.6"].

Au Bois de la Biche, Wanderweg zu den Todesleitern.

Außer diesem Gasthaus gibt es hier nichts mehr, nur noch Wiesen und Buschwerk. Der Weg ist hier zu Ende. Wer im Restaurant zu Gast war, kann auch auf dem Parkplatz übernachten. Klar, dass es hier nachts, absolut ruhig ist. Hier sagen sich Fuchs und Hase wirklich Gutenacht.

Wir sind hoch über dem Doubs, rund 300 Meter. Besagtes Buschwerk verhindert jedoch eine Aussicht in das Tal. Es gibt nur einen Aussichtspunkt abseits des Gasthofes, und es gibt einen spannenden Wanderweg hinunter. Mit 2,5 Kilometern nur eine kurze Strecke. Aber wenn der Weg auch kurz ist, er hat es in sich, denn er führt über die **Echelles de la Mort**, über die Todesleitern. Das hört sich allerdings gruseliger an als es ist. Es ist ein alter Schmugglerweg, der für Wanderer reaktiviert und natürlich mit den heute notwendigen Sicherungsmaßnahmen aus-

Les Echelles de la Mort, die Todesleitern sind für eine Wanderung mit Hunden nicht geeignet.

gestattet wurde. Natürlich kann man diesen Weg auch umgekehrt erklettern, von Wandern mag man hier in weiten Teilen nicht reden. Unten im Tal des **Doubs** befindet sich am Fuße der Todesleitern ein großer Parkplatz mit Grillgelegenheit, der auch als Picknickplatz mit einer Übernachtung genutzt werden kann. Allerdings gilt auch hier: Für größere Fahrzeuge ist der Weg nicht befahrbar, für Fahrzeuge über 3,5t zulässigem Gesamtgewicht ist die Zufahrt verboten.

(101) WOMO-Wanderparkplatz: Via Ferrata des Echelles de la Mort

GPS: N47° 11' 11.8" E6° 52' 23.3", Mortier, 25140 Charquemont
max. Womos: 4, maximale Länge 7 m
Ausstattung: Befestigter Platz, Behälter für die Müllentsorgung, Grillstelle, Tische und Bänke, geöffnet von Jan. – Dez.

Lage: Direkt am Doubs, neben einem Wasserkraftwerk, nachts ruhig.
Preise: Kostenlos.
Zufahrt: Von der D464 in Richtung La Chaux-de-Fonds (Schweiz) in einer scharfen Rechtskurve links abbiegen. Nur für Fahrzeuge bis maximal 3,5t zulässigem Gesamtgewicht.

Les Echelles de la Mort/ Les Chemins de la Contrebande franco-suisse

Die Wege der Schmuggler im vorletzten Jahrhundert waren keineswegs komfortabel, wie man sich denken kann. Es ging zu Fuß oder mit dem Fahrrad auf abenteuerlichen Wegen über die Grenze. Die topographischen Verhältnisse machten eine Grenzüberquerung in diesem Gebiet nicht eben leicht. Was auf der einen Seite ein Nachteil war, war auf der anderen Seite auch ein Vorteil, denn die Grenzpolizisten als Verfolger hatten natürlich mit denselben Unwegsamkeiten zu kämpfen. Wärmebildkameras und Nachtsichtgeräte gab es halt noch nicht. Es war eine Grenze, die man nur schwer überwachen konnte. Schmuggler und Grenzpolizisten waren ganz allein auf ihre Sinne angewiesen, um sich nicht erwischen zu lassen bzw. um die Übeltäter zu fangen. Um ihren Häschern zu entgehen haben die Schmuggler zum Teil abenteuerliche Wege angelegt. Die Todesleitern gehören dazu, die zu dieser Zeit allerdings nur aus einfachen Holzkonstruktionen bestanden. Diese haben manchem Schmugglern durch unsanften Sturz aus großer Höhe das Leben gekostet. Nicht umsonst heißen sie Todesleitern.

Heute hat man aus diesen Geschichten ein touristisches Angebot gestrickt. Vier Wanderrouten wurden angelegt. Die Wege sind, soweit wir das an verschiedenen Stellen mit unseren Kurzprogrammen beobachten konnten, gut ausgeschildert. Um die Wege nachzugehen, bzw. mit dem Mountainbike nachzufahren. Sie sind auf der website www.lescheminsdelacontrebande.com/de incl. GPS-tracks zum runterladen detailliert beschrieben. Es sind dies:

1. Le Colporteurs (St-Ursanne – St-Hippolyte) 3 Etappen, 44 km.
2. L'Orlogeur (Morteau – La Chaux-de-Fonds) 5 Etappen, 60 km.
3. La Bricotte (Rundwanderung Maîche – Maîche) 5 Etappen, 77 km.
4. Les Gabelous (MTB-tour Morteau – Morteau) 7 Etappen, 252 km.

Das heißt nicht, dass diejenigen die mit einem größeren Fahrzeug unterwegs sind, nicht zu den Todesleitern kommen könnten. Sie können, sie müssen nur ein wenig weiter gehen. Es gibt einen sehr idyllisch gelegenen Wanderparkplatz direkt am Doubs [**102:** N47° 09' 52.2" E6° 51' 24.2"], an der **Barrage de Biaufond**, unmittelbar an der Grenze zur Schweiz. Von hier führt ein kurzer Wanderweg zu den Todesleitern.

Auf dem weiteren Weg zur Quelle des Doubs schlagen wir einen Bogen zum **Ancien séminaire du cirque de Consolation**. Der Ort heißt CONSOLATION-MAISONNETTES. Einen Ortskern gibt es nicht. Verstreut liegen einige Gehöfte im Tal, nur ca. 30 Seelen leben in dieser sehr kleinen Gemeinde. Ruhig ist es hier, sehr ruhig! Nur ein schmales Sträßchen führt in das Tal hinein und über eine kurvenreiche Strecke wieder hinaus.

Bevor wir jedoch hinunterfahren werfen wir zunächst vom **Roche du Prêtre** [**103:** N47° 08' 54.1" E6° 36' 26.1"], einem in

Blick vom Belvédère des Roche du Prêtre in das Tal der Dessoubre mit dem ehemaligen Kloster "Ancien séminaire du cirque de Consolation".

das Tal hineinragenden Felsen einen Blick auf das versteckt liegende Kloster. Wer den Klosterbesuch mit einer Wanderung verbinden möchte, kann sein Fahrzeug hier stehen lassen und einem der beiden ausgewiesenen Wanderwege zum Kloster folgen. Länge 2-3 km, Dauer 1h30' bis 2h für einen Weg, Höhenunterschied rund 340 Meter. Ein Weg führt an einer großen Felsgrotte vorbei, der andere an Wasserfällen.

Diese Einsamkeit und Abgeschiedenheit am Ende eines Tales, einer Felsenarena, die den Namen **Cirque de Consolation** trägt, haben die Gründer des Klosters vom Paulanerorden sicher bewogen hier zunächst eine Kapelle und später dann ein Kloster zu errichten (1432-1433). Der Paulanerorden wurde von dem als Eremit lebenden **Franz von Paola** (*1406, †1507) in Italien gegründet. Die Paulaner lebten

Altar und reich geschnitztes Chorgestühl in der ehemaligen Klosterkirche.

Seitenaltar der ehemaligen Klosterkirche.

nach strengen Regeln in Askese. Am Ende dieses Tales, nur mit der Quelle der **Dessoubre** und den kleinen Wasserfällen im Hintergrund, ein nahezu idealer Standort für die Einhaltung der Ordensregeln. Das Bierbrauen haben sie hier nicht angefangen, das überließen sie ihren Ordensbrüdern in der Münchener Gegend.

Nach einer langen und wechselvollen Geschichte wurde das Kloster hier in CONSOLATION-MAISONNETTES 1978 endgültig geschlossen. Heute ist es ein Denkmal der Kirchengeschichte und steht Besuchern offen. Neben dem Kreuzgang des Klosters ist die Kapelle sehenswert. Unser Besuch wurde von leiser meditativer Musik begleitet, die angenehm in den Ohren klang. Da wirkt eine Betrachtung des reich verzierten Chorgestühls, des Altars oder der Kirchenfenster doch gleich ganz anderes. Im Klostergebäude selbst ist noch ein Vogelmuseum untergebracht, das über 500 Arten zeigt. Es wurde ehemals für die Ausbildung der Seminaristen genutzt. Neben

(104) WOMO-Stellplatz: Cirque de la Consolation

GPS: N47° 09' 30.9" E6° 36' 21.1", Consolation, 25390 Consolation-Maisonnettes
max. Womos: 5, maximale Länge 9 m
Ausstattung: Befestigter Platz mit Wasserver- und entsorgung (Bodeneinlass), Kassettenentleerung, 4 Stromanschlüssen, Behälter für die Müllentsorgung, max. Aufenthaltsdauer: 7 Tage, geöffnet von Jan. – Dez.
Lage: Idyllisch, direkt neben dem ehemaligen Kloster, nachts absolut ruhig.
Preise: Gebühr pro Tag für 2 Personen und ein Fahrzeug 10,00 €. Stromversorgung, Entsorgung und Frischwasser ist kostenlos.
Zufahrt: Den Hinweisschilder zur "Cirque de la Consolation" folgen.

dem Klostergelände ist ein kleiner botanischer Garten angelegt. Die Quelle der Dessoubre liegt rund 700 Meter dahinter.

Als besondere Attraktion wurde in unmittelbarer Nähe des Klosters eine 500 Meter lange und 120 Meter hohe Seilrutsche installiert. Sie soll eine der größten Frankreichs sein, was wir allerdings nicht beurteilen können. Wer also noch ein wenig Nervenkitzel braucht, bitteschön! Nähere Informationen gibt es in der Boutique im Nebengebäude des Klosters. Hier sind auch die Gebühren für den Stellplatz zu entrichten und hier gibt es (so vorrätig) frisch gebackenes Biobrot. Da scheint vom Geist des klösterlichen Lebens noch etwas übrig geblieben zu sein.

Wir verabschieden uns vom Klosterleben und fahren weiter. Nachdem wir das Tal verlassen haben, geht es zunächst über die D461 und ab Les Fins über die D215 nach VILLERS-LE-LAC an den **Doubs**. Ziel ist eine Bootstour zum Wasserfall **"Saut du Doubs"** zu unternehmen.

(105) WOMO-Stellplatz: Villers-le-Lac

Vedettes Panoramiques du Saut du Doubs

GPS: N47° 03' 35.5" E6° 40' 17.4", 2 Place Max. Cupillard, 25130 Villers-le-Lac
max. Womos: > 5, maximale Länge 9 m
Ausstattung: Befestigter Platz mit Wasserver- und entsorgung (mit Bodeneinlass), Behälter für die Müllentsorgung, max. Aufenthaltsdauer: 7 Tage, geöffnet von Jan. – Dez.
Lage: Ortsmitte, direkt an der Doubs unterhalb einer Brücke auf einem Werkstattgelände.
Preise: Der Platz ist gebührenfrei, Entsorgung ist gratis, Frischwasser 2,00 €, Strom gibt es auf Anfrage.
Zufahrt: Direkt vor der Doubsbrücke in Richtung Le Locle (CH) links abbiegen.

Canyonartig ist das Tal des Doubs vor dem Wasserfall ausgeformt.

Zwei Unternehmen in diesem Ort bieten Bootstouren an, beide haben Wohnmobilstellplätze. Der eine befindet sich direkt an der Brücke über den Doubs, der andere etwas weiter Flussaufwärts am Ortsrand. Wir entscheiden uns für den am Ortsrand, er liegt etwas abseits der Straße und erscheint uns

(106) WOMO-Stellplatz: Villers-le-Lac

Bateaux du Saut du Doubs

GPS: N47° 03' 21.0" E6° 40' 14.4",
8 Rue des Terres Rouges, 25130 Villers-le-Lac

max. Womos: >10, maximale Länge 12 m

Ausstattung: Befestigter Platz mit Wasserver- und entsorgung (mit Bodeneinlass), Kassettenentleerung, WiFi (funktioniert aber nur in unmittelbarer Nähe des Pavillons), Behälter für die Müllentsorgung, max. Aufenthaltsdauer: 24 h, geöffnet von April – Nov.

Lage: Ortsrandlage, direkt am Doubs, in unmittelbarer Nähe des Bootstourenanbieters "Bateaux du Saut du Doubs". Nachts ruhig.

Preise: Pro Tag 8,00 € für ein Fahrzeug mit 2 Personen, der erstattet wird, wenn eine Tour zum Saut du Doubs mit dem Anbieter unternommen wird. Preis pro Erwachsener 14,90 €. Frischwasser kostet 3,50 €. Dafür ist der Einwurf eines Jetons notwendig, den man nur im Pavillon kaufen kann.

Zufahrt: Über die D215, zur Rue des Terres Rouges.

Saut du Doubs

Die Fahrt auf dem Doubs zu dem Wasserfall dauert ca. 30 Minuten. Die Boote sind relativ groß, in dem geschlossenem Unter- und auf dem offenen Oberdeck können mehrere hundert Personen gleichzeitig befördert werden. Die Reise wird vom Band über eine Lautsprecheranlage auf französisch, auf englisch und bruchstückhaft auch auf deutsch kommentiert.

Bei Beginn der Fahrt ist das Tal relativ breit. Der Doubs windet sich wie eine Schlange. Enge Mäander und eine sehr geringe Fließgeschwindigkeit kennzeichnen diesen Flussabschnitt. Die Aue ist teilweise noch überflutet, es ist Anfang Mai, die Schneeschmelze hat zu einem relativ hohen Wasserstand geführt. Eine Kormorankolonie fühlt sich durch das herannahende Boot gestört und flattert aufgeregt davon. Langsam tuckert das Boot weiter und hat bald die Ecke erreicht, ab der der Doubs für etliche Kilometer die Grenze zur Schweiz bildet. Nun wird die Flusslandschaft spannender. Das Tal wird enger und recht schnell geht die leicht abfallende Uferböschung in steile Felswände über. Dieser canyonartige Abschnitt ist sicher der reizvollste dieser kleinen Schiffsreise. Es dauert nicht mehr lang und das Schiff erreicht die Anlegestelle. Sie ist umgeben von einer kleinen Häusergruppe, links ein Haus auf französischer Seite, alle Häuser rechts daneben stehen in der Schweiz. Dazwischen zwängt sich der Doubs durch das sehr eng werdende Tal wie durch ein Nadelöhr. Der Fluss ist hier so schmal, dass der Bau einer Fußgängerbrücke kein großes Problem bot. Man kann nach Verlassen des Schiffes links oder rechts vom

Die Anlegestelle ist in Sicht.

Saut du Doubs.

Vermooster Baum am Saut du Doubs.

Doubs, also auf der französischen oder auf der Schweizer Seite die rund 400 Meter bis zum Wasserfall gehen. Rund eine Stunde hat man dafür Zeit. Wer sich länger hier aufhalten möchte (schließlich gibt es hier auch noch ein Restaurant), der kann auch das nächste oder übernächste Schiff für die Rückfahrt nehmen. Man sollte nur wissen, wann die Schiffe fahren. Das sagt einem recht freundlich der Kapitän oder vor Beginn der Fahrt eine der Damen im Pavillon, beim Kauf der Fahrkarten. Natürlich kann man auch nur eine Fahrstrecke buchen und zu dem Wasserfall hin- oder zurückwandern.

Die Wege von der Anlegestelle bis zu dem Wasserfall sind einfach und ohne Anstrengung zu gehen, sie sind sogar kinderwagengerecht. Das Tal ist hier, wie bereits mehrfach betont, sehr eng. Die Luftfeuchte ist durch die ständig sprudelnden Stromschnellen vor dem Wasserfall sehr hoch. Den Moosen auf den Bäumen und auf den Felsen tut

das gut, der Doubs verschafft ihnen hier ideale Lebensbedingungen. Der kurze Weg bis zum Wasserfall könnte einem Gang durch einen Feenwald gleichkommen, wäre da nicht das Geschnatter von Jugendlichen auf einem Schulausflug, oder das Gemurmel einer Seniorengruppe. Übertönt wird das alles durch das Rauschen des Doubs und das rauschen des Wasserfalls. Wobei Wasserfall schon ein wenig übertrieben klingt, denn "Saut" heißt eigentlich wörtlich übersetzt "Sprung" und viel mehr als einen Hüpfer macht der Doubs hier nicht. Wer mal an den Iguaçu- oder Victoriafällen war, wird über diesen Wasserfall nur Schmunzeln. Aber bei diesen riesigen Fällen stürzen ja auch Wassermassen zu Tal, die aus nahezu einem Viertel des jeweiligen Kontinents zusammen kommen. Beim Doubs sind es nur rund 60 km von der Quelle bis zum zu diesen Fällen. So betrachtet ist es verblüffend, dass über diese kurze Distanz soviel Wasser herangerauscht kommt.

ruhiger. Die Tickets für das Ausflugschiff gibt es im Pavillon, die mit den Stellplatzgebühren verrechnet werden.

Wer den **Saut du Doubs** besuchen möchte, ohne mit dem Schiff zu fahren und ohne einen der Stellplätze zu nutzen, der parkt hier: (N47° 05' 08.3" E6° 42' 08.5") und hat dann rund 2 Kilometer Fußmarsch vor sich. Der Höhenunterschied auf dieser Strecke: 160 Meter. In den Sommermonaten dürfte es schwierig sein auf diesem relativ kleinen, für PKW eingerichteten Parkplatz das WOMO abstellen zu können.

Wir beenden hier die Tour, begeben uns im nächsten Abschnitt auf den Weg zur Quelle des Doubs und werden unterwegs an einem hochprozentigem Likör Schnuppern, der in dieser Region eine besondere Geschichte hat.

Tour 6

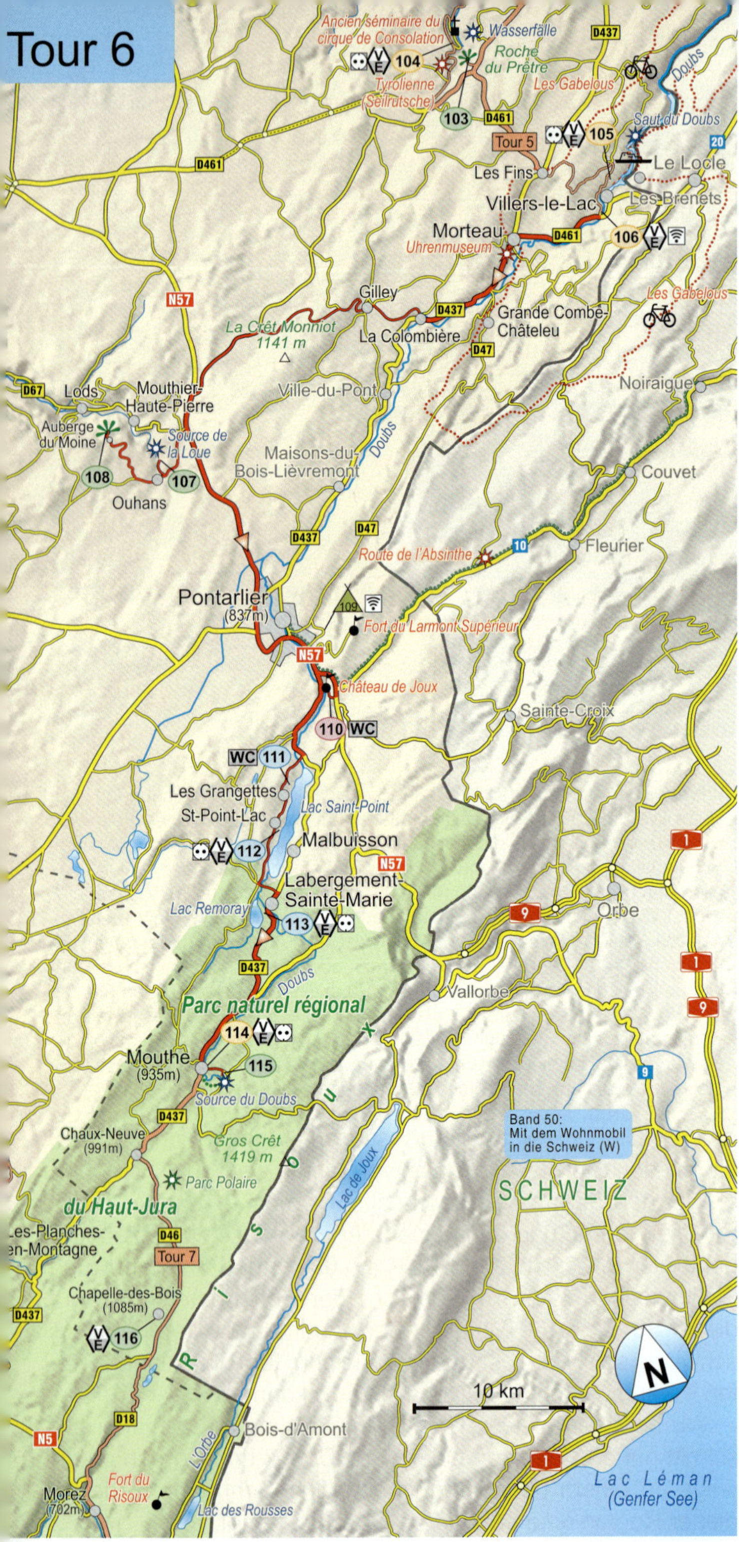

Ancien séminaire du cirque de Consolation
Wasserfälle
Roche du Prêtre
Tyrolienne (Seilrutsche)
Les Gabelous
104
103
D437
D461
Doubs
Saut du Doubs
105
Tour 5
Les Fins
Le Locle
Les Brenets
Villers-le-Lac
Morteau
Uhrenmuseum
106
Gilley
La Crêt Monniot 1141 m
La Colombière
Grande Combe-Châteleu
D47
D67
Lods
Mouthier-Haute-Pierre
Auberge du Moine
Source de la Loue
108
107
Ouhans
N57
Ville-du-Pont
Noiraigue
Maisons-du-Bois-Lièvremont
Couvet
Route de l'Absinthe
Fleurier
Pontarlier (837m)
109
Fort du Larmont Supérieur
Château de Joux
110
WC
111
Sainte-Croix
Les Grangettes
St-Point-Lac
Lac Saint-Point
Malbuisson
112
Labergement-Sainte-Marie
Lac Remoray
113
Orbe
Vallorbe
Parc naturel régional
114
115
Mouthe (935m)
Source du Doubs
Chaux-Neuve (991m)
Gros Crêt 1419 m
Band 50: Mit dem Wohnmobil in die Schweiz (W)
Parc Polaire
du Haut-Jura
Risoux
Lac de Joux
SCHWEIZ
Les-Planches-en-Montagne
D46
Tour 7
Chapelle-des-Bois (1085m)
116
N
10 km
D18
N5
Bois-d'Amont
L'Orbe
Fort du Risoux
Morez (702m)
Lac des Rousses
Lac Léman (Genfer See)

TOUR 6 (ca. 100 km)

Morteau – Source de la Loue – Auberge du Moine – Pontarlier – Les Grangettes – Saint-Point-Lac – Labergement-Sainte-Marie – Mouthe

Freie Übernachtung:	Source de la Loue, Auberge du Moine
Stellplätze:	Les Grangettes, Saint Point-Lac, Labergement-Sainte-Marie, Mouthe
Campingplätze:	Pontarlier
Ver-/Entsorgung:	Saint Point-Lac, Labergement-Sainte-Marie, Mouthe
Besichtigungen:	Pontarlier, Château de Joux
Wandern:	Source de la Loue, Labergement-Sainte-Marie, Source du Doubs
Baden/Wellness:	Les Grangettes, Saint Point-Lac, Labergement-Sainte-Marie

Von VILLERS-LE-LAC geht es weiter nach PONTALIER. Dazu wählen wir nicht die kürzeste Strecke, sondern machen einen kleinen Umweg zur **Source de la Loue**, die sich von der Höhe der Jurafläche besser anfahren lässt, als von unten aus dem Tal. Was den Fluss **Loue** in seinem Verlauf nach der Quelle interessant macht, finden Sie in der Tour 3 beschrieben. Wir starten also in VILLERS-LE-LAC und erreichen nach 6 Kilometern MORTEAU. Die fast 7000 Einwohner zählende Kleinstadt war ein Zentrum der Uhrenindustrie. Im **Musée de l'Horlogerie du Haut Doubs** in der Rue de la Glapiney 17 (N47° 03' 15.2" E6° 36' 03.6") wird mit zahlreichen Exponaten die Geschichte des Uhrenhandwerks in dieser Region gezeigt. Der Parkplatz ist sehr klein. Wer einen sicheren Parkplatz ohne Rangieraufwand möchte, stellt das WOMO besser auf dem Marktplatz **Place du Champ de Foire** (N47° 03' 15.1" E6° 36' 23.3") ab und geht 500 Meter bis zum Museum.

MORTEAU ist im ganzen Land bekannt für seine Wurst. Die **Saucisse de Morteau** wie sie nach der Stadt genannt wird (wir haben hier mal eine für Sie aufgeschnitten) ist eine stark geräucherte Wurst, die Sie in jedem Supermarkt im Jura kaufen können. Nach Originalrezept wird die Wurst aus Schweinefleisch hergestellt. Vor dem Verzehr wird sie gedünstet und gern mit einem leicht angewärmten Kartoffelsalat gegessen. Uns schmeckt sie gut. Jährlich im August findet die **fête de la Saucisse** statt. Ein **Wurstfest** mit großem Umzug und zahlreichen Verkaufsständen an denen die Wurst mit verschiedenen Gerichten und Rezepten kombiniert angeboten wird. Nur parken können Sie dann auf dem Marktplatz nicht, der ist dann nämlich zum Festplatz umfunktioniert.

Genug der Wurst! Wir fahren weiter, 34 Kilometer abwechslungsreiche Juralandschaft liegen vor uns. Entlang des Doubs geht es durch ein Quertal, eine **Kluse** wie es im Fachjargon heißt, nach LA COLOMBIÈRE und von dort durch eine flachwellige Weidelandschaft ohne zu halten weiter nach GILLEY. Hinter GILLEY erwartet uns ein Höhenzug des **Jura-Faltengebirges** den wir überqueren, um dann anschließend wieder durch eine flachwellige Weidelandschaft zu fahren, bis wir auf die N57 treffen. Hier geht es links ab Richtung PONTARLIER. Nach 2 Kilometern folgen wir dem Hinweisschild nach OUHANS und biegen rechts ab. Nun sind es nur noch 5 Kilometer und wir haben diesen Platz erreicht.

(107) WOMO-Wanderparkplatz: Source de la Loue

GPS: N47° 00' 25.6" E6° 17' 58.9", 12 Rue de la Loue, 25520 Ouhans
max. Womos: > 5, maximale Länge 12 m.
Ausstattung: Asphaltierter Platz ohne Versorgungseinrichtungen, jedoch mit öffentlichem WC, max. Aufenthaltsdauer: 24 h, geöffnet von Jan.–Dez.

Ausflugslokal mit Restaurant in unmittelbarer Nähe (geöffnet von April bis November).
Lage: Am Waldrand in der Nähe der Quelle. Nachts absolut ruhig.
Preise: Kostenlos.
Zufahrt: Von Ouhans über die D41 der Beschilderung "Source de la Loue" folgen.

Nur eine halbe Stunde Gehzeit benötigt man, um vom Parkplatz zur Quelle hin und zurück zu gelangen. Abschüssig windet sich der betonierte Weg hinunter. Das rauschen der Quelle wird immer deutlicher vernehmbar und nach einer letzten Biegung ist der Blick in den engen Talkessel frei. Aus einem großen Loch schießt das Wasser heraus. Gespeist wird die Quelle durch das Sickerwasser von den Plateaus die wir auf dem Weg hierher durchfahren haben und sie ist unterirdisch mit dem **Doubs** verbunden. Die Wassermenge verändert sich im Laufe des Jahres. Im Frühjahr nach der Schneeschmelze schwillt sie an, in trockenen Sommermonaten schwillt sie ab. Trocken fällt die Quelle, am Fuße der mächtigen rund 100 Meter senkrecht abfallenden Felswand nicht.

Reste von Mauerwerk lassen erkennen, dass hier der Mensch schon einmal eingegriffen haben muss. Tafeln am Rand weisen darauf hin, dass in der Mitte des 19. Jahrhunderts hier mehrere **Mühlen** betrieben wurden. Mit Beginn des 20. Jahrhunderts wurden sie durch hydroelektrische Anlagen ersetzt. Auch heute wird etwas unterhalb der Quelle ein Wasserkraftwerk zur Energieerzeugung betrieben. Störend wirkt diese Anlage nicht.

Die Source de la Loue.

Auf dem Rückweg kann man sich im **Chalet de la Loue,** dem kleinen Restaurant am Rande des Parkplatzes mit einem kleinen Imbiss stärken. Für die Freunde der gepflegten Küche haben wir aber noch ein weiteres Lokal anzubieten. Der Weg dorthin ist kurz, nur 7 Kilometer sind es bis zur **Auberge du Moine**, einem einsam gelegenen Gasthaus.

Wir fahren vom Parkplatz an der Quelle die Straße nach OUHANS hoch. An der Straßeneinmündung in die D41 sehen wir ein Hinweisschild auf die **Aussichtspunkte du Moine** und **de Renédale**. Diesen Hinweisen folgen wir. Nach wenigen Kilometern verlassen wir die D41 und fahren das Sträßchen bis zum Ende durch. Kurz vor dem Ende der Straße

(108) WOMO-Wanderparkplatz: Belvédère du Moine

GPS: N47° 01' 46.3" E6° 16' 07.8", 12 Rue de la Loue, 25520 Ouhans
max. Womos: > 5, maximale Länge 9 m.
Ausstattung: Befestigter Platz ohne Versorgungseinrichtungen, Tische und Bänke vorhanden, max. Aufenthaltsdauer: 24 h, geöffnet von Jan.–Dez.
Restaurant in unmittelbarer Nähe (geöffnet Jan.–Dez.).
Lage: Am Waldrand direkt am Aussichtspunkt. Nachts absolut ruhig.
Preise: Kostenlos.
Zufahrt: Von Ouhans über die D41 der Beschilderung "du Moine" folgen.

Aussicht vom Belvédère du Moine über den Jura und das Tal der Loue.

befindet sich das Restaurant, vor dem man mit dem WOMO allerdings schlecht parken kann. Am Ende der Straße ist ein großer Wanderparkplatz, hier steht man bequem.

Ob Sie nun an einem der Tische Platz nehmen und die mitgebrachte **Morteau** mit einem **Baguette** verzehren und dabei die Aussicht genießen oder doch lieber in das schikke Restaurant gehen, bleibt natürlich Ihnen überlassen. Das Restaurant hat dienstags bis Sonntags mittags geöffnet, von Donnerstag bis Samstag auch am Abend.

Ein Wanderweg führt von dem Aussichtspunkt entlang der Abbruchkante nach Westen, doch nirgendwo ist die Aussicht so grandios wie an dieser Stelle. Wer sich für eine kurze Wanderung in das **Tal der Loue** entscheidet (sind ja nur 3,5 Kilometer), sollte Wissen, dass hier rund 400 Meter Höhenunterschied zu überwinden sind.

Nächster Ort, ganz anderes Thema. Wir fahren nach PONTARLIER, der Hauptstadt des **Absinth**. Über OUHANS geht es zurück auf die N57 und schnell ist die Stadt nach 22 Kilometern erreicht. Diese Kleinstadt mit rund 17.000 Einwohnern liegt in einer Ebene auf 837 Metern Höhe. Um den alten Kern der Stadt zu erreichen, muss man zunächst eine großes Industrie- und Gewerbeviertel durchqueren. Einen komfortablen WOMO-Stellplatz in Stadtnähe gibt es nicht. Entweder man fährt den Campingplatz an und geht 2 Kilometer bis in die Stadt oder man sucht sich einen ausreichend groß dimen-

sionierten Parkplatz. Wir meinen mit dem Parkplatz am Quai du Doubs (N46° 54' 19.3" E6° 21' 25.0") einen gefunden zu haben. Wenn es Ihnen dort nicht gelingt einen zu finden, versuchen Sie es in der Rue des Remparts. Auch hier sind die Parkplätze so angelegt, dass man zur Not mit unseren großen Kisten zwei PKW-Parkplätze belegen kann.

PONTARLIER erlebte in seiner Geschichte viele Zerstörungen. Kriege wüteten hier und in Friedenszeiten gingen die Holzhäuser der Stadt mehrfach in Flammen auf. Die schlimmste Brandkatastrophe ereignete sich 1736, als die halbe Stadt einer Feuersbrunst zum Opfer viel. Der Wiederaufbau der Stadt wurde mit dem Triumphbogen **Porte Saint-**

Triumphbogen Porte Saint-Pierre.

Pierre abgeschlossen. Unterkriegen ließen sich die **Pontissalien** und **Pontissalienne**, wie die männlichen und weiblichen Einwohner im Französischen genannt werden also nicht.

Die Flaniermeile in PONTALIER ist die **Rue de la République**, die an der **Porte Saint-Pierre** beginnt und an der Brücke über den **Doubs** endet. Hier befinden sich die schönsten Gebäude der Stadt. Es gibt zahlreiche Cafés, Restaurants und Boutiquen in dieser Straße, die den alten Stadtkern auch am Abend lebendig halten. Am Ende des ersten Drittels dieser Straße steht die **Chapelle des Annonciades,** die mit ihrem schön renovierten Portal aus dem frühen 18. Jh. auffällt. Sie wird heute für Ausstellungen genutzt. Nur sie blieb von dem großen Annunziatenkloster erhalten, das hier einstmals stand. Das gepflegte Rathaus steht mit seiner schönen Fassade auf der gegenüberliegenden Straßenseite. Die **Église Saint-Bénigne** steht nicht

Portal der Chapelle des Annonciades.

Das Rathaus in Pontarlier.

an dieser Straße. Sie befindet sich am Ende der **Place Saint-Bénigne** die an der **Rue de la République** grenzt. Wer die Kirche besuchen möchte, wird ein wenig verwundert sein über die Fassade die vor der Kirche steht. Es handelt sich dabei nicht um die Ruine eines alten Gebäudes, sondern wurde eigens nach dem Wiederaufbau der Stadt errichtet, damit das neue Gebäudeensemble eine stimmige Wirkung erzielt.

PONTARLIER ist wie wir Eingangs erwähnt die Hauptstadt des **Absinth**, zumindest in Frankreich. Was hat es damit auf sich?

Absinth

Um der Geschichte des Absinths nachzugehen ist Pontarlier der richtige Ort. Gleich an mehreren Stellen kann man dies tun. Im Musée municipal, in der Distillerie Guy, 49 Rue de Lavaux, GPS: N46° 54' 20.9" E6°21' 52.0" oder auf der Route de l'Absinthe die in das Val de Travers und damit in die benachbarte Schweiz führt. Diesem hochprozentigen Wermutschnaps würde nicht soviel Aufmerksamkeit zuteil, wäre da nicht dieser Mythos entstanden, der sich nach dem Verbot dieses Getränks 1915 entwickelte. Die **"Grüne Fee"** wie der **Absinth** auch genannt wird, war ein beliebtes Getränk bei Künstlern und Literaten in allen großen französischen Städten. Es gehörte zum guten Ton in diesen Kreisen sich am späten Nachmittag zur **"heure verte"** zu treffen, sich auszutauschen, zu plaudern und darauf zu hoffen, dass die besondere Kräuter-Mixtur dieses stark alkoholhaltigen Getränkes (zwischen 40 und 80%) neue Inspiration und Ideen für die künstlerische Arbeit bringt. **Toulouse-Lautrec, Vincent van Gogh, Oscar Wilde, Charles Baudelaire** waren bekennende Absinth-Trinker, um nur einige wenige Namen zu nennen. Die Sorge um die Folgen des Konsums dieser **"Modedroge"** nahmen in den Jahren immer mehr zu, so das es schließlich zu einem europaweiten Verbot kam, was Schwarzbrenner natürlich nicht davon abhielt im Verborgenen zu produzieren und zu verkaufen. Heute ist der **Absinth** wieder zugelassen und man ist bemüht, den Mythos der grünen Fee mit Trinkritualen zu pflegen. Sie werden mehr darüber erfahren, wenn Sie die oben genannte Distillerie besuchen, die von Dienstag bis Freitag von 8.00 - 12.00 Uhr und von 14.00 - 18.00 Uhr geöffnet hat und Führungen anbietet.

(109) WOMO-Campingplatz-Tipp: Camping du Larmont

GPS: N46° 54' 00.8" E6° 22' 26.8",
2 Chemin du Toulombief, 25300 Pontarlier
max. Womos: > 5, maximale Länge 10 m.
Ausstattung: Komplett ausgestatteter CP mit kostenlosem WiFi, geöffnet von Jan.–Dez.
Lage: Ortsran. Nachts absolut ruhig.
Preise: gestaffelt nach Saison pro Tag zwischen 8,50 € und 12,10 € für ein Fahrzeug mit 4 Personen. Ver- und -entsorgung kostenlos, Strom 4,70 €
Zufahrt: Über die N57 der Beschilderung Camping du Larmont folgen.

Südlich von PONTARLIER liegt in 5 Kilometern Entfernung das **Château de Joux**. Es ragt hoch über einem Quertal des Doubs auf. Der Weg dorthin ist nicht schwer zu finden. Man fährt auf der N57 stadtauswärts und folgt den zahlreichen Hinweisschildern zum Fort. Die GPS-Koordinaten entnehmen Sie bitte der folgenden Beschreibung des Picknickplatzes am Fuße des Châteaus.

(110) WOMO-Picknickplatz: Pontarlier, Château de Joux

GPS: N46° 52' 13.9" E6° 22' 17.4",
13 Route du Château, 25300 La Cluse-et-Mijoux
max. Womos: > 5, maximale Länge 10 m.
Ausstattung: Asphaltierter Platz ohne Versorgungseinrichtungen, jedoch mit öffentlichem WC, Tischen und Bänken in den Grünlagen, Mülleimer, max. Aufenthaltsdauer: 24 h, geöffnet von Jan.–Dez. Waagerechtes Parken ist nur an wenigen Plätzen möglich und das dann auch nur für Fahrzeuge mit max. 6 m Länge. Alle anderen Parkbereiche haben ein mehr oder minder starkes Gefälle, das mit Auffahrkeilen ausgeglichen werden muss.

Lage: Unterhalb des Châteaus. Nachts absolut ruhig.
Preise: Kostenlos.
Zufahrt: Über die N57 der Beschilderung zum Château de Joux folgen.

Eine Besichtigung der Festung ist nur im Rahmen einer Führung möglich. Mindestens fünf Führungen werden täglich angeboten. Die genauen Zeiten erfährt man am Eingang und auch unter www.chateaudejoux.com. Eine Führung dauert ca. eine Stunde und 15 Minuten. Die Führung erfolgt nur in französischer Sprache. Für deutschsprachige Erläuterungen stehen audioguides zur Verfügung, die man an der Kasse erhalten kann.

Château de Joux

Ein Schloss findet man hier nicht vor, insofern ist der Name eigentlich ein wenig irreführend. Wer hier ein Schloss wie z.B. an der Loire erwartet, den müssen wir enttäuschen. Es handelt sich hier um eine Festung, ein Fort. Und von welcher Seite man das Fort auch betrachtet, malerisch fügt sich die Architektur nicht in die Landschaft ein. Aus der Ferne betrachtet wirkt sie wie ein mächtiger Klotz, dem kein Angriff etwas anhaben kann. Tatsächlich erlitt sie im Laufe der Jahrhunderte nur wenige Schäden, die schwersten 1814 durch österreichische Truppen gegen Ende der napoleonischen Herrschaft.

Über die Jahrhunderte wurde die Festung praktisch ständig umgebaut, erweitert und den je-

Der Eingangsbereich des Forts.

36 Meter tief, 212 Stufen führen zum Brunnen hinunter.

weils neuesten militärtechnischen Herausforderungen angepasst. Natürlich war auch **Vauban** (siehe Seite 109) hier tätig, nachdem die **Franche-Comté** zu Frankreich kam. Eine kleine Kopie seiner Statue wie sie in **Besançon** zu sehen ist, steht hier und erinnert an den großen Festungsbaumeister. Zum UNESCO-Welterbe zählt die Festung aber nicht, es ist keine reine Vauban-Festung. Er nahm hier nur Veränderungen und Erweiterungen vor, die bei der Führung eingehend erläutert werden. Das **Château de Joux** war lange Zeit Staatsgefängnis. Berühmte Persönlichkeiten saßen hier ein **Mirabeau**, **Heinrich von Kleist**, Haitis Freiheitsheld **Toussaint-Louverture**, der sich den Anordnungen Napoleons widersetzte, die Unabhängigkeit der damaligen Kolonie Haiti von Frankreich proklamierte und die Sklaverei in seiner Heimat abschaffte. Napoleon schickte ein Expeditionsheer nach Haiti, ließ ihn jagen, gefangen nehmen und ihn hierher verbringen. Er starb 1803 wenige Monate nach seiner Gefangennahme an den unsäglich harten Haftbedingungen.

Hart ist auch die Geschichte der **Berthe de Joux**, die Sie eingehend erläutert bekommen werden, wenn Sie diese Festung besuchen.

Die Räumlichkeiten sind insgesamt betrachtet spärlich Ausgestattet, viele Exponate gibt es nicht zu betrachten. Im Rahmen der Führung wird das Festungsbauwerk erklärt, welche Angriffe es gab, und in den Gefängniszellen werden die Geschichten der Personen erzählt, die in diesen Zellen saßen. Wer an historischen Zusammenhängen interessiert ist, dem können wir den Besuch des **Château de Joux** empfehlen.

Haitis Freiheitsheld Toussaint-Louverture.

Nach diesem Ausflug in die Geschichte stehen zwei Seen auf dem Programm, bevor es dann zur **Quelle des Doubs** weitergeht.

Der **Lac Saint-Point**, der erste See, ist der drittgrößte Natursee Frankreichs. Er liegt auf 850 Metern Höhe. Im Sommer ist er ein beliebter Badesee und wird auch gern zum Surfen und Segeln genutzt. Im Winter verwandelt sich der ca. 7 Kilometer lange See in eine überdimensionale Natureisbahn. Kitesurfer finden hier übrigens optimale Bedingungen. Und ja, man kann auch noch ganz gewöhnlich um den See herum wandern und das von einem der beiden Stellplätze.

Bis zum ersten Stellplatz haben wir rund 10 Kilometer vom **Château de Joux** zurückzulegen. Der zweite liegt 3 Kilometer weiter. Beide befinden sich am Westufer des Sees.

(111) WOMO-Badeplatz: Les Grangettes, Base nautique

GPS: N46° 49' 34.5" E6° 19' 09.6", 15 Chemin du Lac, 25160 Les Grangettes.
max. Womos: 5, maximale Länge 9 m
Ausstattung: Befestigter Platz ohne Versorgungseinrichtungen, jedoch mit öffentlichem WC. Tische und Bänke in den Grünlagen mit Hundeverbot. Behälter für die Müllentsorgung, max. Aufenthaltsdauer: 7 Tage, geöffnet von Jan. – Dez.
Lage: Direkt am Seeufer, nachts sehr ruhig. Der Platz ist eher etwas für Surfer und Segler oder für solche die es werden wollen.
Preise: Der Platz ist gebührenfrei.
Zufahrt: Den Chemin du Lac bis zum Ende durchfahren. Der Stellplatz ist nicht ausgeschildert.

(112) WOMO-Badeplatz: Lac-Saint-Point

GPS: N46° 48' 45.6" E6° 18' 14.7", 6 Rue du Port, 25160 Saint-Point-Lac
max. Womos: 30, maximale Länge 12 m
Ausstattung: Befestigter Platz mit Wasserver- und entsorgung (mit Bodeneinlass), Kassettenentleerung, Stromversorgung. Tische und Bänke in den Grünlagen mit Hundeverbot. Behälter für die Müllentsorgung, max. Aufenthaltsdauer: 72 h, geöffnet von April – Nov.
Lage: Direkt am Seeufer, nachts sehr ruhig.
Preise: Pro Tag 9,00 € für ein Fahrzeug mit 2 Personen, Frischwasser 1,00 €. Die Bezahlung kann nur über eine Kreditkarte (Master- oder Visa) an einem Automaten erfolgen. Man erhält auf einem Beleg einen achtstelligen Code mit dem man die Schranke beliebig oft öffnen kann. Den Strom gibt es nur für 55 Min. an der Versorgungssäule.
Zufahrt: Von der D219 in der Ortsmitte in die Rue du Port fahren.

Kulinariker sollten sich bei der Auswahl eines Restaurants auf MALBUISSON konzentrieren. Die Auswahl ist an diesem See nicht groß.

Am Ortsrand von LABERGEMENT-SAINTE-MARIE liegt der **Lac Remoray**, der wesentlich kleiner als der **Lac Saint-Point**

Naturparadies Lac Remoray bei Labergement-Saint-Marie.

ist. Er liegt in einem Naturschutzgebiet, Wassersport ist auf diesem See nicht gestattet. Kein Segler und kein Surfer stört hier die Vogelwelt. Nur Angeln ist erlaubt und an einem kleinen Badestrand am Rande eines Spielplatzes ist Baden in dem flach abfallenden See möglich.

Lac Remoray am späten Nachmittag.

Für Wanderer, Naturliebhaber und Vogelkundler ein schönes Gebiet um Kormoranen, Wasserhühnern, dem Wiedehopf und anderen Vogelarten beim Nestbau oder der Aufzucht der Jungvögel auf einer der größeren Insel in einem Nebensee zuzuschauen. Allerdings benötigt man hierzu schon ein ordentliches Fernglas, sonst sieht man nicht viel, die Distanz ist relativ groß. Der größte Teil der Seenlandschaft ist für Besucher nicht zugänglich, das ist für ein Naturschutzgebiet natürlich nicht weiter überraschend. Der begehbare Rundweg reicht mit seinen rund 2 Kilometern Länge für einen reizvollen Spaziergang.

Detaillierte Informationen über das Naturschutzgebiet und über die hier lebenden Vogel- und anderen Tierarten hält das

(113) WOMO-Badeplatz: Labergement-Sainte-Marie

GPS: N46° 46' 17.6" E6° 16' 34.2",
7 Rue du Lac, 25160 Labergement-Sainte-Marie

max. Womos: 10, maximale Länge 10 m

Ausstattung: Asphaltierter Platz mit Wasserver- und entsorgung (mit Bodeneinlass), Kassettenentleerung, 2 Stromanschlüssen, Müllentsorgung, max. Aufenthaltsdauer: 48 h, geöffnet von April – Okt.

Lage: 500 Meter vom See entfernt. Gegenüber des Platzes befinden sich Sportanlagen und eine Schule. Nachts sehr ruhig.

Preise: Kostenlos, Frischwasser 2,00 €, Stromversorgung 2, 00 € (nur mit 2-Euromünzen).

Zufahrt: In der Ortsmitte geht es von der D437 in die Rue du Lac.

Maison de la Réserve am Rande des Schutzgebietes für Besucher bereit.

Der Stellplatz liegt in unmittelbarer Nähe des Sees neben einem Campingplatz, der nur von Mitte Mai bis Mitte September geöffnet hat.

Wanderwegweiser in Mouth.

Nur 11 Kilometer sind es vom Lac de Remoray bis nach MOUTHE. Dieses Dorf mit weniger als 1000 Einwohnern liegt auf rund 935 Metern Höhe. Hauptattraktion des Dorfes ist die **Quelle des Doubs (Source du Doubs)**, die sich rund 1,5 Kilometer östlich der Dorfmitte befin-

(114) WOMO-Stellplatz: Mouthe, Place de l'Eglise

GPS: N46° 42' 37.4" E6° 11' 44.0", 12 Place de l'Église, 25240 Mouthe

max. Womos: >10, maximale Länge >12 m

Ausstattung: Asphaltierter Platz mit Wasserver- und entsorgung (mit Bodeneinlass), Kassettenentleerung, 2 Stromanschlüsse, Behälter für die Müllentsorgung, max. Aufenthaltsdauer: 24 h, geöffnet von Jan. – Dez.

Lage: Ortsmitte, direkt neben der Kirche.

Preise: Keine Gebühren für den Platz. Stromversorgung 3,50 € für 55 Min, Entsorgung kostenlos, Frischwasser 3,50 €. Dafür ist der Einwurf eines Jetons notwendig, den man im Office de Tourisme kaufen kann. (45 Grande Rue, 600 Meter vom Stellplatz entfernt).

Zufahrt: In der Ortsmitte von der D437 auf die D433 abbiegen, den Hinweisschildern zur "Source de Doubs" folgen, nach 200 Metern ist der Kirchplatz "Place de l'Église" erreicht.

Source du Doubs, die Quelle des Doubs.

det. MOUTHE liegt im nördlichen Bereich des **Parc naturel régional du Haut-Jura,** einem Naturpark dessen Schutzbestimmungen denen der deutschen Naturparke entsprechen. Zwischen MOUTHE und dem rund 18 Kilometer entfernten CHAPELLE-DES-BOIS wurde ein umfangreiches und gut ausgeschildertes Wanderwege- und Mountainbike-Streckennetz angelegt. Zwischen vielen kurzen und langen Strecken kann man sich die passende Route heraussuchen. Man findet eine Übersichtskarte am Stellplatz und kann diese auch im örtlichen **Office de Tourisme** bekommen. Eine kurze Wanderung führt vom Stellplatz zur **Quelle des Doubs**.

Die Quelle ist schon ein erstaunliches Naturphänomen. Aus der Höhle einer Felswand schießt das Wasser, das sich in den diversen Gängen des Höhlensystems im **Risoux-Massiv** gesammelt hat, an das Tageslicht. Die Schüttung ist jahreszeitlich recht unterschiedlich. Im Frühjahr, nach der Schnee-

Der Doubs ist nach ca. 150 Metern schon ein breiter Gebirgsbach.

schmelze führt die Quelle mehr Wasser als im Sommer nach einer Periode mit wenigen Niederschlägen. Das klingt nicht überraschend. Aber auch im Sommer kann es stark variierende Schüttungen geben. Nach einer Periode starker Niederschläge schwellen mit einer kleinen Zeitverzögerung die Wassermassen an. Denn weiter oben im **Risoux-Massiv** gibt es kaum oberirdische Abflüsse. Das Regenwasser sucht sich seinen Weg direkt durch das Innere der klüftigen Gesteinsschichten und sammelt sich in mehreren Höhlen innerhalb

(115) WOMO-Wanderparkplatz: Source du Doubs

GPS: N46° 42' 37.4" E6° 11' 44.0", 12 Place de l'Église, 25240 Mouthe
max. Womos: >10, maximale Länge >12 m

Ausstattung: Asphaltierter Platz, Behälter für die Müllentsorgung, max. Aufenthaltsdauer: 24 h, geöffnet von Jan. – Dez.
Lage: Ortsrand, direkt neben einem Landschulheim.
Preise: kostenlos.
Zufahrt: Von Mouth über die D433 fahren, den Hinweisschildern zur "Source de Doubs" folgen.

des Gebirges, bevor es aus der Quelle zu Tage tritt. Für ein verkarstetes Gebirge ein ganz normaler Vorgang.

Schaut man nur auf die Quelle, sieht die Wassermenge zunächst gar nicht so gewaltig aus. Geht man den Weg von der Quelle 150 Meter bis zu einer Brücke flussabwärts, überrascht der Doubs schon mit einer stattlichen Breite.

Die Wasserkraft dieses jungen Flusses wurde im 17. Jh. durch eine Kornmühle genutzt. Im 19. Jh. kam noch ein Sägewerk dazu und wenig später wurde mit der Wasserkraft auch Elektrizität gewonnen. Das ging bis 1910, dann brannte der gesamte Gebäudekomplex ab und wurde nicht wieder aufgebaut. Der Graben und das Mauerwerk, mit dem das Wasser für die Wasserräder abgeleitet wurde ,sind heute noch deutlich sichtbar.

Wir sind am Ende dieser Tour angekommen. Im nächsten Kapitel erklimmen wir den schönsten Aussichtspunkt des Jura und fahren bis nach CHANAY an die **Rhône**.

Tour 7

Mouthe (935m)
115
114
Source du Doubs
D437
Gros Crêt 1419 m
Chaux-Neuve (991m)
Parc Polaire
Tour 4
L'Ain
D127
067
Gorges de la Langouette
La Savine
N5
Les-Planches-en-Montagne
D46
069
3,5t
Chapelle-des-Bois (1085m)
D75
068
116
Le Frasnois
Les 7 Lacs
D437
Risoux
Lac de Joux
10 km
Band 50: Mit dem Wohnmobil in die Schweiz (W)
D678
N5
D18
Bois-d'Amont
L'Orbe
Lac des Rousses
SCHWEIZ
Fort du Risoux
Morez (702m)
Lac de l'Abbaye
118
D437
Les Rousses
117
Fort des Rousses (Jurakäse)
Biathlonanlage
1
Château d'Yvoire
D1005
119
D437
Nyon
Yvoire
Parc naturel régional
148
3,5t
D313
120
D936
Col de la Faucille (1323 m)
D25
D60
St-Claude
Mijoux
8%
Douvaine
1
121
Gex
D436
Grand Montrond 1596 m
122
du Haut-Jura
Colombey de Gex 1689 m
LHC
D1005
123
Crozet
Ferney-Voltaire
La Valserine
CERN Besucherzentrum
Crêt de la Neige 1720 m
St-Genis-Pouilly
Annemasse
Thoiry
Meyrin
D25
GENÈVE
D991
D15
A40
Collonges-sous-Salève
Lac Genin
Rhône
092
WC
Charix
Fort l'Ecluse
D1084
124
D1201
Lalleyriat
Les Pertes de la Valserine
A40
D15
D27
D101
D55
093
094
Bellegarde-sur-Valserine
Porte de Cuvéry 1178 m
A41
Plateau de Retord
Rhône
Chapelle de Retord
D1508
Crêt du Nu 1351 m
D991
D1508
Bugey
D910
WC
128
La Balme-de-Sillingy
Annecy (445 m)
095
Chanay
Château

TOUR 7 (ca. 160 km)

Chapelle-des-Bois – Les Rousses – Mijoux – Col de la Faucille – Gex – Crozet – Ferney-Voltaire – Bellegarde-sur-Valserine – Chanay

Freie Übernachtung:	Col de la Faucille, Bellegarde-sur-Valserine
Stellplätze:	Chapelle-des-Bois, Les Rousses, Mijoux, Crozet
Campingplätze:	Gex
Ver-/Entsorgung:	Chapelle-des-Bois, Les Rousses, Mijoux, Gex
Besichtigungen:	Fort des Rousses: Fort und Käserei, CERN
Wandern/Radwandern:	Radtour zum Lac de Joux, Wanderung zum Grand Montrond, Radwanderung CERN, Wanderung zu den Schluchten Les Pertes de la Valserine

Plateau am Fuße des Risoux-Massivs.

Wir verlassen die Quelle des **Doubs**, fahren zurück nach MOUTHE und von dort über die D437 in Richtung CHAPELLE-DES-BOIS. Das Hochplateau des **Haut Jura** in dem wir uns hier befinden ist flach-wellig und abflusslos. Der Regen versickert im Karstgebirge und speist entweder den **Doubs** oder die **Savine**, deren Schlucht **(Gorges de la Langouette)** wir schon in der Tour 4 beschrieben haben. Weidewirtschaft prägt diese Landschaft, die von dichten Wäldern auf den Höhenzügen begrenzt wird. In CHAUX-NEUVE verlassen wir die D437, biegen auf die D46 ab. Auf dem weiteren Weg weist ein Schild auf den **Parc**

Polaire hin. Es ist ein Wildgehege mit Rentieren, Bisons und Damwild, das wir nicht besucht haben. Wir fahren daran vorbei und erreichen nach insgesamt rund 18 Kilometern CHAPELLE-DES-BOIS. Der Ort auf 1085 Metern Höhe ist mit etwa 250 Einwohnern sehr klein. In den Wintermonaten herrscht hier reger Betrieb, für Ski-Langlauf ist der Ort ideal. In den Sommermonaten finden Wanderer und Mountainbiker viele Möglichkeiten die Natur auf dem gut ausgebauten Wegenetz, das zusammen mit MOUTHE unterhalten wird, zu erkunden.

Der Stellplatz ist sehr groß, doch mehr als 10 Fahrzeuge möchte die Gemeinde hier nicht stehen sehen. Ein Schild am Rande des Platzes weist ausdrücklich darauf hin, dass der elfte sich bitte einen anderen Platz suchen möge.

In die Verlegenheit sind wir nicht gekommen, wir standen dort allein.

(116) WOMO-Wanderparkplatz: Chapelle-des-Bois

GPS: N46° 36' 11.2" E6° 06' 47.8",
28 Route des Pâturages, 25240 Chapelle-des-Bois
max. Womos: 10, maximale Länge >12 m

Ausstattung: befestigter Platz, Behälter für die Müllentsorgung, Wasser Ver- und Entsorgungsmöglichkeit am Rande des Platzes. max. Aufenthaltsdauer: 7 Tage, geöffnet von Jan. – Dez.
Lage: Waldrand.
Preise: kostenlos, Frischwasser 3,00 €.
Zufahrt: In der Ortsmitte von der D46 in die Route des Pâturages abbiegen, dann noch 500 Meter weiter fahren.

Die Reise geht weiter nach LES ROUSSES. Auf der schmalen Straße geht es zunächst nach MOREZ. Der Wechsel der Straßenummer zeigt an, dass wir eine Départementgrenze überschritten haben, ein Umstand, auf den auch am Straßenrand hingewiesen wird. Wir befinden uns nunmehr im Département du Jura.

Es geht kurvenreich abwärts. MOREZ liegt in einem tiefen Quertal auf rund 700 Metern Höhe. Hier treffen wir auf die gut ausgebaute N5 und fahren, nach der Durchquerung des kleinen Städtchens mit 5000 Einwohnern, auf das nächste Plateau. Hier liegt unser nächstes Etappenziel LES ROUSSES auf etwas über 1000 Metern Höhe. Für diese 24 Kilometer benötigt man rund 30 bis 45 Minuten.

Offiziell verfügt LES ROUSSES über zwei Stellplätze. Der eine liegt mitten im Ort an der Rue des Écoles **[117:** N46° 29' 03.3" E6° 03' 32.2"] vor einer Sporthalle. Der mag als Parkplatz für eine Besichtigung des Ortes, die nicht sehr viel Zeit in Anspruch nimmt ja ganz gut sein, als Übernachtungsplatz können wir ihn aber nicht empfehlen. Da ist der zweite offizielle Platz an der Route du Lac in einem Kilometer Entfernung schon wesentlich angenehmer.

In der Ortsmitte von Les Rousses.

(118) WOMO-Stellplatz: Les Rousses

GPS: N46° 29' 16.1" E6° 04' 01.3",
121 Route du Lac, 39220 Les Rousses

max. Womos: 10, maximale Länge >10 m

Ausstattung: asphaltierter Platz, Behälter für die Müllentsorgung, Wasser Ver- und Entsorgungsmöglichkeit am Rande des Platzes. max. Aufenthaltsdauer: 7 Tage, geöffnet von Jan. – Dez.

Lage: Ortsrand, neben einem Fußballplatz.

Preise: Nutzung des Platzes kostenlos, Frischwasser und 55 Minuten Strom 5,00 €, zu zahlen mit EC- oder VISA-Karte, keine Münzen.

Zufahrt: In der Ortsmitte von der N5 der Beschilderung zum "Lac des Rousses" folgen. Fahrzeuge über 3,5t können den Platz nur über die Straße Route du Génie erreichen. Diese Straße zweigt aus Richtung Morez kommend vor dem Ortseingang links ab. Auch hier wird "Lac des Rousses" angezeigt.

Am **Lac des Rousses** findet man leider keinen Parkplatz. Es führt kein Weg zum Ufer, den man mit einem Fahrzeug befah-

See und Moorgebiet bei Les Rousses.

ren kann. 700 Meter vom Ufer entfernt befindet sich ein kleiner Parkplatz (N46° 29' 47.0" E6°04' 28.2"), von dem man den See zu Fuß erreichen kann. Einen Uferweg rings um den See gibt es nicht. Die schmalen Straßen entlang der bei LES ROUSSES entspringenden **Orbe** eignen sich für eine kleine Radtour. Bis zum **Lac de Joux** in der Schweiz sind es nur 20 Kilometer. Als geographische Besonderheit ist für LES ROUSSES zu erwähnen, dass es Teil der **Wasserscheide** zwischen der **Nordsee** und dem **Mittelmeer** ist. Alles was im Norden des Ortes abfließt geht in die Nordsee, alles was im Süden abfließt in das Mittelmeer.

Wechseln wir das Thema! Der Jura bietet hervorragendes Weideland, das den Kühen in den vielen bäuerlichen Betrieben dieser Region als Futter dient. Was mit der Milch geschieht, die in diesen Betrieben produziert wird, kann man im **Fort des Rousses** sehen. Das schauen wir uns doch einmal an.

Das Fort befindet sich im Süden der Stadt. **Adresse für Ihr Navi:** Le Fort des Rousses, 39220 Les Rousses oder die GPS-Koordinaten: N46° 28' 44.9" E6° 03' 27.1". Sie können vor dem Eingang des Forts parken, Sie können aber auch hineinfahren und auf einem der beiden Parkplätze im großen Innenhof des Forts Ihr Fahrzeug abstellen.

Der Eingang vom Fort des Rousses.

Jura Flore, Fort des Rousses

Der Besuch der Reifekeller für den Jurakäse **(Les caves d'affinage Arnaud du Fort des Rousses)** ist schon sehr beeindruckend. Es dauert eine Weile, bis man zu den Schaufenstern kommt, die den Besucherraum von den Reifekellern trennt. Denn es gibt ja so viel zu erzählen über die Geschichte der Käseherstellung im Allgemeinen und der Käseherstellung im Jura im Besonderen. Und dann ist da ja auch noch das Fort, als besonderer Ort. Auch darüber wird erzählt.

Über 100.000 Laibe **Comté-Käse** liegen hier auf Fichtenbrettern und warten unter außergewöhnlichen Reifungsbedingungen darauf, dass der **Maitre Affineur**, der Käsemeister, sie für den Verkauf freigibt. Bis es soweit ist, werden die Laibe dreimal pro Woche gerieben, mit einer Salzlake bestrichen und gewendet. In den Werbefilmen sieht man das immer einen Käsemeister machen. Hier fährt ein Roboter durch und erledigt diese Aufgabe. Dies wird solange durchgeführt, bis eine harte und trockene Käserinde entstanden ist. Je nach Käsesorte dauert dieser Prozess zwischen 4 und 18 Monaten. Für die Herstellung eines dieser wagenradgroßen rund 48 Kilogramm schweren Laibe werden 450 bis 500 Liter Milch benötigt. Milch, die nur von den Rindern der Rasse Montbéliard kommen darf und die nur mit dem Gras oder dem Heu der Jurawiesen gefüttert werden dürfen. Strenge Regeln also, an die sich die rund 400 Bauern der Region und die 32 **fruitières** (Molkereien) halten müssen, die diesen Betrieb mit den gepressten aber ungereiften Käselaiben beliefern.

Gerätschaften der Käseherstellung aus früherer Zeit.

Hergestellt werden hauptsächlich der klassische **Comté-Käse**, wie soeben beschrieben, der **Morbier** der sich mit einem Streifen aus Pflanzenasche zu erkennen gibt und deren Laibe wesentlich kleiner sind sowie der **Bleu de Gex**, ein milder Blauschimmelkäse und in geringen Mengen der **Chevret**, der hier nicht aus Ziegenmilch, sondern aus Kuhmilch gewonnen wird.

Dass es am Ende der Führung die Möglichkeit gibt sich an einem Verkaufsstand mit Käse einzudecken, wird vermutlich nicht überraschen. Alle Sorten werden angeboten. Im Eintrittspreis von 6,00 € sind nur die kleinen Häppchen zum probieren enthalten.

Schwer bepackt und um einige Eindrücke reicher verlassen wir die Fromagerie.

Das Fort zählt mit 93 Hektar Fläche zu den größten in Frankreich. Im Festungsgraben ist ein **Wanderweg** angelegt, der um die gesamte Anlage führt und rund 2,5 Kilometer lang ist. Wer ihn geht, kann noch allerlei über die Funktion und Bedeutung der einzelnen Bauwerke erfahren. Das Fort sollte die Grenze zur Schweiz absichern.

Der **Französische Generalstab** befürchtete allerdings Mitte des 19. Jh. keinen Angriff der Schweizer, sie befürchteten, dass die **Preußen** die Neutralität der Schweiz verletzen könnten, und

Weg im Festungsgraben.

an dieser ungesicherten Grenze Frankreich angreifen würden. Deshalb errichtete man diese Festung und baute sie im Laufe der Jahre zu einer großen Kaserne für 3500 Soldaten aus. Angegriffen wurde das Fort allerdings nie, 1919 wurde es bereits vom Militär wieder aufgegeben. Nach dem Zweiten Weltkrieg nutzte man es noch eine Zeitlang zur Ausbildung von Elitesoldaten, dann wurde es geschlossen und 1997 an die Stadt verkauft. Eines der beiden großen Kasernengebäude wird heute als Verwaltungsgebäude genutzt, in dem anderen befindet sich die Käserei. Das ist doch mal eine gelungene Konversion.

Dass LES ROUSSES auch ein großes Wintersportzentrum ist, erkennt man unter anderem an dem großen **Stade nordique des Tuffes**, einer Biathlonanlage, die außerhalb des Winters sehr verwaist wirkt. Der große Parkplatz an dieser Anlage ist auch gleichzeitig Wohnmobilstellplatz.

(119) WOMO-Stellplatz: Les Rousses, Station de ski

GPS: N46° 26' 53.0" E6° 04' 37.1",
Route du Tabagnoz, 39220 Les Rousses
max. Womos: >10, maximale Länge >10 m
Ausstattung: asphaltierter Platz, Behälter für die Müllentsorgung, Wasser Ver- und Entsorgungsmöglichkeit am Rande des Platzes. max. Aufenthaltsdauer: 7 Tage, geöffnet von Jan. – Dez.
Lage: Außerhalb der Stadt am Rande einer Biathlonanlage.
Preise: Nutzung des Platzes kostenlos, Frischwasser und 55 Minuten Strom 5,00 €, zu zahlen mit EC- oder VISA-Karte, keine Münzen.
Zufahrt: Über die D1005 in Richtung Gex..

Der Platz liegt rund 5 Kilometer vom Fort entfernt. Um diese Region, die für Wanderungen oder Radtouren gut geeignet ist erkunden zu können, benötigen Sie die IGN Top-Karte 3327 ET im Maßstab 1:25.000, die auch noch knapp unser nächstes Ziel abdeckt.

Wir fahren weiter nach MIJOUX. Für Fahrzeuge bis 3,5t sind es bis zum nächsten Stellplatz 13 Kilometer, für Fahrzeuge über 3,5t 17 Kilometer, letztere dürfen die schmale D313 nicht befahren. Der Ort liegt in einem Längstal, der **Combe de Mijoux**, das von der **Valserine** entwässert wird, einem Fluss, der für uns am Ende dieses Kapitels noch ein besonderes Schmankerl bereithält. Diesen Stellplatz haben wir für all diejenigen ausgewählt, die oben auf dem **Col de la Faucille** auf dem Wanderparkplatz nicht frei übernachten möchten. Darüber hinaus hat der kleine Ort einige kleine Ladengeschäfte für die Grundversorgung mit Lebensmitteln. Die Stellplatzbeschreibung finden Sie auf der folgenden Seite.

(120) WOMO-Stellplatz: Mijoux

GPS: N46° 22' 10.1" E6° 00' 08.7", La Bissaude, 01410 Mijoux
max. Womos: >10, maximale Länge >10 m
Ausstattung: befestigter sonniger Platz, Behälter für die Müllentsorgung, Wasser Ver- und Entsorgungsmöglichkeit in der Mitte des Platzes. max. Aufenthaltsdauer: 7 Tage, geöffnet von Jan. – Dez.

Lage: Im Wald am Ortsrand 500 Meter von Mijox entfernt.
Preise: Nutzung des Platzes kostenlos, Frischwasser und 55 Minuten Strom 3,50 €. Dazu benötigt man einen Jeton, den es im Office de Tourisme oder den Ladengeschäften zu kaufen gibt.
Zufahrt: Über die D1005/D313 in Richtung Gex/Mijoux

Von diesem Stellplatz sind 9 Kilometer bis zum **Col de la Faucille** zu fahren. Der Pass führt in einer Höhe von 1323 Metern über den letzten Höhenzug des Jura vor der Ebene des **Genfer Sees.** Es ist ein stark frequentiertes Wintersportgebiet. Die Skisaison ist lang, sie reicht bis Ende März/Anfang April. Bei guter Schneelage sind übrigens Abfahrten hinunter nach Mijoux möglich. Immerhin rund 500 Meter Höhenunterschied.

Das Wetter kann sehr rau sein, die Gewitter stürmisch und die Temperaturen niedrig. 10°Celsius Unterschied zu den Orten am Genfer See ist keine Seltenheit. Selten aber ist, dass hier oben das Thermometer mehr als 25° anzeigt. Ohne Jacken konnten wir also bei unserer kleinen Wanderung, die wir Anfang Mai gemacht haben, nicht auskommen. Der Wanderparkplatz hat folgende Koordinaten: [**121:** N46° 22' 05.3" E6° 01' 03.0"]. Bei unserem letzten Besuch in 2016, war hier noch eine riesige Bau-

Col de la Faucille.

Kabinenseilbahn und Sommerrodelbahn am Col de la Faucille.

stelle. Bis 2018 sollten die Arbeiten an dem neuen Parkplatz abgeschlossen sein. Wie es scheint, wird das Gebiet immer stärker für Freizeitzwecke ausgebaut. Neben der **Kabinenseilbahn**, die zum **Montrond** hochführt lockt eine **Sommerrodelbahn** Gäste an und es gibt zwei Restaurants hier oben. Die Kabinenseilbahn ist in der Nebensaison nur an den Wochenenden in Betrieb (7,00 € pro Person), ebenso die rund 1,3 Kilometer lange Sommerrodelbahn. In der Nebensaison haben auch die Restaurants geschlossen. Bei unseren Besuchen im Mai und September standen wir vor verschlossenen Türen.

Sendeanlagen auf dem Petit Montrond.

Für den Wanderer gibt es mehrere Wege nach oben. Sich davon einen auszusuchen ist nicht schwer, der Höhenunterschied nicht einmal 300 Meter, das ist doch zu bewältigen. Den Weg nach oben zu gehen lohnt sich bei gutem Wetter ganz sicher, auch wenn der zuweilen steile Anstieg durchaus anstrengend sein kann.

Wenn Sie gleich umblättern, werden Sie vermutlich auch einmal hochgehen wollen.

Blick vom Petit Montrond auf die Alpen mit dem Mont Blanc.

Es ist schon ein erhebender Anblick der sich vom **Petit Montrond** auf die Alpen mit dem 4810 Meter hohen **Mont Blanc** in der Mitte des Bildes bietet. Diese Wanderung können Sie auch zu einer Tagstour bis zum **Crêt de la Neige** ausdehnen. Er liegt 14 Kilometer entfernt und erreicht eine Höhe von 1720 Meter.

Wir heben uns das für einen erneuten Besuch zu einem späteren Zeitpunkt auf. Jetzt gehen wir zurück und fahren dann den Pass hinunter in Richtung **Genfer See**.

Sicher haben Sie schon einmal etwas von dem **"Teilchenbeschleuniger"** gehört oder gelesen. Die Entdeckung des **"Gottesteilchens"** ging vor einigen Jahren durch die Presse und galt als ein elementarer Schritt für das Verständnis des Universums. Entdeckt wurde es im Europäischen Kernforschungszentrum **CERN** mit dem **Large Hadron Collider**, kurz **LHC**, dem leistungsstärksten Teilchenbeschleuniger der Welt.

Wenn Sie einen Blick auf die Karte am Anfang dieses Kapitels werfen, dann sehen sie ihn dort mit einem grünen Kreis markiert.

Um die Forschung nach den größten Geheimnissen unseres Universums einem breiteren Publikum näher zu bringen wurde ein Radweg angelegt, der entlang dieser Riesenmaschine führt, die 100 Meter unter der Erdoberfläche liegt. Er ist 54 Kilometer lang und zählt 10 Stationen. Die Stationen befinden sich an Einrichtungen des **CERN**, die selbst nicht zu besichtigen sind. Vor den Gebäuden befinden sich Informa-

tionstafeln, die auf die Arbeit in diesen Einrichtungen hinweisen und man findet in einem Frage-Antwort-Spiel Aufklärung über die Tätigkeit und Fragen der Forscher. Wo man in diesen Radweg einsteigt bleibt einem selbst überlassen.

Um diesen Weg zu fahren haben wir zwei Plätze für Sie auf unserer Tour ausgesucht, die Sie ansteuern können.

(122) WOMO-Campingplatz-Tipp: Gex, Les Genêts

GPS: N46° 20' 02.8" E6° 04' 01.8", 400 Avenue des Alpes, 01170 Gex
max. Womos: >10, maximale Länge 8 m
Ausstattung: voll ausgestatteter CP, geöffnet von März – Okt.
Lage: Am Ortsrand, ruhig.
Preise: Für ein Fahrzeug mit 2 Personen je nach Saison zwischen 13,50 und 15,50 € ohne Stromanschluss und mit zwischen 16,00 und 18,00 €.
Zufahrt: Über die D984C in Richtung Gèneve.

(123) WOMO-Wanderparkplatz: Crozet, Seilbahnstation

GPS: N46° 17' 03.0" E6° 00' 30.1", Route de la Thene, 01170 Crozet
max. Womos: >10, maximale Länge >10 m
Ausstattung: asphaltierter Platz bzw. Straße, Restaurant am Rande des Platzes, geöffnet von Jan. – Dez.
Lage: Am Ortsrand, ruhig. Man kann den großen Parkplatz nutzen oder am Straßenrand nördlich des Platzes stehen, hier hat man eine schöne Aussicht.
Preise: kostenlos
Zufahrt: Über die D89, etwa in der Ortsmitte der Beschilderung "Télécabine de Crozet" folgen .

Passport to the Big Bang

Zur Vorbereitung der Radtour kann man sich den **Passport to the Big Bang** beim Office de Tourisme in Gex oder in Crozet besorgen oder sich schon zuhause von der website **http://visit.cern/tours/passport-big-bang** als 16-seitiges PDF-Dokument herunterladen. Dort ist, ebenfalls als PDF-Dokument, auch eine Karte abrufbar. Die PDF-Dokumente gibt es nur in englischer und in französischer Sprache. Einmal auf dem Radweg, folgt man auf der französischen Seite diesen Hinweisschildern. In der Schweiz sehen die Schilder etwas anders aus. Der deutlich längere Teil des Wegs liegt in Frankreich. In dem **Passport to the Big Bang** werden in multiple-choice-Form Fragen gestellt wie:

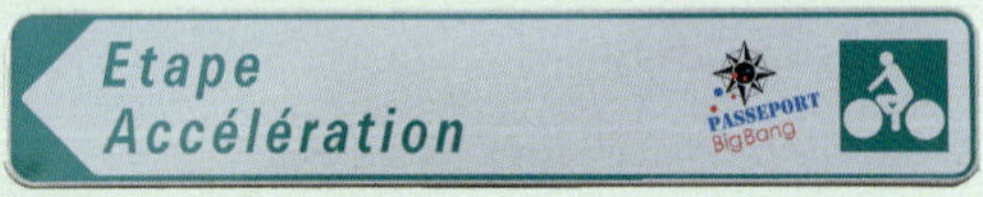

What do we call the transformation that neutrinos undergo during their journey?
a) metamorphosis
b) vibration
c) oscillation

Eine der Hinweistafeln auf der Tour Passport to the Big Bang.

Nun, wissen Sie es? Wir stehen achselzuckend vor dieser Frage, die sich an Kinder richtet. Selbst zu erklären was Neutrinos überhaupt sind, bringt uns ins Grübeln und muss erst ergoogelt werden. Also diese Tour ist schon eine intellektuelle Herausforderung, körperlich anstrengend ist sie nicht. Wer aber ein Faible für Physik hat, dem wird dieser Weg gefallen und wird auch sicher im **Besucherzentrum** in **Meyrin** vorbeischauen, an dem man automatisch vorbeikommt, wenn man

CERN, Besucherzentrum in Meyrin.

diesen Weg mit dem Rad fährt. Hier werden montags bis samstags geführte Touren in englischer Sprache zwischen 11.00 und 13.00 Uhr angeboten und in französischer Sprache mittwochs und samstags zwischen 11.00 und 15.00 Uhr. Vergessen Sie bitte nicht Ihren Personalausweis mitzunehmen wenn Sie diesen Radweg befahren möchten, Sie werden ihn unter Umständen an der Grenze zur Schweiz benötigen. Wer das Besucherzentrum 500 Meter hinter der französisch-schweizerischen Grenze mit dem WOMO anfahren möchte: Route de Meyrin 372, 1217 Meyrin, Schweiz, GPS: N46° 14' 01.2" E6°03'25.6".

Zurück zu unserem Stellplatz an der Seilbahnstation. Wer einfach nur wandern möchte, ohne sich mit Neutrinos oder anderen kleinen Teilchen, die hier mit höchster Geschwindigkeit durch die Röhre gejagt werden zu beschäftigen, der fährt mit der Seilbahn hoch und geht hier zum **Crêt de la Neige** (1720 m) oder zum **Grand Montrond** (1596 m) und genießt die Aussicht auf den **Genfer See**. Die Bahn ist in den Sommer- und Wintermonaten täglich in Betrieb, in der Vor- und Nachsaison nur samstags und sonntags. Eine Fahrt kostet pro Person 7,00 €. Die sportlichen unter Ihnen können das MTB mit nach oben nehmen und dann anschließend die Hänge hinuntersausen.

Als nächstes haben wir FERNEY-VOLTAIRE auf dem Besuchsprogramm. Was den Ort besonders interessant macht, verrät schon der zweite Teil seines Namens. Über schmale Straßen geht es 11 Kilometer quer durch das Pays de Gex zu der Stadt, in der der große französische Philosoph **Voltaire** (*1694; †1778) einst lebte. Einen Parkplatz zu finden ist zugegebener Weise nicht so ganz einfach. Am besten gelingt dies wahrscheinlich am Rathaus (23 Chemin Florian, 01210 Ferney-Voltaire; GPS: N46° 15' 21.7" E6° 06' 27.0"), der Parkplatz direkt vor dem Schloss ist

In der Grand' Rue befinden sich einige Cafés und Restaurants.

sehr klein. Hier einen Platz zu finden ist eher unwahrscheinlich. Das ist nicht weiter tragisch, denn bis zum Schloss sind es vom Rathaus nur 500 Meter.

"Mit seiner Kritik an den Missständen des Absolutismus und der Feudalherrschaft sowie am weltanschaulichen Monopol der katholischen Kirche war Voltaire ein Vordenker der Aufklärung und ein wichtiger Wegbereiter der Französischen Revolution. In der Darstellung und Verteidigung dessen, was er für richtig hielt, zeigte er ein umfangreiches Wissen und Einfühlungsvermögen in die Vorstellungen seiner zeitgenössischen Leser. Sein präziser und allgemein verständlicher Stil, sein oft sarkastischer Witz und seine Kunst der Ironie gelten oft als unübertroffen."

So ist Voltaire in der deutschsprachigen Wikipedia charakterisiert. Schöner und treffender hätten wir es auch nicht formulieren können, deshalb erlauben wir uns diese Sätze zu zitieren.

Sein Denkmal steht auf der Avenue Voltaire an der Kreuzung mit der verkehrsberuhigten Grand' Rue, in der sich Cafés und Restaurants befinden.

Das Schloss wurde im Auftrag von **Voltaire** in der Zeit von 1758 bis 1766 an der Stelle einer ehemaligen Burg gebaut. Es war der Wohnsitz während seiner letzten zwanzig Lebensjahre Dieses elegante Wohnhaus ist heute denkmalgeschützt und

Château Voltaire in Ferney-Voltaire.

ein Ort der Erinnerung an den großen Philosophen des Zeitalters der Aufklärung. In diesem Schloss empfing **Voltaire**, der sich selbst gern als "Gastwirt Europas" bezeichnete, zahlreiche Persönlichkeiten aus ganz Europa. Er soll ständig mehr als 50 Gäste in seinem Haus beherbergt haben, die mit Theateraufführungen unterhalten wurden. Von hier aus führte der Philosoph und Freund **Friedrichs d.Gr.** auch seinen Kampf gegen die Intoleranz und schrieb in seinem Arbeitszimmer im linken Flügel des Hauses Meisterwerke für die Verteidigung der Menschenrechte wie die Abhandlung über den Toleranzgedanken und das philosophische Wörterbuch.

Er zeigte sich als verantwortungsvoller Gutsherr, ließ das damals noch kleine Dorf mit Steinhäusern erneuern und stiftete ein Krankenhaus, eine Schule und ließ Werkstätten einrichten.

Zurzeit wird das Schloss vollständig restauriert und ist deshalb für Besucher nicht zugänglich. Erst ab 2018 werden die Innenräume wieder zu besichtigen sein. Der von Voltaire geliebte Schlosspark, in dem er seinen Gedanken nachgehen konnte, ist davon nicht betroffen. Hier kann man auf seinen Spuren wandeln.

Fort l'Écluse an der Rhône.

Wir kehren zum WOMO zurück und fahren nunmehr dem Ende dieser Tour entgegen. Von FERNEY-VOLTAIRE bis nach BELLEGARDE-SUR-VALSERINE sind es 36 Kilometer, die auf gut ausgebauten Straßen zügig gefahren werden können, wenn man das möchte. Dort, wo die Rhône in einem engen Quertal den **Jura** durchbricht befindet sich das **Fort l'Écluse**.

Es wurde von einem Herzog von Savoyen begonnen und während der Herrschaft **Ludwig XIV.** durch **Vauban** vollendet.

Sentier des pertes de la Valserine.

Die Österreicher zerstörten es 1815, die Franzosen bauten es nach der Herrschaft Napoleons wieder auf. Das Fort besteht aus zwei Gebäudekomplexen die mit Gängen verbunden sind. Das obere Fort, dass der Absicherung des unteren diente, ist baufällig und kann nicht besichtigt werden. Das untere wird heute für Veranstaltungen genutzt und ist freitags bis montags für Besucher geöffnet.

Bevor der Straßentunnel gebaut wurde, ging der Verkehr durch das Innere des Forts. Wenn Sie das Fort besuchen möchten finden Sie direkt hinter der Tunnelausfahrt einen Parkplatz (N46° 07' 11.6" E5° 53' 24.8"). Die Zufahrt ist sehr spitzwinkelig. Es empfiehlt sich mit größeren Mobilen nach Ende des Tunnels 500 Meter weiter zu fahren, dort gibt es Möglichkeit zu wenden und dann den Parkplatz anzusteuern.

Strudellöcher der Valserine.

Wir setzen unseren Weg fort und fahren zu einem kleinen Wanderparkplatz in der Nähe der **Valserine**, am Ortsrand von BELLGARDE-SUR-VALSERINE an der Route de Lyon (D1084) [**124:** N46° 07' 26.3" E5° 49' 07.1"]. Von hier führt der **Sentier des pertes de la Valserine** über Stufen und schmalen Wegen bergab zum Fluss. Es ist ein lauschiger Wanderweg, der durch einen märchenhaften Wald mit vermoosten Bäumen führt. Hohe Luftfeuchtigkeit bietet denen Moosen ideale Wachstumsbedingungen und haben Bäume und Büsche vollständig eingehüllt.

Wasserfall und Staustufe bei Bellgarde-sur-Valserine.

Nach etwa einem Kilometer ist das Tal erreicht und wir sehen zunächst keinen Fluss, nur eine große zerfurchte Steinplatte. Doch hört man Wasser rauschen und je näher man kommt, erkennt man, wie sich die **Valserine** in unzähligen Rinnen durch das harte Gestein gearbeitet hat. Mit Strudellöchern hat sie kleinere und größere Hohlformen geschaffen. Eine Erosionsform, der wir im Jura und am Alpenrand immer wieder begegnen, doch nur hier kann man darüber laufen, sich die Formungsvorgänge von oben ansehen.

Etwas weiter Unterhalb dieses Naturphänomens befindet sich eine Staustufe, in die ein kleiner Wasserfall plätschert. Hier sind wir bereits am Ortsrand angelangt und der weitere Weg verspricht nicht interessant zu sein. Deshalb kehren wir um und gehen denselben Weg zurück.

Oben angekommen fahren wir weiter zu dem Platz, den wir schon am Ende der Tour 4 angesteuert haben. Von dort geht es weiter nach ANNECY.

(095) WOMO-Stellplatz: Chanay

GPS: N46° 00' 17.9" E5° 46' 58.0", 1 Allée d'Izernore, 01420 Chanay.
max. Womos: 5, maximale Länge 8 m.
Ausstattung: Befestigter halbschattiger Platz, mit Wasserver- und entsorgung (mit Bodeneinlass), Kassettenentleerung, Waschbecken, Behälter für die Müllentsorgung, geöffnet von Jan. – Dez.
Lage: Neben einem Sportgelände, nachts ruhig.
Preise: Nutzung und Entsorgung kostenlos, Frischwasser 3,00 €, nur mit Euroscheckkarte und PIN zu zahlen, keine Münzen.
Zufahrt: Etwa in der Ortsmitte rechts in die Route des Bocconod abbiegen, dann sind es noch 150 Meter.

Tour 8

TOUR 8 (ca. 100 km)

Corbonod – Seyssel – Clermont – La Balme-de-Sillingy – Vaulx – Château Montrottier – Les Gorges du Fier – Annecy – Lac d'Annecy

Freie Übernachtung:	Vaulx, Château Montrottier, Les Gorges du Fier, Annecy.
Stellplätze:	Corbonod, Seyssel, La Balme-de-Sillingy, Annecy, Sévrier (Lac d'Annecy), Lathuile (Lac d'Annecy).
Campingplätze:	Sévrier (Lac d'Annecy), Duingt (Lac d'Annecy), (Lac d'Annecy) Doussard.
Ver-/Entsorgung:	Seyssel, La Balme-de-Sillingy, Annecy, Lathuile (Lac d'Annecy).
Besichtigungen:	Weingut in Corbonod, Seyssel (Altstadt), Clermont (Schloss), Geheime Gärten in Vaulx, Schloss Montrottier, Schlucht des Fier, Annecy (Altstadt).
Wandern/Radtour:	Mit dem Fahrrad rund um den Lac d'Annecy, Wandern auf dem Semnoz.
Baden/Wellness:	Strandbäder in Seyssel und am Lac d'Annecy.

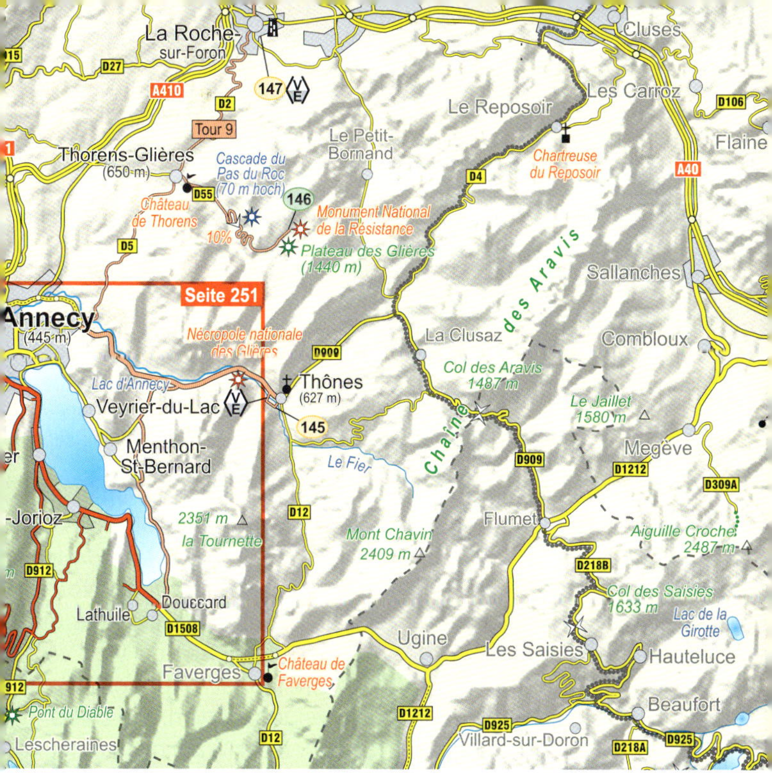

Waren die letzten Touren die uns bis nach CHANAY geführt haben nicht so stark touristisch frequentiert, wird sich das im Verlaufe der nächsten Kilometer sehr stark ändern.

Beginnen wir mit CORBONOD, der kleinen Weinbaugemeinde 6 Kilometer hinter CHANAY.

Das Weindorf Sylans gehört zur Gemeinde Corbonod.

(125) WOMO-Stellplatz: Corbonod-Sylans

GPS: N45° 59' 09.0" E5°48' 05.5", 205 Rue des Vignes, 01420 Corbonod.
max. Womos: 3, maximale Länge 8 m.

Ausstattung: Befestigter sonniger Platz, mit Toilette, geöffnet von Jan. – Dez.
Lage: Auf dem Gelände einer Weinkellerei mit freiem Blick auf die Rhône und dem Jura, nachts ruhig.
Preise: kostenlos
Zufahrt: In der Mitte des Ortsteils Sylans von der D991 in die schmale Gasse Rue des Vignes fahren, links halten, 200 Meter.

War es in den Bergen und auf den Höhen noch richtig frisch, ist es hier an der **Rhône** schon sehr warm. Das hiesige Klima begünstigt den Weinbau. Angebaut wird der **Mondeuse** oder **Mondeuse Noire**, eine alte Rotweinsorte die in dieser Region weit verbreitet ist und sortenrein angebaut wird. Ein charaktervoller Wein mit kräftigen Aromen von roten Früchten vollmundig und würzig, pfeffrig, kräftig und farbintensiv. Als zweite Rebsorte wird **Molette,** eine Weißweinsorte angebaut, aus der ein leichter und würziger Wein gekeltert wird. Beide Weine werden hier angeboten, die man kaufen kann, aber nicht kaufen muss, wenn man diesen Platz nutzt. Uns haben die Weine gefallen, sie schmeckten gut und sind zudem günstig.

Mondeuse Noire in Corbonod-Sylans.

Mit einem kleinen Wein-Vorrat im Gepäck setzen wir unsere Fahrt fort. Der nächste Ort ist SEYSSEL, nur 5 Kilometer entfernt. Nur welches SEYSSEL? Den Ortsnamen gibt es gleich zweimal und bei flüchtiger Betrachtung könnte man meinen, es handle sich um eine Stadt die links und rechts der **Rhône** liegt. Dem ist aber nicht so. SEYSSEL rechts der **Rhône** gehört zum **Département Ain**, SEYSSEL links der **Rhône** gehört zum **Département Haute-Savoie**. Die **Rhône** über die eine wunderschöne alte Brücke führt (siehe nächste Seite) bildet die Grenze zwischen den Départements. In SEYSSEL (AIN) befinden sich zwei Stellplätze in SEYSSEL (HAUTE-SAVOIE) gibt es keinen. Der erste den wir anfahren ist eher als Ausweichplatz für die Sommersaison anzusehen, wenn der zweite, sehr viel reizvollere Platz fast komplett für WOMOs gesperrt

(126) WOMO-Stellplatz: Seyssel (Ain)

GPS: N45° 57' 41.7" E5°49' 56.5", 4 Quai Edouard Serullaz, 01420 Seyssel.
max. Womos: >10, maximale Länge >10 m.

Ausstattung: Befestigter sonniger Platz ohne Versorgungseinrichtungen, geöffnet von Jan. – Dez.
Lage: Am Ortseingang mit freiem Blick auf die Rhône und Seyssel (Haute Savoie), nachts etwas Lärm durch die direkt vorbeiführende D991.
Preise: kostenlos
Zufahrt: Über die D991 gleich am Ortseingang links.

(127) WOMO-Badeplatz: Seyssel (Ain)

GPS: N45° 56' 58.4" E5° 50' 03.2", Quai du Rhône, 01420 Seyssel.
max. Womos: >10, maximale Länge 8 m.
Ausstattung: Befestigter halbschattiger Platz, mit Wasserver- und -entsorgungsmöglichkeit, die im vorderen Teil des Stellplatzes etwas versteckt liegt und mit großen Fahrzeugen nur schwer anzufahren ist.
Geöffnet von Jan. – Mai und von Mitte Sept. bis Dez.

Lage: Im Süden von Seyssel. Freibad und Badesee in unmittelbarer Nähe, eine Reihe mit freiem Blick auf die Rhône, nachts sehr ruhig.
Preise: kostenlos
Zufahrt: Über die D991B Route de Lyon bis zum Ortsende fahren, dann vor der Steigung, die zur neuen Brücke hochführt links abbiegen. Das Hinweisschild an dieser Stelle ist klein und kann schnell übersehen werden.

ist. Da haben dann die Badegäste, die mit dem Auto zum nahen Badesee und Freibad fahren wollen, Vorrang.

Der Stellplatz im Süden der Gemeinde ist sehr beliebt. Wir waren hier schön öfter, auch schon zu einer Zeit, als wir noch gar nicht daran dachten, ein Buch über diese Region zu schreiben. Wir haben den Platz immer gut gefüllt vorgefunden. Etwa ein Kilometer ist die alte Brücke entfernt, über die man in das gegenüberliegende SEYSSEL (HAUTE-SAVOIE) kommt. Man geht dazu über die zum Teil frisch renovierten Kais, die Mitte des 19. Jahrhunderts erbaut wurden. Die Hängebrücke datiert von 1838-1840, sie ersetzte eine Holzbrücke, die 1835 ein Hochwasser nicht überstand. Oben auf der Brücke steht eine Statue der Jungfrau Maria. Die schwarze Madonna aus dem 12. Jahrhundert, die sich vorher auf der Flussinsel befand, steht heute in der Kirche von SEYSSEL (AIN). Sehenswert ist auch die **Église Saint-Blaise** in SEYSSEL (HAUTE-SAVOIE). In unmittelbarer Nähe befindet sich im Hotel Beau Sejour das

Blick Seyssel (Ain) auf Seyssel (Haute-Savoie).

Restaurant "Au fil de l'Eau" mit einer schönen Aussichtsterrasse über der Rhône. SEYSSEL (HAUTE-SAVOIE) bietet mehr Altstadtflair als sein Pendant gegenüber. Dafür ist der Blick von SEYSSEL (AIN) von einem Straßencafé auf die gegenüberliegende Seite reizvoll. Aber sehen Sie selbst!

Altstadt von Seyssel (Haute-Savoie).

Von SEYSSEL lassen sich schöne Rad- und Wandertouren in ein weiter südliche gelegenes Vogelschutzgebiet an der **Rhône** unternehmen. Wenn Sie kein Fahrrad dabei haben, so können Sie sich ein modernes e-bike am Freibad für einige Stunden oder einen ganzen Tag zum einem Preis zwischen 18,00 und 23,00 € leihen. Der Radweg, der durch SEYSSEL führt ist Teil der **Via Rhona**, dem 815 Kilo-

meter langen Radwanderweg, der vom Genfer See ans Mittelmeer führt.

Eine so große Radtour machen wir nicht. Nachdem wir uns die beiden Städte angesehen haben, fahren wir weiter.

Es geht nunmehr nach CLERMONT, der Ort liegt rund 10 Kilometer von SEYSSEL entfernt und ist trotz kurvenreichen Anstiegs schnell erreicht. Um dorthin zu kommen, geben Sie in ihr Navi: 19 Route du Château, 74270 Clermont ein oder verwenden diese Koordinaten: (N45° 58' 21.3" E5° 54'23.6"). Der Parkraum vor dem Schloss ist sehr begrenzt. Viel mehr als das, was Sie auf dem Foto auf der folgenden Seite sehen, steht nicht zur Verfügung.

Arkaden im Innenhof des Schlosses.

Das Château de Clermont.

Das Schloss wurde in den Jahren zwischen 1576 und 1580 im Stil der italienischen **Renaissance** erbaut. Es ist das einzige Renaissancegebäude dieser Art in Savoyen und im Gegensatz zu den ganzen Befestigungs- und Festungsanlagen die wir schon besucht und beschrieben haben ein echtes Schloss, dessen Glanzstück sicher der Innenhof mit den Arkaden ist. Es wird heute für Veranstaltungen genutzt und kann in den Monaten Mai, Juni und September samstags und sonntags besichtigt werden, in den Monaten Juli und August ist das Schloss täglich für Besucher geöffnet. Direkt neben dem Schloss befindet sich ein nettes Restaurant, in dem man die Wartezeit auf die nächste Führung angenehm verkürzen kann. Man kann die Wartezeit aber auch nutzen, um den Hang hinter dem Schloss hochzugehen und das **Alpenpanorama** mit dem **Mont Blanc** als höchsten Berg zu genießen. Eine weitere Sehenswür-

Dorfkirche Saint Étienne neben dem Château de Clermont.

digkeit dieses 400 Einwohner zählenden Ortes ist die **Église Saint-Etienne** aus dem 19. Jahrhundert, die im Inneren eine schöne Deckenbemalung aufweist. Auch diese Kirche ist es wert besucht zu werden.

(128) WOMO-Stellplatz: La Balme-de-Sillingy

GPS: N45° 58' 16.9" E6° 01' 52.5",
10 Route des Carasses, 74330 La Balme-de-Sillingy

max. Womos: 16, maximale Länge 9 m

Ausstattung: Asphaltierter Platz mit Wasserver- und -entsorgung (mit Bodeneinlass), Kassettenentleerung, WC, Behälter für die Müllentsorgung, max. Aufenthaltsdauer: 48 h, geöffnet von April – Nov.

Lage: Am Rande des Lac de la Balme, nachts ruhig

Preise: Pro Fahrzeug mit 2 Personen 6,00 €, Frischwasser und Entsorgung ist kostenlos.

Zufahrt: Über die D1508, Route de Paris.

Unsere nächsten beiden Ziele präsentieren sich im Frühjahr von ihrer schönsten Seite. Von CLERMONT geht die Reise weiter nach LA BALME-DE-SLLINGY. Die Straßen sind schmal in diesem Teil des **Genevois**, wie die Landschaft nach der ehemaligen Provinz des Herzogtums Savoyen genannt wird und zudem auch kurvenreich. So brauchen wir für die 14 Kilometer fast eine halbe Stunde. Wir fahren direkt den Stellplatz am **Lac de la Balme** an. Adresse und Koordinaten entnehmen Sie bitte der Stellplatzbeschreibung oben.

Blütenpracht Anfang Mai.

Badesachen benötigen Sie für den Besuch des kleinen Sees nicht. Baden kann man hier nicht, es ist ein Fischgewässer, in dem auch Sie Angeln können, wenn Sie sich vorher an der Touristinformation, die sich in der Nähe des Parkplatzes befindet, die entsprechende Erlaubniskarte erworben haben. Entlang des Sees ist ein schmaler Park angelegt, der im Frühjahr eine wahre Blütenpracht entfaltet. Ne-

Ob zartrosa oder weiß. Die Blütenpracht bezaubert.

ben diesen blühenden Bäumen und Sträuchern gibt es eine ganze Reihe von Fitnessgeräten, die man entweder allein oder zu zweit bedienen kann. Nach einer längeren Fahrt oder längerer Untätigkeit der ideale Ort, um Muskeln aufzulockern und den Kreislauf in Schwung zu bringen. Rund um den See ist ein Spazierweg angelegt, er hat eine Länge von 1,4 Kilometern. Sie können diesen Platz auch als Ausweichmöglichkeit in Erwägung ziehen, wenn Sie später im 15 Kilometer entfernten ANNECY am See keine Stellmöglichkeit finden. Doch dazu später mehr, jetzt fahren wir zunächst zu einem geheimnisvollen Garten.

Jardins Secrets heißt das nächste Ziel. Wieder können wir schmale Straßen nicht vermeiden und wieder ist es viel zu

Spazierweg am Lac de la Balme.

kompliziert eine Routenbeschreibung abzugeben. Die Adresse und die Koordinaten entnehmen Sie bitte der Stellplatzbeschreibung.

(129) WOMO-Picknickplatz: Jardins Secrets

GPS: N45° 55' 05.0" E5° 59' 09.9", 1561 Route de Lagnat, 74150 Vaulx

max. Womos: 2, maximale Länge 8 m
Ausstattung: befestigter Platz ohne Versorgungseinrichtungen, max. Aufenthaltsdauer: 24 h, geöffnet von April – Sept.
Lage: Am Rande des Gartens, nachts absolut ruhig
Preise: kostenlos.
Zufahrt: Über Voie Communale N°2 de Lagnat à Hauteville.

Ist VAULX mit weniger als 1000 Einwohnern schon eine kleine Gemeinde, so ist der Teilort LAGNAT wo wir unser Etappenziel finden, eigentlich nur ein großes Gehöft.

Der Parkplatz liegt direkt neben dem von außen eigentlich nur als Gebäude erkennbaren Gärten. Durch eine Fassade aus bunten Ziegeln, die in allerlei Stilrichtungen gefertigt sind betreten wir das Gebäude, entrichten unseren Eintrittspreis von 8,50 € pro Person und sind erstmal baff. Überrascht und erstaunt kann man auch sagen, sehr überrascht sogar.

Für den Besuch dieses außergewöhnlichen Gartens sollte man sich ein wenig Zeit nehmen. Die Gartengestaltung ist detailverliebt mit kleinen Gebäuden, Brunnen, Beeten, Ornamenten und Figuren ausgestattet. Eine einheitliche Stilrichtung gibt es nicht und die Materialauswahl könnte vielfältiger kaum sein. Mit diesem Garten haben **Nicole** und **Alain Moumen** ein bezauberndes Werk geschaffen. Reiseerinnerungen sind hier auf sehr kreative Weise in die Gartengestaltung eingegangen. Hier glaubt man etwas orientalisches, dort etwas asiatisches an anderer Stelle wiederum

In den geheimen Gärten.

Le jardin du curé.

etwas alpenländisches oder provençalisches zu sehen. Doch nichts davon ist originalgetreu. Jede Ecke des Gartens hat seine eigene individuelle Gestaltung, die Architekturelemente anderer Kulturen aufnimmt und durch kreative Arbeit künstlerisch in Szene setzt. Die verwendeteten Materialien Holz, Kupfer, Kalkmörtel, Kalkstein, Ton oder Kieselsteine sind dabei unterschiedlich be- und verarbeitet, bemalt, lackiert oder einfach naturbelassen. Die Arrangements wirken verspielt und haben eine Unmenge an Details, die man nur sieht, wenn man sich Zeit lässt und in aller Ruhe durch den Garten geht. Es gibt eben sehr viel zu entdecken auf diesen 7000 Quadratmetern.

Le salon aux étoiles

Wasser ist ein weiteres wesentliches Element in diesem Garten. Brunnen, Teiche, kleine Kanäle überall plätschert und murmelt das Wasser, das von überschwänglichem Grün umrahmt ist und je nach Jahreszeit eine andersfarbige Blütenpracht entfaltet, dem Garten in der Tat etwas geheimnisvolles gibt. Insgesamt ist der Garten in 13 Teile gegliedert. Nacheinander betritt man den 1. Garten der Wonnen, 2. den Hof mit großem Kastanienbaum, 3. ein Bauernhaus, 4. einen andalusischen Garten, 5. einen Apothekergarten, 6. einen Hof mit Kieselsteinmosaik, 7. den Hof wo der Wahnsinn wohnt, 8. vier Salons, 9. den Garten der Leiern, 10. die Galerien, 11. den Salon der Schlappen, 12. den Priestergarten und 13. die Inseln des Glücks.

Les galeries.

Allein die Aufzählung macht schon neugierig und zu jedem dieser Gärten oder Gebäude wären ein Fülle von Details aufzuzeigen, was den Rahmen dieses Buches allerdings deutlich sprengen würde.

Wenn Sie nicht nur mit dem Wohnmobil unterwegs sind und daheim vielleicht einen Garten haben, können Sie sich hier die vielfältigsten Anregungen für die Gestaltung Ihres Anwesens holen.

Am Ende des Rundgangs wartet ein salon de thé, In dem man gemütlich bei einer Tasse Kaffee die Eindrücke des Garten verarbeiten kann. In einer Boutique gibt es diverse Andenken zu kaufen und dann beenden wir auch schon den Besuch in diesem sehr außergewöhnlichen geheimen Garten.

Le jardin du curé aus einem anderen Blickwinkel

Wohin die weitere Reise geht, daraus machen wir natürlich kein Geheimnis. Als nächste Sehenswürdigkeit haben wir das **Château Montrottier** auf dem Programm, zu dem wir 10 Kilometer zu fahren haben. Wieder geht es über schmale Straßen kurvenreich rauf und runter bis zum Ziel.

(130) WOMO-Picknickplatz: Château de Montrottier

GPS: N45° 53' 53.3" E6° 02' 29.6", 1214 Route des Gorges, 74330 Lovagny

max. Womos: 3, maximale Länge 7 m
Ausstattung: asphaltierter Platz, Restaurant in der Nähe, max. Aufenthaltsdauer: 24 h, geöffnet von Jan. – Dez.
Lage: Am Rande einer Wiese/Gehöft, ruhig
Preise: kostenlos.
Zufahrt: Über die Einmündung der D116 in die D64

Der Parkplatz ist noch recht neu, das Schloss in Sichtweite, der Weg dorthin einfach zu finden. Das **mittelalterliche Schloss** ist in seiner Architektur ein typisches Beispiel für eine Wehrbauanlage in Savoyen. Markant ist der Bergfried mit 33 Metern Höhe und 3 Meter dicken Mauern, die sich nach oben auf 1,5 Meter verjüngen. Er ist durch eine kernlose Wendeltreppe nach oben begehbar. In den Räumlichkeiten des Schlosses sind im Waffensaal Uniformen und Waffen aus verschiedenen Epochen zu sehen. In einem weiteren Raum sind Waffen und Kunstgegenstände aus Asien, Afrika und Ozeanien ausgestellt. Der größte Raum ist der Rittersaal, in dem die Festlichkeiten der Schlossherren stattfanden. Möbel und weitere Waffen sind hier zu sehen. Das die Mode für die Damen des Mittelalters Bedeutung hatte, jedenfalls für die adeligen, sieht man an den verschiedenen Spitzen, die in einem weiteren Raum präsentiert werden und unter anderem aus Belgien und England kamen.

Blick in den Innenhof des Châteaus.

Rund und 33 Meter hoch, der Bergfried vom Château de Montrottier.

Das Château kann von April bis September besichtigt werden. In den beiden Sommermonaten Juli und August ist es täglich geöffnet, in den anderen Monaten ist es montags und dienstags geschlossen. Der Eintritt kostet 8,00 € pro Person.

Zu unserem nächsten Ziel, einem absoluten **highlight** für Naturliebhaber könnten wir eigentlich auch laufen. Die beiden Plätze, die wir dafür für Sie ausgesucht haben, sind jeweils nur 600 Meter entfernt aber wir wollen ja die Plätze testen.

(131) WOMO-Wanderparkplatz: Gorges du Fier-Ost

GPS: N45° 53' 47.6" E6° 02' 38.6", 435 Route de la Gare, 74330 Lovagny

max. Womos: 5, maximale Länge 8 m.
Ausstattung: befestigter Platz ohne Einrichtungen, geöffnet von Jan. – Dez.
Lage: Am Eingang der Schlucht neben der Eisenbahnlinie, laut.
Preise: kostenlos.
Zufahrt: Direkt an der D64, Route de la Gare.

(132) WOMO-Wanderparkplatz: Gorges du Fier-West

GPS: N45° 53' 44.5" E6° 02' 12.1", 550 Route de Chavanod, 74330 Lovagny

max. Womos: 2, maximale Länge 7 m
Ausstattung: enger, befestigter Platz ohne Einrichtungen, geöffnet von Jan. – Dez.
Lage: Am Rande der Schlucht, ruhig
Preise: kostenlos.
Zufahrt: Über die D116 neben der Brücke über den Fier.

Markanter Unterschied zwischen diesen Plätzen ist die Lautstärke. Beim ersten Platz pfeifen Schnellzüge direkt am WOMO vorbei, beim zweiten hört man sie wegen des Tunnels nicht.

Wenn die Parkplätze auch das ganze Jahr über anzufahren sind, so ist die Schlucht nur von Mitte März bis Mitte Oktober begehbar. Die Wege von den Plätzen zum Eingang sind markiert und leicht zu finden. Der Eintritt kostet 5,70 € pro Person.

Der Beginn der begehbaren Strecke.

Das, was wir in BELLGARDE-SUR-VALSERINE im Kleinen gesehen haben finden wir hier in einer monumentalen Form. Der **Fier** hat auf seinem Weg vom **Lac d'Annecy** zu seiner Mündung in die **Rhône** bei SEYSSEL eine gewaltige Schlucht gegraben. Den spektakulärsten Teil dieser Schlucht begann man bereits 1868 für Besucher behbar zu machen. Der Weg ist mit 250 Metern nicht lang, dafür sehr eindrücklich. Auf die Entstehungsgeschichte der Schlucht wird mit Schautafeln am Anfang und am Ende des Steges hingewiesen (französisch und englisch). An der Kasse ist auch eine deutschsprachige Beschreibung erhältlich, fragen Sie danach, wenn Sie nicht sowieso freundlicherweise nach Ihrer Nationalität gefragt werden und es angeboten bekommen.

Am Ende der Schlucht (Belvédère de la Mer des Rochers).

Begeben wir uns nun zum letzen Ziel dieser Tour, nach ANNECY. Weit ist es ja nicht. Rund 12 Kilometer sind es bis zu dem ersten Stellplatz den wir hier auflisten. Ob Sie da einen Platz bekommen ist unter anderem eine Frage der Jahreszeit. In den Sommermonaten ist hier in ANNECY nämlich die Hölle los, um mal wieder salopp zu formulieren. Wir waren schon öfter in der Nebensaison hier, haben uns aber um dieses Buch schreiben zu können auch einmal in der Hauptsaison herbemüht, um einen Eindruck zu gewinnen, wie es hier in den Monaten Juli und August zugeht, wenn ganz Frankreich Urlaub macht.

Es ist voll hier, sehr voll und auf den Stellplätzen ist **Kuschelcampen** angesagt. Da stehen die Fahrzeuge in Aufbautürbreite nebeneinander. Damit Sie einen Platz finden, haben wir eine Reihe von Alternativen für Sie ausgesucht und dazu auch extra eine Karte angefertigt, die Ihnen die Orientierung erleichtern soll.

Bevor wir damit beginnen, möchten wir noch darauf hinweisen, dass es in der Rue Centrale 50, 74940 Annecy-le-Vieux (V/E)(N45° 54' 25.9" E6° 09' 08.3") eine reine Ver- und -entsorgungsstation gibt, die bei Bedarf sehr nützlich sein kann.

Und nun gutes Gelingen bei der Platzsuche!

(133) WOMO-Stellplatz: Annecy

GPS: N45° 53' 26.8" E6° 08' 20.5", Chemin de Colmyr, 74000 Annecy
max. Womos: 10, maximale Länge 8 m.
Ausstattung: Asphaltierter Platz mit Wasserver- und -entsorgung (mit Bodeneinlass), Kassettenentleerung, Behälter für die Müllentsorgung, max. Aufenthaltsdauer: 1 Tag, geöffnet von Jan. – Dez.

Lage: Ortsrand, 100 Meter bis zum See, 1,5 km bis zur Altstadt
Preise: Gebührenfrei, Frischwasser und Entsorgung frei.
Zufahrt: Über die Seeuferstraße Rue des Marquisats (D1508).

(134) WOMO-Stellplatz: Sévrier

GPS: N45° 51' 33.7" E6° 08'33.5", Route du Port, 74320 Sevrier
max. Womos: 7, maximale Länge 8 m.

Ausstattung: Asphaltierter Platz ohne Versorgungseinrichtungen, Behälter für die Müllentsorgung, max. Aufenthaltsdauer: 1 Tag, geöffnet von Jan. – Dez.
Lage: Am Hafen
Preise: Gebührenfrei
Zufahrt: Über die Seeuferstraße Route d'Albertville (D1508) in der Mitte des Ortes.

(135) WOMO-Campingplatz-Tipp: Au Cœur du Lac

GPS: N45° 51' 16.8" E6° 08' 41.8" / 3233 Route d'Albertville, 74320 Sevrier
max. Womos: >5, maximale Länge 8 m
Ausstattung: Schattige Plätze mit Wasserver- und -entsorgung (mit Bodeneinlass), Kassettenentleerung, Stromanschlüssen, WLAN.
Lage: Direkt am See, nachts ruhig.
Preise: Gebühren gestaffelt nach Saison.
Weitere Auskunft: Tél.: 04 50 52 46 45, www.campingaucoeurdulac.com/
Zufahrt: Über die Seeuferstraße Route d'Albertville (D1508).

(136) WOMO-Campingplatz-Tipp: Les Rives du Lac

GPS: N45° 50' 55.6" E6° 09' 03.4" / 331 Chemin des Communaux, 74320 Sevrier
max. Womos: >5, maximale Länge 8 m
Ausstattung: Schattige Plätze mit Wasserver- und -entsorgung (mit Bodeneinlass), Kassettenentleerung, Stromanschlüssen, WLAN.
Lage: Direkt am See, nachts ruhig.
Preise: Gebühren gestaffelt nach Saison.
Weitere Auskunft: Tél.: 04 50 52 40 14, www.lesrivesdulac-annecy.com
Zufahrt: Über die Seeuferstraße Route d'Albertville (D1508).

(137) WOMO-Campingplatz-Tipp: Europa

GPS: N45° 49' 48" E6° 10' 55", 1444, Route d'Albertville 74410 Saint-Jorioz
max. Womos: >5, maximale Länge 8 m
Ausstattung: Schattige Plätze mit Wasserver- und -entsorgung (mit Bodeneinlass), Kassettenentleerung, Stromanschlüssen, WLAN.
Lage: Abseits vom See, nachts ruhig.
Preise: Gebühren gestaffelt nach Saison.
Weitere Auskunft: Tél.: 04 50 68 51 01, www.camping-europa.com
Zufahrt: Über die Seeuferstraße Route d'Albertville (D1508).

(138) WOMO-Campingplatz-Tipp: Les champs Fleuris

GPS: N45° 49' 36.0" E6° 11' 19.6", 631, Voie romaine, 74410 Duingt
max. Womos: >5, maximale Länge 8 m
Ausstattung: Halbschattige Plätze, Wasserver- und -entsorgung am Eingang, Stromanschlüsse am Platz.
Lage: Abseits vom See, sehr ruhig.
Preise: Gebühren gestaffelt.
Weitere Auskunft: Tél.: 0450 68 57 31, www.camping-duingt.com
Zufahrt: Über die Seeuferstraße Route d'Albertville (D1508).

(139) WOMO-Stellplatz: Les Jardins du Taillefer

GPS: N45° 47' 41.2" E6° 12' 28.6", 100 Route de la Porte, 74210 Lathuile
max. Womos: 20, maximale Länge 9 m.
Ausstattung: Befestigter Platz mit Wasserver- und -entsorgung (mit Bodeneinlass), Kassettenentleerung, Müllentsorgung, max. Aufenthaltsdauer: 2 Tage, Bio-Hofladen, geöffnet von Apr.– Sept.
Lage: Ortsrand, 700 Meter bis zum See.
Preise: 8,00 € incl. Frischwasser und Entsorgung, Strom 2,00 €.
Zufahrt: Über die Seeuferstraße Route d'Annecy (D1508).

(140) WOMO-Picknickplatz: Doussard

GPS: N45° 46' 58.9" E6°13' 27.2", Route du Pont Monnet, 74210 Doussard
max. Womos: 5, maximale Länge 7 m

Ausstattung: Parkstreifen an einem Wäldchen mit Tischen und Bänken. Max. Aufenthaltsdauer: 24 h, geöffnet von Jan. – Dez.
Lage: An der Straße zum Gleitschirmlandeplatz.
Preise: Gebührenfrei.
Zufahrt: Über die Seeuferstraße Route d'Annecy (D1508).

(141) WOMO-Campingplatz-Tipp: La ferme de la Serraz

GPS: N45° 46' 29.5" E6° 13' 29.3", Rue de la Poste, 74210 Doussard
max. Womos: >5, maximale Länge 8 m
Ausstattung: Schattige Plätze mit Wasserver- und -entsorgung (mit Bodeneinlass), Kassettenentleerung, Stromanschlüssen, WiFi.
Lage: Abseits vom See, nachts ruhig.
Preise: Gebühren gestaffelt nach Saison.
Weitere Auskunft: Tél.: 04 50 44 30 68, www.campinglaserraz.com
Zufahrt: Über die Seeuferstraße Route d'Annecy (D1508) und Route de la Gare in die Rue de la Poste .

(142) WOMO-Wanderparkplatz: Semnoz, Skilift-Nord

GPS: N45° 48' 27.7" E6° 06' 06.2", D41 74540 Viuz-la-Chiésaz
max. Womos: > 10, maximale Länge >10 m
Ausstattung: Keine.
Lage: Auf dem Semnoz-Plateau (ca.1500 m Höhe ohne Alpenpanorama)
Preise: Gebührenfrei
Zufahrt: Über die D41/D110, 16 km von Annecy, 26 km von St-Jorioz (über D912).

(143) WOMO-Wanderparkplatz: Semnoz-Kamm

GPS: N45° 47' 33.5" E6° 06' 06.4", D110 74320 Leschaux

max. Womos: 5, maximale Länge 9 m.
Ausstattung: Keine.
Lage: Auf dem Semnoz-Plateau (ca.1640 m Höhe mit großartigem Alpenpanorama)
Preise: Gebührenfrei.
Zufahrt: Über die D41/D110, 20 km von Annecy, 23 km von St-Jorioz (über D912).

(144) WOMO-Wanderparkplatz: Semnoz, Skilift-Süd

GPS: N45° 46' 52.5" E6° 06'29.1", D110 74320 Leschaux
max. Womos: > 10, maximale Länge 9 m
Ausstattung: Keine.
Lage: Auf dem Semnoz-Plateau
Preise: Gebührenfrei.
Zufahrt: Über die D41/D110, 20 km von Annecy, 23 km von St-Jorioz (über D912).

Lac d'Annecy

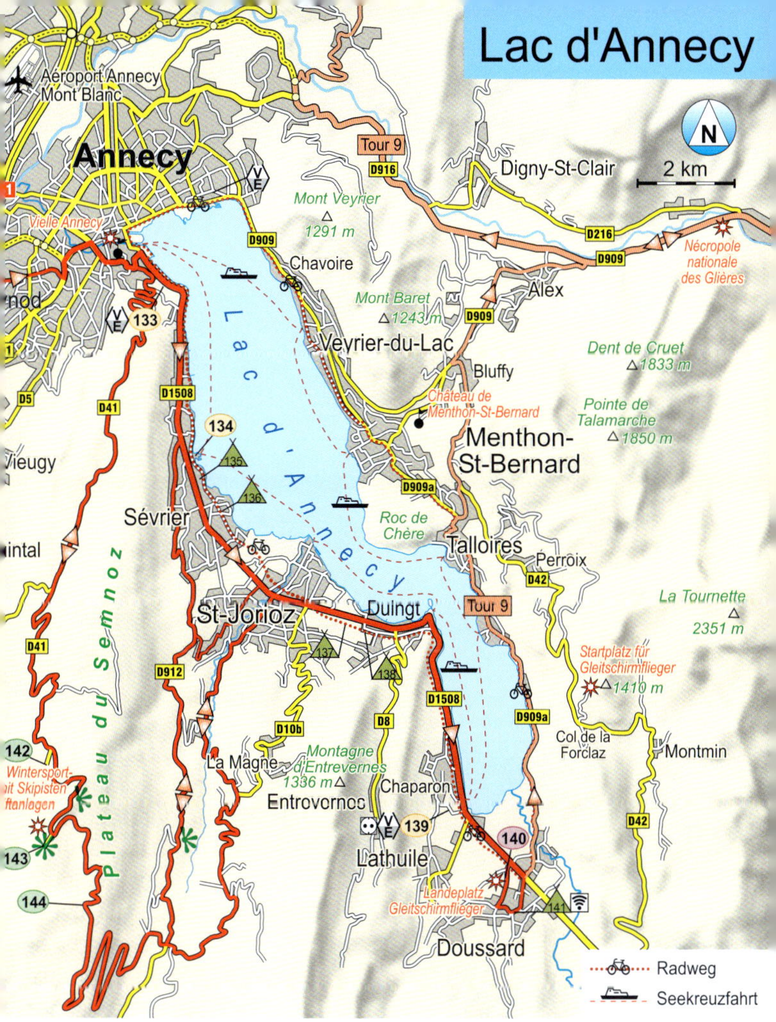

Der **Lac d'Annecy** ist der zweitgrößte durch einen eiszeitlichen Gletscher entstandene See in Frankreich. In Größe und Ausdehnung wird er nur vom **Lac du Bourget**, dem wir uns in unserem Alpenbuch widmen werden, übertroffen. Er gilt als eines der saubersten Gewässer Europas und wird oft als Juwel der Alpen angepriesen. Der See hat Trinkwasserqualität und einen extrem niedrigen Nitratgehalt, niedriger als im handelsüblichen Mineralwasser. Das Wasser ist klar, seine Sichttiefe beträgt 14 Meter. Der See ist so sauber, das ein Rückgang des Zooplanktons zu verzeichnen ist, was wiederum dazu führt, das die Saiblinge und andere Fische nicht mehr genug Nahrung finden und die Population zurückgeht, bzw. die Fische kleiner werden. Sieben Flüsse und Bäche sowie eine Unterwasserquelle speisen den See. Der **Thiou**, der durch ANNECY fliesst und in den **Fier** mündet, ist der natürliche Abfluss des Sees.

Blick von der D912 auf den Lac d'Annecy.

Auf dem Radweg am Lac d'Annecy.

Der See hat eine Länge von rund 15 Kilometern und misst an der breitesten Stelle etwa 3,4 Kilometer. An seiner schmalsten Stelle zwischen DUINGT und TALLOIRES sind es rund 800 Meter. Hier befand sich in historischer Zeit eine Landbrücke und trennte den See in zwei Teile. Pfahlbauten standen hier, von denen in Ufernähe (für Besucher nicht sichtbar) noch Reste erhalten sind. Heute ist die Landbrücke von Wasser bedeckt.

Der See präsentiert sich mit dem Gipfel der **Tournette** (2351m) im Südosten und dem **Semnoz-Plateau** (1600 m) im Westen malerisch, wenn nicht gar atemberaubend, wenn man das mal pathetisch ausdrücken darf. Einen schönen Blick über den See gewinnt man, wenn man den Hang zum **Semnoz-Plateau** erklimmt.

Aufgrund seiner schönen Lage in der Bergkulisse, seinem angenehmen Klima und seiner ausgezeichneten Wasserqualität hat sich der See zu einem Badeparadies und zu einem Zentrum für Wassersportler entwickelt. Kein Wunder also, wenn hier im Sommer die "Hölle los ist".

Für eine erste Erkundung bietet sich das Fahrrad an. Ein Radweg führt rund um den See. Besonders der Weg am Westufer, der auf dem Damm einer stillgelegten Eisenbahnlinie verläuft, ist besonders Reizvoll. Von DOUSSARD nach ANNECY sind es 19 Kilometer. Wenn Sie im südlichen Bereich des Sees für Ihr WOMO einen Platz gefunden haben, dann ist die Fahrt mit dem Rad nach ANNECY für einen Bummel in der Altstadt eine gute Option. Der Radweg ist in den Som-

Der See als Badeparadies.

Wandern auf dem Plateau du Semnoz mit Blick auf den Mont Blanc.

mermonaten sehr stark frequentiert. Wenn Sie kein Fahrrad dabei haben, so können Sie sich vor Ort eines leihen. Klassische Fahrräder oder e-bikes bekommen Sie hier: www.velonecy.com. Der Verleih erfolgt am Omnibusbahnhof in ANNECY (Arrêt OUIBUS Gare routière Annecy). Wer gern sportlich mit dem **MTB** unterwegs ist, kann sich in den Sommermonaten von eben diesem Bahnhof mit dem Pendelbus samt Fahrrad auf das **Semnoz-Plateau** bringen lassen und dann auf ausgewiesenen Strecken mit dem Rad wieder hinunterfahren.

Für **Gleitschirmflieger** ist der **Lac d'Annecy** ein beliebtes Ziel, bietet der See mit den umliegenden Bergen doch optimale Voraussetzungen für eine gute Thermik und damit für lange Flüge. Im Süden des Sees werden Sie bei gutem Wetter viele Flieger kreisen sehen. Wenn Sie selbst fliegen oder einen Tandemflug buchen möchten: hier erfahren Sie mehr www.annecy-parapente.fr.

Für eine Wanderung bietet sich das **Semnoz-Plateau** an. Wenn Sie ohnehin schon hier stehen (Stellplatz 143), dann erst recht. Auf dem fast kahlen Kamm benötigen Sie nicht einmal eine Wanderkarte, die Wege sind gut ausgeschildert und es gibt nichts, was die Orientierung erschwert. Die Fernsicht auf die Alpen und in den Jura ist einfach umwerfend. Das Foto oben ist bei unserer kleinen Wanderung auf dem Plateau entstanden. Für weitere Strecken in den Bergen rund um den See empfehlen wir Ihnen die IGN-Top-Karte 3431 OT im Maßstab 1:25.000.

Eine sehr geruhsame und bequeme Methode den See zu erkunden besteht darin, mit einem der Ausflugsschiffe in Etappen die einzelnen Häfen anzufahren. Hierzu gibt es unterschiedliche Routen, Fahrzeiten und Preise, die Sie hier nachschauen können www.annecy-croisieres.com/.

Im **Office de Tourisme** in der Rue Jean Jaurès wird man Ihnen noch sehr viel mehr Tipps geben können. Wir haben hier nur auf klassische Freizeitaktivitäten hingewiesen.

Ausflugsschiffe im Hafen von Annecy.

Quai de l'Évêché in Vieille Ville Annecy (Altstadt)

Ein Besuch des malerischen Viertel VIEILLE VILLE ANNECY an einem Tag in den Sommermonaten hat seine eigene Faszination. Dicht gedrängt gehen die Besucher der Stadt durch die Gassen entlang der Kaimauern und den anderen Straßen abseits des **Thiou**. Babylonisches Sprachgewirr dringt ans Ohr, neben französisch hört man viel italienisch, breites Schwyzerdütsch, englisch natürlich und erstaunlich viel chinesisch. In den vielen Restaurants sind alle Plätze besetzt,

Blick in die Rue Saint-Claire.

kaum wird ein Tisch frei, ist er auch schon wieder belegt. Man setzt sich und bestellt ein Fondue Savoyardes (Käsefondue), ein Raclette oder ganz profan eine Pizza. Die Speisekarten die wir studiert haben, lassen in der Auswahl eigentlich keine Wünsche offen. Es gibt klassisch französische Restaurants, es gibt den Italiener, vietnamesische Restaurants, klassisch türkischen kebab im Straßenverkauf und vieles andere mehr. Die genaue Zahl der Restaurants haben wir nicht ermittelt, es dürften so 40 bis 50 sein, die hier dichtgedrängt um die Kundschaft buhlen. Zwischen den Lokalen befinden sich noch Souvenirläden und Boutiquen.

Für Gaukler ist dieses Gedränge eine wunderbare Gelegenheit ihre Künste zu präsentieren. Der hier ließ nicht locker und wollte unbedingt abgelichtet werden, um danach ganz dezent die Hand aufzuhalten.

Gaukler in Annecy.

Palais d'Isle.

Der Spaziergang durch die Stadt steht im krassen Gegensatz zu einer Wanderung auf dem **Semnoz-Plateau** und in einem krassen Gegensatz zu den anderen ruhigen Zielen, die wir in diesem Buch schon beschrieben haben. Es soll halt für jeden etwas dabei sein.

Die Altstadt hat aber durchaus mehr zu bieten als nur die Fülle der Restaurants. Machen wir einen kleinen Bummel.

Zum Beispiel lohnt es sich ein Blick auf das **Palais d'Isle** zu werfen, dem Wahrzeichen der Stadt, das wie ein Schiffsbug auf der Insel im Fluß Thiou wirkt. Es wurde im 12. Jahrhundert errichtet, als ANNECY noch ein unbedeutender Ort war. Später diente es als Münzwerkstätte, dann als Justizpalast und später einige Zeit als Gefängnis.

In der Cathédrale St-Pierre.

In dem hohen gotischen Innenraum der **Cathédrale St-Pierre** hielt einst **Franz von Sales** seine Predigten und **Jean-Jacques Rousseau** spielte hier während seines Aufenthaltes, als er vor den Calvinisten aus der Schweiz geflohen war, auf der Flöte.

Die **Église St-François** aus dem 17. Jahrhundert steht am rechten Ufer des Thiou. Sie gehörte zum ersten Kloster der Salesianerinnen. Die Barockfassade wurde teilweise während der Revolution zerstört, als sie zu einer Fabrik umfunktioniert wurde. Heute dient sie der italienischen Gemeinde der Stadt als Gotteshaus.

Die **Église St-Maurice** im Hintergrund des rechten Bildes wurde im 15. Jahrhundert errichtet. Hier ist das breite gotische Kirchenschiff bemerkenswert.

Besonders sehenswert ist das Schloss, das über einen steilen Anstieg und Treppen von der Rue Ste-Claire zu erreichen ist.

Die ehemalige Residenz der Grafen von Genf ist ein einzigartige Mischung aus mittelalterlicher Verteidigungsarchitektur und der Eleganz der französischen Renaissance. Heute ist hier das **Musée-Château** eingerichtet. Es verfügt über umfangreiche Kunstsammlungen. Der Eintrittspreis von 5,50 € beinhaltet den Besuch des Regionalen Seen-Observatoriums (ORLA), dass sich den alpinen Seen widmet und mit Exponaten den wissenschaftlichen Stand der Forschung im Bereich der Biologie, Ökologie, Ethnologie, Archäologie und Limnologie präsentiert.

Église St-François am Ufer des Thiou, im Hintergrund die Église St-Maurice.

Damit beenden wir unseren Besuch in Annecy und schließen damit auch gleichzeitig diese Tour ab.

Château Annecy.

Tour 9
SCHWEIZ
Lac Léman
(Genfer See)
10 km
Route des Grandes Alpes
Évian-
les-Bains
Thollón-les-Mémises
(1017 m)
153 WC
Bernex
Geopark
Château de Ripaille
150
Anthy-sur-
Léman
Thonon-
les-Bains
Vacheresse
(831 m)
Château d'Yvoire
Nyon
Yvoire
148
149
151
152
Les Gorges du
Pont du Diable
C. de Corbier 1230 m
Chablais
Abbaye d'Aulps
St-Jean-d'Aulps
(800 m)
Douvaine
Brenthonne
Château Saint
Michel Avully
Bons-en-Chablais
Machilly
Signal des
Voirons
1480 m
Monastère de Bethléem
Boëge
Annemasse
GENÈVE
Peillonnex
Prieuré
Marignier
Cluses
Thyez
Reignier-
Ésery
Collonges-
sous-Salève
Bonneville
Château
La Roche-
sur-Foron
147
Le Reposoir
Chartreuse
du Reposoir
Le Petit-
Bornand
Thorens-Glières
(650 m)
Château
de Thorens
Cascade du
Pas du Roc
(70 m hoch)
146
Monument National
de la Résistance
Plateau des Glières
(1440 m)
10%
Chaîne des Aravis
La Clusaz
Col des Aravis
1487 m
128 WC
La Balme-
de-Sillingy
Seite 251
Annecy
(445 m)
Nécropole nationale
des Glières
Thônes
(627 m)
145
Tour 8
Vaulx
Château
Montrottier
130
Lovagny
Les Gorges
du Fier
131
132
Le Fier
Veyrier-du-Lac
Menthon-
St-Bernard
Lac
d'Annecy
Sévrier
La Tournette
2351 m
Mont Chavin
2409 m
Saint-Jorioz
Ugine
Doussard
Lathuile
Alby-s-
Chéran
1699 m
Faverges
Château de
Faverges
D1005
D24
D52
D32
D22
D902
D26
D25
D60
D1206
D35
D903
D12
D20
D907
A40
D15
D1205
D2
D27
A410
D1201
A41
D55
D5
D909
D4
D41
D912
D1508
D1212
D910
1

TOUR 9 (ca. 190 km)

Thônes – Thorens-Glières – La Roche-sur-Foron – Yvoire – Anthy-sur-Léman – Thonon-les-Bains – Évian-les-Bains – Thollón-les-Mémises

Freie Übernachtung:	Plateau des Glières, Yvoire
Stellplätze:	Thônes, La Roche-sur-Foron, Anthy-sur-Léman, Thollón-les-Mémises
Campingplätze:	Yvoire, Thonon-les-Bains
Ver-/Entsorgung:	Thônes, La Roche-sur-Foron, Anthy-sur-Léman
Besichtigungen:	Thônes, Necropole National de la Resistance (Thônes), Monument National de la Résistance (Thorens-Glières), Château de Thorens (Thorens-Glières), La Roche-sur-Foron (Altstadt), Yvoire (mittelalterliche Stadt), Thonon-les-Bains (Altstadt), Évian-les-Bains (Bäderviertel)
Wandern:	Thônes, Thollón-les-Mémises (Pic des Mémises)
Baden/Wellness:	Anthy-sur-Léman (Strandbad), Évian-les-Bains (Therme)

Vom **Lac de d'Annecy** machen wir uns auf den Weg nach THÔNES, einem kleinen Städtchen in den Bergen östlich des Sees. Umgeben ist das ca. 6000 Einwohner zählende Städtchen von einer Reihe von Berggipfeln, die über 2000 Meter Höhe reichen oder diese Marke nur knapp verfehlen.

Église Saint-Maurice in der historischen Ortsmitte von Thônes.

Hochaltar in Saint-Maurice.

Beschaulich geht es hier zu. Kein Vergleich mit dem Trubel in ANNECY oder den stark von Touristen frequentierten Orten am Westufer des Sees. Hier kann man in aller Ruhe in einem der Straßencafes vor den Arkaden im historisch geprägten Zentrum des Ortes seinen café au lait schlürfen. Eine Fußgängerzone hat der Ort zwar nicht, aber die wenigen Autos, die hier durchfahren stören kaum. Als historisches Baudenkmal ist die Kirche sehenswert, die ursprünglich im 17. Jh. im Barockstil erbaut wurde, dann aber im Laufe der Jahrhunderte mehrfach aus unterschiedlichen Gründen Umgestaltungen und bauliche Veränderungen erfahren hat, die dann nicht mehr im Stile des Barock vorgenommen wurden. Besonders sehenswert ist der mit vielen Skulpturen versehene Hochaltar.

Unter den Arkaden finden sich auch einige kleine Läden, in denen man nicht nur ein Baguette erstehen kann, sondern auch verschiedene **"Specialités de Montagne"** mit denen diverse Wurst- und Käsevariationen gemeint sind, die man auch mit gutem Willen gar nicht alle probieren kann. Eindekken kann man sich mit leckeren Vorräten aber schon und portioniert eingepackt, lässt sich eine Wanderung in die Bergwelt auch gleich mit kulinarischen Genüssen verbinden.

(145) WOMO-Stellplatz: Thônes

GPS: N45° 52' 51.8" E6° 19' 16.4", 1 Route de Paradis, 74230 Thônes
max. Womos: 8, maximale Länge 10 m.

Ausstattung: Befestigte halbschattige Plätze, max. Aufenthaltsdauer: 48 h, geöffnet von Jan. – Dez.
Lage: Am Fluss Le Fier in Ortsrandlage, nachts ruhig.
Preise: Gebührenfrei.
Zufahrt: Von der D909 nach dem Ortseingang rechts in die Rue Saint-Blaise fahren, dann im Kreisverkehr die zweite Ausfahrt in die Rue Louis Haase wählen und dannach kurz vor der Brücke über den Fier rechts abbiegen.

Wanderweg am Oberlauf des Fier (rechts hinter dem Buschwerk nicht sichtbar) am Rande der Kleinstadt Thônes.

Vom Stellplatz lassen sich je nach Kondition, Zeit und Interesse diverse Wanderungen unternehmen. Man kann bis zum Tournette auf 2351 Meter hoch wandern (anstrengende 2-Tagestour) oder einfach nur eine kürzere Strecke entlang des **Fier** wandern. Es gibt zahlreiche sehr gut ausgeschilderte Wanderwege, da ist für jeden Geschmack etwas dabei.

Etwas abseits von THÔNES auf dem Weg zurück Richtung Lac d'Annecy befindet sich die **Site de Morette**. Was im Vorbeifahren nur so aussieht wie ein besonders gut gepflegter Soldatenfriedhof, entpuppt sich bei näherer Betrachtung als eine außergewöhnliche Gedenkstätte. Diese steht in einem engen Zusammenhang mit unserem nächsten Etappenziel, dem **Plateau des Glières**.

Ehrenfriedhof am Musée de la Résistance et de la Déportation in Morette.

Das Plateau des Glières.

Der direkte Weg dorthin wäre ein Wanderweg, ca. 11 Km lang mit fast 1000 Meter Höhenunterschied. Wir wählen die bequemere Route mit dem WOMO die dafür allerdings mehr als dreimal so lang ist. Über die D5 geht es nach THORENS-GLIÈRES und von dort über die D55 mit einer 10-prozentigen serpentinenreichen Steigung auf das **Plateau des Glières**, das sich auf rund 1440 Metern Höhe befindet. Die Straße ist

Das Monument national à la Résistance du plateau des Glières.

gut ausgebaut und breit genug, um auch mit einem großen Fahrzeug hochzufahren. Wir passieren auf halber Strecke die **Cascade du Pas du Roc**, einen Wasserfall, dessen Oberkante man über einen Wanderweg erreichen und sogar überqueren kann. Hierbei ist Schwindelfreiheit und gute Trittsicherheit auf dem steilen Weg nach oben absolute Voraussetzung.

Cascade du Pas du Roc

Das Plateau [**146:** N45° 57' 57.7" E6° 19' 52.1"] erreichen wir ohne Probleme. Parkplätze gibt es hier oben mehr als genug. In den Wintermonaten ist die ca. 5 Kilometer lange und mehr als einen halben Kilometer breite Hochebene ein stark frequentiertes Langlaufparadies. Die Sommermonate gehören den Wanderern, die

Das Monument aus der Nähe betrachtet.

hier ein weit verzweigtes Wegenetz vorfinden. Morphologisch betrachtet ist diese Hochebene, die sich zwischen langgestreckten Höhenzügen befindet, ein Relikt der letzten Eiszeit. Ausgeformt von einem Gletscher, haben sich in den Mulden dieser Hochebene Moore gebildet. Wäre dieses Gebiet nicht durch eine Zugangsstraße erschlossen, es wäre nur schwer zu erreichen.

Wer bis in die Mitte des Plateaus fährt, wird auf der rechten Seite schnell die große Betonskulptur wahrnehmen, die auf den ersten Blick wie ein stilisierter großer Vogel aussieht, der eine runde Scheibe auf dem Rücken trägt. Warum um alles in der Welt setzt man an dieser Stelle so ein Ding hin?

Plateau des Glières, Geschichte der Résistance in dieser Region

Wir schreiben das Jahr 1944. Europa befindet sich im Krieg. Die deutsche Wehrmacht hatte Frankreich überfallen und unterworfen. Die Alliierten formierten ihren Widerstand gegen Hitlerdeutschland, die Landung ihrer Truppen in der Normandie wurde vorbereitet.

In Hochsavoyen kämpft die **Résistance** für die Befreiung. Sie kämpft sowohl gegen die deutsche Wehrmacht als auch gegen die Kollaborateure des Vichy-Regimes. Zahlenmäßig und in der militärischen Ausrüstung ist sie ihren Gegnern unterlegen. Um den Widerstand zu stärken beschliesst England die **Résistance** mit Waffen zu unterstützen. Um diese ins Land zu bringen, wird das **Plateau des Glières** als Landeplatz für den Abwurf mit dem Fallschirm festgelegt. Im Februar 1944 ist ein erster Versuch wenig erfolgreich. Am 10. März, einer Vollmond-Nacht behindern starke Schnellfälle den ansonsten erfolgreichen Abwurf. Die Aktivitäten der **Résistance** bleiben den Vichy-Kräften und der deutschen Wehrmacht natürlich nicht verborgen. Es kommt zu verlustreichen Kämpfen für die waffentechnisch wie zahlenmäßig immer noch unterlegenen Widerstandskämpfer. Von Petit-Bornand starten die deutschen Truppen am 26. März ihre Angriffe, 129 Widerstandskämpfer verlieren ihr Leben. 105 davon fanden auf dem Ehrenfriedhof in **Morette** vor den Toren von Thônes ihre letzte Ruhestätte. Der Widerstand ging auch nach diesen verlustreichen Kämpfen weiter. Zahlenmäßig durch Partisanengruppen aus verschiedenen Regionen verstärkt, gelang die Befreiung Hochsavoyens auch mit Hilfe weiterer Waffenlieferungen durch Fallschirmabwürfe bereits am 19. August 1944.

Das Denkmal wurde 1973 eingeweiht. Es stellt ein **"V"** für "Victoire" im englischen "victory", also ein bekanntes Siegeszeichen dar. Ein Schenkel ist vollständig, er zeigt in die Richtung des Himmels und stellt damit ein Symbol der Hoffnung dar. Darauf befindet sich eine große Scheibe. Sie stellt die Sonne als Symbol der Wiedergeburt und der Freiheit dar. Sie ruht nicht im

Schnittpunkt der beiden Schenkel. Damit soll sie symbolisieren, dass Freiheit ein labiler Zustand sein kann, der ständig neu erkämpft und verteidigt werden muss. Der zweite Schenkel des "V" ist deutlich eingekürzt. Er symbolisiert, das jeder erfolgreiche Kampf für die Freiheit auch Leid, Verlust und Tod bedeuten kann.

Wenn am Abend die Tagesbesucher mit dem PKW das Plateau verlassen haben, kehrt hier absolute Ruhe ein. Hier stört in der Nacht niemand und man kann an diesem historischen Ort in aller Ruhe darüber nachdenken, was man selber tun kann, damit sich die Geschichte die unsere Väter und Großväter durchlebt und durchlitten haben nicht wiederholt.

Das Château de Thorens.

Nachdem wir das Plateau verlassen haben, führt uns die weitere Reise zum **Château de Thorens**, das praktischer Weise auf dem Weg liegt und nur einen kleinen Schlenker von der Hauptstraße weg erfordert [N45° 59' 39.1" E6° 15'23.1"]. Das Schloss kann nur im Rahmen einer Führung besichtigt werden. Im Juli und August werden täglich Führungen angeboten, von April bis Juni und im September und Oktober nur an Nachmittagen am Mittwoch, Samstag und Sonntag. Näheres gibt es hier: www.chateauthorens.fr. Gezeigt werden repräsentative Räume der Adelsfamilie. Großen Raum nimmt in der Führung **François de Sales** (*1567, †1622) ein, Schutzpatron der Schriftsteller und Journalisten, der hier geboren wurde. Auf ihn geht auch der Orden der Salesianerinnen (genauer: Ordo Visitatio Mariae, OVM) zurück, den er in seiner Zeit als Bischof von Genf-Annecy mit der Baronin Johanna Franziska von Chantal gründete. Weiter werden natürlich alle historisch bedeutenden Persönlichkeiten erwähnt, die aus diesem Hause stammen oder mit ihm in Verbindung standen. Um das alles einordnen und verstehen zu können, muss man sich schon etwas mit der Geschichte Savoyens befassen. Das führt hier zu weit. Wir fahren lieber weiter nach LA ROCHE-SUR-FORON, einem Ort mit einer pittoresken, mittelalterlichen Altstadt. Weit ist es nicht, es sind nur rund 14 Kilometer, die wir über die D2 zurückzulegen haben.

Es empfiehlt sich gleich den Stellplatz anzufahren, von hier aus ist es nur ein kurzer Weg zum historischen Kern der Stadt.

(147) WOMO-Stellplatz: La Roche-sur-Foron

GPS: N46° 03' 51.3" E6° 18' 49.3",
72 Chemin du Canada, 74800 La Roche-sur-Foron
max. Womos: 8, maximale Länge 8 m
Ausstattung: Asphaltierter Platz mit Wasserver- und entsorgung (mit Bodeneinlass), Kassettenentleerung, Behälter für die Müllentsorgung, max. Aufenthaltsdauer: 48h, geöffnet von Jan. – Dez.
Lage: Innenstadtnah, neben dem schmalen Fluss Foron, nachts ruhig.

Preise: Gebührenfrei, Frischwasser und Entsorgung ist kostenlos.
Zufahrt: Von der "Avenue de la Bénite Fontaine" (D27), eine Abzweigung der D2 führt eine schmale Straße, die "Rampe des Tanneries" hinunter zum Platz. Die letzte Kurve von der schmalen Straße zum Platz ist sehr eng. Größere Fahrzeuge müssen hier u.U. etwas rangieren.

Bevor der Besuch los geht, lohnt ein Blick auf den Stadtplan am Rande des Platzes und eine Lektüre der Beschreibung des Ortes neben dem Stadtplan.

In der Rue Perrine, eine der Straßen mit historischer Bausubstanz.

Historische Straßenbeleuchtung und Turm der Église Saint-Jean-Baptiste.

Über die mittelaterliche Bogenbrücke **pont Renaud** geht es zu Fuß über den Fluss Foron, dann über einige Treppenstufen, der Passage de la Crossette etwas weiter hoch und schon ist man nach wenigen Metern auf der Place Saint-Jean mit der **Église Saint-Jean-Baptiste**. Die Kirche stammt in ihren Ursprüngen aus dem 12. Jahrhundert und wurde im Laufe der Jahrhunderte mehrfach umgestaltet. Ihr Inneres besteht aus grob behauenen Natursteinmauerwerk. Nur die Säulen und die Bögen des Kreuzgratgewölbes bestehen aus Steinmetzarbeiten. Etwas ungewöhnlich für die sonst so reicht ausgemalten katholischen Kirchen. Neben der Kirche führt eine schmale Gasse durch ein ehemaliges Stadttor zum **Felsen von Foron**. Nach diesem markanten Block oberhalb des

Église Saint-Jean-Baptiste und Stadttor.

Tour des Comtes de Genève.

Flusses wurde der Ort benannt. Interessanterweise hat dieser Felsblock eine längere Reise während der letzten Eiszeit hinter sich gebracht und ist kein "gewachsener" Fels, der hier aus der ihm umgebenden Landschaft durch Erosion herauspräpariert wurde. Mit den Eismassen der Gletscher wurde er über eine längere Zeit her transportiert. Schon erstaunlich welche Transportleistungen Gletscher vollbringen können.

Auf dem Felsen setzten die Menschen des 12. Jahrhunderts einen Wach- und Verteidigungsturm. La Roche stand zu dieser Zeit in voller Blüte und war über 2 Jahrhunderte die Hauptstadt des Genevois, einer Grafschaft zwischen GENF und ANNECY.

Den Turm kann man besteigen. Von ihm hat man eine gute Sicht in die Savoyer Alpen. Bis zum Mont Blanc reicht der Blick aber nicht, da stehen zuviele 2-tausender im Weg, die zuerst betrachtet werden wollen.

Im historischen Kern der Stadt, zwischen dem **Hôtel de Ville** und der **Église Saint-Jean-Baptiste** finden sich viele kleine Ladenlokale und einige Brasserien. Die Auswahl an

(148) WOMO-Picknickplatz: Yvoire

GPS: N46° 21' 32.0" E6° 25'18.3", Chemin des Feclercs, 74140 Yvoire.
max. Womos: >10, maximale Länge 7 m.
Ausstattung: halbbefestigter, zumeist sonniger Platz, maximale Aufenthaltsdauer 24 h., keinerlei Versorgungseinrichtungen.
Lage: Am Rande der Altstadt, 500 Meter zu Fuß.
Preise: 5,00 € die ersten 3 Stunden. Wer in Yvoire übernachten will, fährt besser auf den danebenliegenden Campingplatz.
Zufahrt: Von der D25 in der Ortsmitte im Kreisverkehr erste Ausfahrt.

(149) WOMO-Campingplatz-Tipp: Mathieu

GPS: N46° 22' 04.0" E6°19' 41.9"; 212, Route d'Excenevex, 74140 Yvoire.
max. Womos: >10, maximale Länge 8 m.
Ausstattung: befestigte, schattige Plätze, gepflegte Anlage.
Lage: Am Rande der Altstadt, 500 Meter zu Fuß.
Preise: Siehe: http://www.camping-lac-leman-mathieu.com
Tel. 04 50 72 84 31
Zufahrt: Von der D25 in der Ortsmitte im Kreisverkehr zweite Ausfahrt, dann nach 200 Metern rechts.

Restaurants ist sehr begrenzt. Das ist in YVOIRE, unserem nächsten Etappenziel, das in 38 Kilometern Entfernung liegt, gänzlich anders. Dieser Picknickplatz ist die einzige vernünftige Möglichkeit das WOMO für einen Besuch des Ortes abzustellen, wenn man nicht den Campingplatz nutzen will.

Blumengeschmücktes Haus in Yvoire.

In diesem **mittelalterlichen Städtchen** reiht sich ein **Restaurant** an das andere. Dazu einige **Kunstgalerien, Souvenirläden** und andere Läden mit kunstgewerblichen Artikeln. In den Monaten von April bis Oktober zählt der Ort täglich ganz sicher ein mehrfaches an Besuchern als es Einwohner hat. Nun erscheinen 900 Einwohner natürlich nicht viel, aber die Fläche ist auch sehr klein. Addiert man die Längen der Gassen in der Altstadt zusammen, kommt man mit etwas gutem Willen auf rund 1000 Meter. Die meisten Einwohner wohnen ganz sicher nicht im **mittelalterlichen Kern**, denn hier ist jedes der aus Natursteinen bestehenden Ge-

Schloss Yvoire am Ufer des Genfer Sees.

Die Kirche Saint Pancrace in Yvoire.

Malerisches Stadttor in Yvoire.

bäude bis in den kleinsten Winkel für ein Restaurantbetrieb oder als Ladengeschäft genutzt. Da bleibt kein Platz für Wohnraum. Schön herausgeputzt sind die Häuser alle. Blumentöpfe und Blumenampeln geben einen farbenfrohen Schmuck und sollte noch irgendwo zwischendrin sich eine Lücke zwischen den Häusern auftun, dann steht dort garantiert ein Strauch oder ein Bäumchen. Nicht umsonst zählt YVOIRE zu den **"Plus beaux villages de France"**, den schönsten Dörfern Frankreichs. So wie sich Häuser, Restaurants und Blumenschmuck auf kleinsten Raum drängen, so ist das auch mit den Besuchern. Sie kommen aus allen Ecken der Welt, Genf mit seinem internationalen Publikum ist nur einen Katzensprung entfernt. Schweizer machen einen Sonntagsausflug mit dem Ausflugsdampfer einem "Belle Epoque-Schiff" oder der ganz "normalen" Personenfähre, die in den Sommermonaten von NYON auf der Schweizer Seite bis zu 35 mal nach YVOIRE hin- und herfährt. Nur 20 Minuten benötigt eine Fahrt. Dazu kommen die Bustouristen, die PKW-Touristen, Motorradfahrer, Radfahrer und dann noch die eine oder andere WOMO-Besatzung. Die Parkflächen sind in der Summe fast genauso groß wie die Ortsfläche mit ihrer malerischen Bebauung, die diese magnetische Wirkung (nicht zuletzt durch eine sehr geschicktes Marketing) auf Besucher entfaltet hat. Ruhe innerhalb des Ortes findet man eigentlich nur im **Jardin des Cinq Sens**, einem botanischen Garten mit Heil- und Gewürzpflanzen sowie einem kleinen Irrgarten. Die 12,00 Euro Eintritt für den kleinen Garten schrecken viele Besucher ab und suchen stattdessen nach einem Plätzchen in einem der rund 20 Restaurants. Irgendwann muss man am Genfer See natürlich einmal ein **Filet de Perches** (Barsch) oder ein **Filet de Féra** (Felchen), die hier im See gefangen werden probiert haben. Sie verzichten dann lieber darauf am Enzian gerochen zu haben, Heil- und Gewürzpflanzen, Obstbäume, alte Rosen, Volieren und Fontänen in dem Garten betrachtet zu haben und durch den grünen Kreuzgang mit Brunnen und Blumen gegangen zu sein.

Wenn Sie der geschilderte Touristenrummel nicht abschreckt, parken Sie das WOMO am besten auf dem auf der vorletzten Seite genannten Picknickplatz. Wenn Sie übernachten wollen, empfehlen wir den Campingplatz.

Am **Genfer See** sind die Möglichkeiten mit dem WOMO ein schönes Plätzchen zu finden sehr begrenzt. Klassische Stellplätze gibt es nicht und wenn, dann sind sie sehr klein wie der in ANTHY-SUR-LÉMAN. Die sonstigen, zum Teil sehr großen Parkplätze haben die rot-weiß oder auch grün-weiß lakierten WOMO-Bremsen aus stabilem Stahlrohr. Sie variieren nur in der Höhe, mal 1,80 Meter, mal 1,90 Meter, da hat man selbst mit einem klassischen Camper mit Auftstelldach keine Chance. Wer längere Zeit verweilen will, der wird notgedrungen auf einen Campingplatz ausweichen müssen. In ANTHY-SUR-LÉMAN gibt es einen kleinen Stellplatz in unmittelbarer Nähe des Sees, mit einer Parkanlage und Badestrand. Man muß schon sehr viel Glück haben, um hier bei

(150) WOMO-Badeplatz: Anthy-sur-Léman

GPS: N46° 21' 32.0" E6° 25'18.3", 24 Rue du Lac, 74200 Anthy-sur-Léman.
max. Womos: 5, maximale Länge 7 m.
Ausstattung: Sehr enger, befestigter halbschattiger Platz mit Wasserver- und entsorgung (mit Bodeneinlass), Kassettenentleerung, Müllentsorgung, geöffnet von 1. Mai – 30. Sept., maximale Aufenthaltsdauer 48 h.
Lage: In unmittelbarer Nähe des Sees.
Preise: kostenlos.
Zufahrt: Über die D33 durch die Ortsmitte hinter den Friedhof fahren.

Liegewiese am Ufer des Genfer Sees bei Anthy-sur-Léman.

sonnig-warmen Wetter einen Platz zu bekommen. Wir hatten das Glück nicht und mussten weiterfahren.

In THONON-LES-BAINS und ÉVIAN-LES-BAINS den nächsten beiden Orten auf dieser Reise gibt es ebenfalls keine Stellplätze für Wohnmobile. Mit etwas Glück lässt sich an den Strandpromenaden ein Parkplatz finden, das reicht nur für einen kurzen Stadtbummel, eine Übernachtung ist da kaum möglich. Thonon hat mehrere Campingplätze, am besten erscheint uns der Platz **Saint Disdille** zu sein. Allerdings bietet auch dieser nur eine begrenzte Zahl an Plätzen für Wohnmobile.

Der Campingplatz **Saint Disdille** bietet (neben seiner kompletten Ausstattung und Seenähe) den Vorteil genau

(151) WOMO-Campingplatz-Tipp: Le Disdillou

GPS: N46° 23' 49.4" E6° 30' 12.3";
98 Avenue de Saint-Disdille, 74200 Thonon-les-Bains.
max. Womos: >5, maximale Länge 8 m.
Ausstattung: befestigte, schattige Plätze, geöffnet von April – Okt.
Lage: Unweit des Genfers Sees und nah am NSG Delta de la Dranse.
Preise: Siehe: http://www.ledisdillou.com/; Tel. 04 50 26 13.59
Zufahrt: Von der Strandpromenade im Norden der Avenue de Ripaille und dann, nach dem zweiten Kreisverkehr, der Avenue du Champ Bochard folgen. Ab hier ist die weitere Zufahrt zum Campingplatz ausgeschildert.

(152) WOMO-Campingplatz-Tipp: Saint Disdille

GPS: N46° 23' 56.9" E6° 30' 13.8";
102 Réserve Naturelle, 74200 Thonon-les-Bains.
max. Womos: >10, maximale Länge 8 m.
Ausstattung: befestigte, schattige Plätze, WiFi, Fahrradverleih.
Lage: Unweit des Genfers Sees und nah am NSG Delta de la Dranse.
Preise: Siehe: http://www.disdille.com; Tel. 04 50 71 14 11
Zufahrt: Von der Strandpromenade im Norden der Avenue de Ripaille und dann, nach dem zweiten Kreisverkehr, der Avenue du Champ Bochard folgen. Ab hier ist die weitere Zufahrt zum Campingplatz ausgeschildert, 400 Meter hinter dem vorgenanten Campingplatz.

Das Weingut und Schloss Ripaille in Thonon am Ufer des Genfer Sees.

zwischen THONON-LES-BAINS und ÉVIAN-LES-BAINS zu liegen. Von hier ist es einfach mit dem Fahrrad sowohl den einen, wie den anderen Ort zu besuchen. Wer kein Fahrrad dabei hat, der kann sich auf dem Campingplatz eines leihen. Radfahren ist hier am See kein Problem, die Steigungen von den Unter- zu den Oberstädten sind beherrschbar, ansonsten ist es ohnehin flach. Beide Städte, THONON-LES-BAINS und ÉVIAN-LES-BAINS haben Standseilbahnen, die auf französisch **"funiculaire"** genannt werden. Die in Thonon überwindet dabei etwas mehr als 40 Meter Höhenunterschied, die in Évian rund 120 Meter. In Évian ist ein Transportwagen für Fahrräder dabei und die Bahn ist sogar kostenlos. Also, alles kein Problem mit den Rädern.

Im Yachthafen von Thonon-les-Bains.

Wer mit dem Rad vom Campingplatz am Genfer See entlang nach Thonon fährt, kommt am **Château de Ripaille** vorbei. Für die, die den Besucherparkplatz direkt anfahren wollen: (N46° 23' 17.4" E6° 29' 09.0", 83 Avenue de Ripaille, 74200 Thonon-les-Bains).

Das ursprünglich im 15. Jh. erbaute Schloss diente zeitweise zwischen dem 16. und 18. Jh. auch als Kloster. Während der Französischen Revolution wurde es teilweise zerstört und am Ende des 19. Jh. erst auf Veranlassung durch den elsässischen Industriellen Fréderic Engel-Gros vollständig restauriert. Heute ist es in erster Linie ein Weingut, das pro Jahr etwa 140000 Flaschen Wein erzeugt, vorwiegend Cuvées. Hauptrebsorte ist **Chasselas**, die in Deutschland unter dem Namen Gutedel bekannt ist. Gut gekühlt schmeckt der Wein hervorragend zu einem **Reblochon de Savoie**, einem zarten Weichkäse aus dieser Region. Einfach mal ausprobieren.

In der Oberstadt von Thonon.

Das Schloss kann besichtigt werden, allerdings nur im Rahmen einer Führung. Von Ende März bis Anfang November werden täglich zwischen 11.00 Uhr und 17.00 Uhr Führungen angeboten. Eintritt 9,00 € pro Person.

Ganz ohne Führung geht es auf der Flaniermeile, dem Quai de Ripaille entlang des Genfer Sees weiter. In der Nähe des Yachthafens finden sich eine Reihe von Restaurants, die ihre Tische unter den in Form geschnittenen Ahorn-Bäumen platziert haben. Von hier ist es nicht weit zur **funiculaire**, die Ende des 19. Jahrhunderts gebaut wurde, um den Kurgästen den Weg vom Hafen in die Oberstadt zu erleichtern. Die Bahn funktioniert heute vollautomatisch, ein Retourticket kostet 1,80 €.

Château de Rives in Thonon.

Der Springbrunnen am Belvédère in der Oberstadt von Thonon.

Blick auf die Unterstadt, den Yachthafen und den Genfer See.

Place de Hôtel de Ville mit dem Rathaus, dem Rathausbrunnen und km Zéro.

Die Barockkirche Saint-Hippolyte, hat einen direkten Durchgang zur neoklassischen Basilika Saint-François-de-Sales.

Auf dem Weg dorthin passiert man das **Château de Rives**, eine Burg deren Ursprünge auf das 14. Jh. zurückgehen und die zur Verteidigung der Stadt und des Hafens von Thonon errichtet wurde. Heute hat sie keine Funktion und kann nur von außen betrachtet werden. Ähnlich verhält es sich mit dem zweifelos schöneren **Château Montjoux**, das in den Tourismusseiten von THONON gern gezeigt wird, für Besucher aber nicht geöffnet ist.

Einmal in der Oberstadt angekommen, bietet sich vom **Belvédère** in einer kleinen Parkanlage mit großem Springbrunnen und Desaix-Denkmal ein schöner Blick auf die Un-

terstadt, den Yachthafen und den Genfer See. Unweit des Belvédère findet sich das Office de Tourisme und das schöne städtebauliche Ensemble rund um den **Place de Hötel de Ville** mit dem Rathaus, einem Brunnen und eine in den Platz eingelassene Windrose, die den **Kilometer 0** der Touristenstraße **Route des Grandes Alpes** markiert. Hier beginnt sie also, die 700 Kilometer lange Straße, die über 16 Alpenpässe bis nach MENTON an der **Côte d'Azur** führt. Wir kommen in unserem Buch über die französischen Alpen darauf zurück.

Freunde der sakralen Baustilkunde werden noch gern einen Blick auf und in die beiden aneinandergebauten Kirchen **Saint-Hippolyte** (Barock) und **Saint-François-de-Sales** (Neoklassik) werfen. Sie befinden sich in der Grande Rue, nur wenige Meter vom Rathaus entfernt. Es ist selten, dass man von einer Kirche in die andere gehen kann, ohne den Gebäudekomplex verlassen zu müssen. Zur Zeit finden in beiden Kirche Restaurationen statt, die, so scheint es, auch noch einige Zeit in Anspruch nehmen werden. Besuchen kann man sie aber.

Mineralwässer gibt es viele. Aber nur wenige erlangen soviel Ruhm wie das aus **Évian**, das sicher jeder irgendwann schon einmal getrunken hat. Wenn nicht, in ÉVIAN-LES-BAINS kann man dies an der **Cachat-Quelle** nachholen, kostenlos versteht sich. Es ist die berühmteste der zahlreichen Quellen in Évian. Das ganze Jahr über fliesst hier aus einem

Évian, das Mineralwasser und der Kurort

"C'est ici au cœur des Alpes, après un voyage de plus de quinze ans au travers de roches granitiques, de galets et de sables fins, que l'eau evian® se purife et s'enrichit en minéraux essentiels jusqu'à l'équilibre parfait. Enveloppée par deux couches d'argile de moraine que des glaciers millénaires ont déposé là, il y a 30000 ans, elle est ainsi protégée de toute pollution."

So steht es am Eingang der Ausstellungshalle, einem schönen Jugendstilgebäude aus dem Jahre 1903. Hier erfährt man alles über das Mineralwasser.

Die Trinkhalle der Cachat-Quelle, heute Ausstellungsraum der Fa. Évian.

Übersetzt heißt der Text: *"Es ist hier, im Herzen der Alpen, wo nach einer Reise von über fünfzehn Jahre durch Granitfelsen, Kieselsteinen und feinem Sand das Évian®-wasser gereinigt und mit essentiellen Mineralien angereichert seine perfekte Balance erreicht hat. Umschlossen von zwei Lagen tonhaltigen Moränenmaterials, die von Gletschern hier vor 30000 Jahren abgelagert wurden, ist es von jeder Art Verschmutzung geschützt."*

Damit ist zur Herkunft des Wassers eigentlich alles wesentliche gesagt. Für die industrielle Nutzung sind die Quellen heute natürlich mit Brunnenbohrungen erschlossen. Die großen Abfüllanlagen befinden sich in Publier, das liegt zwischen Thonon und Évian.

Bekannt ist die Qualität des Wassers bereits seit dem Mittelalter aber erst Ende des 18. Jh. wurde die heilende Kraft des Wassers entdeckt und alsbald auch vermarket. Es passte in die Zeit, das Kurwesen erlebte im 18. und 19. Jh. in ganz Europa einen rasanten Aufschwung. Kurorte wie Vichy, Bath (England), Karlsbad (Tschechien), Aachen, Wiesbaden und Baden-Baden, um nur einige zu nennen, buhlten um den gutsituierten Adel, bekannte Schriftsteller und andere die Rang und Namen hatten. Für die sogenannte gehobene Gesellschaft war es schick Kuraufenthalte in diesen Städten zu machen. Dabei ging es nicht immer nur um die Gesundheit. Man frönte der Spielleidenschaft (oder warum gibt es sooft Spiel-Casinos in Kurorten?) und ganz sicher gab es auch noch viele andere Dinge, die wir hier aber nicht weiter ausführen wollen.

Die berühmten Kurorte standen in einer Konkurrenz zueinander. Deshalb wundert es nicht, dass in dieser Zeit die exklusivsten Hotelanlagen in diesen Städten errichtet wurden, prunkvolle Villen entstanden und sich in der Architektur bedeutende städtebauliche Akzente unterschiedlichster Stilrichtungen wiederfinden. So ist zu erklären, das in Évian mit einer ganzen Reihe von städtebaulichen Sehenswürdigkeiten aufwarten kann. Darunter das **Palais Lumière**, das ehemalige Thermalbad, das heute als Kultur- und Kongreßzentrum genutzt wird, das **Hôtel de Ville** oder auch **Villa Lumière**, die ehemalige Villa der Familie Lumière, das **Theater Antoine Ribaud** und natürlich die **Trinkhalle Cachat**.

Die vielen Jugendstilgebäude haben ihren ganz eigenen Charme. Versäumen Sie nicht, einmal hinter das Gebäude der Trinkhalle zu gehen.

Das heutige moderne Thermalbad befindet sich an der Place de Libération zwischen dem Palais Lumière und dem Yachthafen ein ganz profanes Gebäude ohne architektonischen Reiz.

Die Cachat-Trinkhalle von hinten betrachtet. Jugendstil pur.

Straßenmusiker in Évian.

kleinen, unscheinbaren Hahn das Wasser konstant mit einer Temperatur von 11,6° C in ein kleines Becken. Man braucht ein wenig Geduld, um diese Quelle ohne Personen fotografieren zu können. Denn ständig stehen Besucher davor, um einmal direkt aus dem Hahn dieses köstliche Naß zu trinken oder einheimische füllen ihren Hausvorrat an dieser Quelle in Kanister ab. Es ist halt beliebt das Wasser, das in rund 120 Länder der Welt exportiert wird und den Ruhm ÉVIAN-LES-BAINS als Kurstadt begründete.

Ein Bummel durch die Stadt führt vorbei, an dem

Das Palais Lumières.

Theater und Casino, an der ehemalige Sommerresidenz der Familie Lyon Lumière, hin zur Trinkhalle Cachat.

Die zwischen 1907 und 1913 erbaute 750 Meter lange **Standseilbahn**, die dazu diente die Kurgäste von der Unter- in die Oberstadt zu transportieren, funktioniert heute nach einem Dornröschenschlaf von 33 Jahren wieder. Die zwei

Panoramablick vom Pic des Mémises auf den Genfer See.

historischen Holzwagons sind auf den neuesten Stand der Technik gebracht und seit 2002 jeden Tag in den Monaten von Mai bis September führer- und kostenlos in Betrieb. An sechs Stationen kann man zu- oder aussteigen und auf einem Transportwagen auch das Fahrrad mitnehmen.

Ist es am Genfer See ein wenig kompliziert mit der Suche nach einem geeigneten Stellplatz, so ist es bei der letzten Station auf dieser Tour kein Problem.

THOLLÓN-LES-MÉMISES ist ein Ort, der sich in den letzten Jahrzehnten von einem Bergbauerndorf zu einem Wintersportort entwickelt hat. Der Stellplatz erfüllt keine besonderen Ansprüche, es ist ein einfacher Asphaltplatz in der Nähe der Seilbahnstation, der in den Wintermonaten den Skitouristen

(153) WOMO-Stellplatz: Thollón-les-Mémises

GPS: N46° 23' 25.5" E6° 42' 49.5", D24 74500 Thollón-les-Mémises

max. Womos: >8, maximale Länge >10 m

Ausstattung: Großer asphaltierter Platz vor einem kleinen Supermarkt, unweit der Seilbahnstation, geöffnet von Jan. – Dez.

Lage: Im Ortszentrum von Thollón-les-Mémises, nachts ruhig.

Preise: Gebührenfrei.

Zufahrt: Ab Évian der D24 folgen.

als Parkplatz dient. In den Sommermonaten ist er recht leer. Für die Wohnmobiltouristen ist er für eine Wanderung auf den **Pic des Mémises** ein idealer Ausgangsort. Eine Wanderung, die wir zum Abschluss dieser Reise und zum Abschluss dieses Buches unternehmen werden.

Am Rande des Stellplatzes bietet der Sherpa-Markt auf relativ kleiner Fläche gute Einkaufsmöglichkeiten für das, was man unterwegs so benötigt. Eine Art "Tante-Emma-Laden", wie wir ihn in den kleineren Orten auf dem Land öfter angetroffen haben.

Wanderung zum Pic des Mémises

Der Wanderweg führt an der Talstation der Seilbahn vorbei und ist zugleich ein Zufahrtsweg für die Bergstation der Seilbahn. Für den öffentlichen Verkehr ist dieser Weg natürlich gesperrt. Für den Wanderer heißt das, der Weg ist gut und gefahrlos zu gehen, wenn auch in einigen Teilen mit einer recht ordentlichen Steigung. Vom Parkplatz bis zur Bergspitze sind immerhin 685 Meter Höhenunterschied zu bewältigen, das treibt schon die eine oder andere Schweißperle auf die Stirn. Oben angekommen bietet ein Restaurant neben kühlen Getränken einige kleine Gerichte zur Stärkung an. Neben der Bergstation befindet sich ein Startplatz für Gleitschirmflieger, von hier hat man schon einen sehr schönen Blick über den Genfer See. Noch bes-

ser ist der Blick allerdings vom Pic des Mémises. Um den zu erreichen, geht es von der Bergstation über einen klassischen Bergwanderpfad in Kammlage noch rund 900 Meter weiter. Zwischen den Sträuchern und Bäumen befinden sich Almwiesen, die im Sommer als Viehweiden genutzt werden. Ein kräftiges Kuhglockengeläut empfängt uns kurz hinter der Bergstation. Angst braucht man keine zu haben, denn die Almweide ist mit einem Elektrozaun vom Wanderweg getrennt. Neugierig kommen die Rinder uns Wanderern entgegen, bis der Zaun sie stoppt. Das Gipfelkreuz ist eine einfache 5,5 Meter hohe Holzkonstruktion aus dem Jahre 2013 wie eine Tafel am Kreuz informiert. Phantastisch ist der Blick über den Genfer See. Man sieht Lausanne mit den Höhenzügen des Jura im Hintergrund und östlich von Lausanne die Weinberge des Lavaux die seit 2007 zum Welterbe der UNESCO zählen. Einen Blick auf den Mont Blanc hat man von dieser Stelle nicht, einige Berge die höher sind als der Pic des Mémises versperren die Sicht. Für die Wanderung sollte man mit einer Rast 4-5 Stunden einplanen. Einfacher ist es mit der Bergbahn hochzufahren und nur von der Bergstation zum Gipfel zu laufen. Die Bergbahn ist allerdings nur in den Monaten Juli und August in Betrieb. Außerhalb der Ferienzeit ist sie in den Monaten Mai, Juni und September mittwochs sowie samstags und sonntags in Betrieb.

Nun am Ende des Buches angelangt bleibt zu sagen, dass wir zu diesem Platz zurückkehren werden. Wir werden hier unser WOMO-Buch über die französischen Alpen beginnen lassen. Einige Rechercheреisen haben wir schon unternommen, sind aber zum Zeitpunkt der Drucklegung dieses Buches noch längst nicht fertig.

Nun heißt es erstmal Abschied nehmen. Wir fahren rüber in die Schweiz und von dort über die Autobahn zurück in den Schwarzwald.

Tipps und Tricks – alphabetisch sortiert

Baden/Wellness

Sich mit dem WOMO auf einen Stellplatz neben eine Therme zu stellen, wie wir dies in unserem Bayernbuch vielfach beschrieben haben, geht hier nicht. Es gibt nur wenige Wellnesstempel in dieser Region. Die meisten Kurbäder dienen in erster Linie der gesundheitlichen Vor- oder auch Nachsorge.

Die Badeseen die wir vorgefunden haben, habe wir wenigsten mit wenigen Sätzen erwähnt.

Es gibt darüber hinaus eine große Summe an Frei- und Hallenbädern auf die wir immer wieder hingewiesen haben, ohne jedoch dabei den Anspruch auf Vollständigkeit erheben zu wollen.

Campingplätze

Es gibt sehr viele Campingplätze im Jura und in den Alpen. Wir haben nicht alle aufgenommen, sondern sehen sie als Alternative zu nicht vorhandenen Stellplätzen. Wir wählen einen Campingplatz aber auch dann, wenn er besonders schön an einem Fluss oder einem See liegt, während der ausgewiesene Stellplatz nur eine Ecke auf einem Großparkplatz an einer viel befahrenen Straße ist oder in der Nähe einer viel befahrenen Bahnstrecke liegt.

Freies Campen/Freies Übernachten

Nicht jeder traut sich auf einem Waldparkplatz oder an einem still verschwiegenen See ohne eine Menschenseele um sich herum sein Womo abzustellen und zu übernachten. Uns stört es nicht, wenn des Nachts der Waldkauz ruft oder es im Gebüsch auch einmal knackt. Unter Sicherheitsaspekten betrachtet, erscheint uns dies sogar besser, denn Spitzbuben, die auf Diebestour sind, gehen eher dort hin, wo sie nicht lange suchen müssen. Außerdem haben wir immer unsere zwei treuen Begleiter dabei, die schlagen jeden in die Flucht, wenn es denn sein muss.

Wichtig ist natürlich – und darum bitten wir auch sie liebe Leser – nichts anderes zu hinterlassen als ein paar Reifenspuren. Wir hatten bislang mit dieser vorgehensweise nirgendwo ein Problem, nicht im Jura, nicht in den Alpen und auch in keiner anderen Ecke Europas, in der wir uns aufgehalten haben.

Gasversorgung

Mit zwei gefüllten 11 kg-Flaschen kommt man gut zurecht. Wir haben in Frankreich bislang noch nicht vor dem Problem gestanden, kein Gas mehr zu haben. Wir wissen, dass es Adapter im Campingfachhandel gibt, die es erlauben, deutsche Gasflaschen in Frankreich auffüllen zu lassen. Wir haben dergleichen nicht und bislang auch noch nicht vermisst.

Gaststätten und Spezialitäten

Sie finden in der Region zahlreiche Restaurants. Nicht jedes ist ein Gourmettempel und manchmal, so erscheint es uns jedenfalls, wird die französische Küche etwas zu sehr gelobt. Da heißt es schon wachen Auges auf die Speisekarte zu schauen und wenn draußen gegessen werden kann, im vorbeigehen mal einen Blick auf die Teller der Gäste zu werfen.

In den Brasserien gibt es wenn überhaupt, nur kleine Gerichte. Ähnlich verhält es sich in den Bistros und Cafes.

Regionale Spezialitäten können Sie auch im Supermarkt kaufen. In den Hypermarchés auf der grünen Wiese ist die Auswahl sehr groß.

Auf die Wurst- und Käsespezialitäten dieser Region sind wir in diesem Buch eingehend eingegangen.

GPS/Navigation

Ohne ein Navigationsgerät ist heute wohl niemand mehr unterwegs. Wir halten diese Geräte für äußerst nützlich, nur blind vertrauen sollte man ihnen nicht. Hinter jeder Programmierung und Datenerfassung steht ein Mensch und der macht nun einmal Fehler, falsche Wegweisung ist deshalb nicht ausgeschlossen. Auch uns können Fehler bei der Eingabe der Daten unterlaufen, trotz aller Sorgfalt und Kontrolle. Navigationsgeräte führen zwar zielgenau zu den eingegebenen Koordinaten, eine Übersicht bieten sie jedoch nicht und eine räumliche Orientierung vermitteln sie auch nicht. Nehmen Sie ergänzend zu Ihrem Navi eine gute Landkarte zur Hand, damit Sie ein Gefühl dafür bekommen, in welcher Lage sich die einzelnen Städte oder Sehenswürdigkeiten zueinander befinden.

Grenzen

Wir befinden uns hier im Grenzgebiet zur Schweiz und damit an der Grenze zu einem Land, das nicht zur EU gehört. Heute kein Problem mehr, nach dem auch die Schweiz dem Schengener Abkommen beigetreten ist.

Kartenmaterial und Literatur

Ergänzend zu Ihrem Navi sollten Sie gutes Kartenmaterial mit sich führen. Wir waren mit Michelinkarten im Maßstab 1:200.000 unterwegs. Als Übersicht und Planungshilfe eignet sich sehr gut die Karte Frankreich 1:800.000 aus dem Kunth-Verlag.

Für Wanderungen gibt es nichts Besseres als die Top-Karten 1:25.000 von der IGN. Wir weisen bei den von uns durchgeführten Wanderungen immer wieder darauf hin. Sie können die Karten online über www.ign.fr/boutique bestellen. Der Versand nach Deutschland verläuft problemlos und dauert nur wenige Tage. Darüber hinaus haben wir uns auch mit den Produkten eingedeckt, die regional an den Kiosken oder Tourist-Infos angeboten werden.

Natürlich macht auch eine Internetrecherche zu den jeweiligen Zielgebieten Sinn. Auch wenn jede Tourist-Info ihre „Website“ anders aufbaut und man sich immer wieder neu in den Seiten zurechtfinden muss, lassen sich doch einige nützliche Informationen gewinnen. Man sollte nur immer daran denken, dass diese Informationen nicht uneigennützig ins Netz gestellt werden.

Kleingeld/Münzen

In unserem Bayernbuch haben wir darauf hingewiesen, dass die Parkautomaten, die Münzautomaten an den Stromsäulen und an den Sanitärstationen nach Kleingeld verlangen. Das ist in Frankreich anders. Unsere kleine Schachtel im Handschuhfach blieb weitgehend ungenutzt. Die Versorgungsstationen verlangen nach Jetons oder der Kreditkarte.

Sicherheit

Nach den diversen Terroranschlägen in Frankreich mag der eine oder andere um seine Sicherheit in diesem Land besorgt sein. In den großen Städten patrouillierten bei unseren Reisen immer schwer bewaffnete Sicherheitskräfte in einem Quartett durch die Straßen. Sicherheitskontrollen auf den Straßen haben wir nur einmal erlebt. Ein Gefühl der Unsicherheit hatten wir nicht und wir haben auch nicht den Eindruck gewonnen, dass sich die ortsansässige Bevölkerung anders verhalten hätte, als sie es vor Jahren gemacht hat, als es diese Terrorwarnungen noch nicht gab. Es sieht alles ganz normal aus, bis auf die Vierertrupps mit Schnellfeuergewehren in den großen Städten.

Toiletten/Toilettenentsorgung

Auf unseren Touren haben wir darauf geachtet eine Vielzahl von Plätzen zu finden, die sachgerechte Ver- und Entsorgungseinrichtungen haben. Die Entsorgung ist kein Kostenfaktor und es sind genügend Stationen in diesem Buch genannt. Es gibt also wirklich keinen Grund den Inhalt der Bordtoilette hinter irgendeinem Busch zu entleeren. Die Stationen sind in den Tourenkarten gut erkennbar. Vielleicht müssen Sie mal auf eine Station aus einer Nachbartour ausweichen, auch diese Möglichkeit ist in den Tourenkarten gut ablesbar.

Für den Notfall haben wir uns eine zweite Kassette zugelegt, die bei Bedarf gegen die volle getauscht wird. Ansonsten gilt: Vorausschauend Ver- und Entsorgen und nicht bis auf den letzten Drücker warten.

Trinkwasserversorgung/Grauwasserentsorgung

Hier gilt das gleiche wie für die Toilettenver- und Entsorgung. Erfahrungsgemäß ist die Toilette schneller voll als der Abwassertank. Wir arbeiten die Frischwasseraufnahme, Grauwasser- und Toilettenentsorgung immer an einer Service-Station nacheinander ab, egal wie dringend notwendig das eine oder andere gerade auch ist. Die Entsorgung des Grauwassers ist in unseren Reisegebieten in Frankreich überwiegend einfach. Fast alle Stationen haben eine Betonwanne mit einer Ablaufrinne in der Mitte. Den Abwasserschlauch den wir immer mitführen, haben wir in Frankreich bislang noch nie benutzt.

Wandern und Radwandern

Die gesamte Region ist zum Wandern und Radeln ideal. Wir haben uns bemüht, einige der interessantesten Routen im Buch zu berücksichtigen. Es gibt jedoch noch wesentlich mehr Wege, die entdeckt, durchschritten bzw. durchfahren werden wollen. Um diese zu erkunden, empfehlen wir wieder die IGN-Topkarten.

Nicht immer haben wir uns rechtzeitig mit Wanderkarten eingedeckt. Dann hat es uns geholfen die Wanderkarten, die fast immer auf einem Wanderparkplatz auf einer großen Tafel oder in einem Schaukasten vorzufinden sind abzufotografieren und das Bild dann bei Bedarf auf der Wanderung vom Speicher des Smartphones oder der Digitalkamera aufzurufen. Das hat in der Regel gut geklappt.

Wassersport

Dort wo auf den Seen und den Flüssen Wassersport möglich ist, haben wir darauf hingewiesen. Wer mit Kanu und/oder Surfbrett unterwegs ist, dem stehen einige Seen und Flüsse für seinen Sport zur Verfügung. Einschränkend muss man hinzufügen, dass viele Seen dem Angelsport vorbehalten sind.

Wintersport

Bei entsprechender Schneelage ist Wintersport im Jura möglich, im Haut Jura bis Mitte April sogar relativ lang. Langlaufloipen gibt es in den Höhenlagen sehr viele, wir haben allerdings nicht immer darauf hingewiesen.

Zum Schluss: Die große Wohnmobilfahrerfamilie

Urlaub mit dem Wohnmobil ist etwas ganz besonderes. Man kann die Freiheit genießen, ist ungebunden, dennoch immer zu Hause und lebt mitten in der Natur. Seit mehr als 30 Jahren geben wir Ihnen mit unseren Reiseführern eine Anleitung für diese Art Urlaub mit auf den Weg. Außer den umfangreich recherchierten Touren haben wir viele Tipps allgemeiner Art zusammengetragen, unter ihnen auch solche, die für einen Womo-Urlauber eigentlich selbstverständlich sein sollten. Weil wir als Wohnmobiler die Natur in ihrer ganzen Schönheit und Vielfalt zu schätzen wissen, haben wir auch eine besondere Verantwortung ihr gegenüber, die wir nicht einfach auf andere abwälzen dürfen.

Jährliche erhalten wir viele Zuschriften, Grüße von Lesern, die mit unseren Reiseführern einen schönen Urlaub verbracht haben und sich herzlich bei uns bedanken. Wir erhalten Hinweise über Veränderungen an den beschriebenen Touren, die von uns bei der Aktualisierung der Reiseführer helfen.

Aber: Wir erhalten auch Zuschriften über das Verhalten von Wohnmobilfahrern, die sich egoistisch, rücksichts- und verantwortungslos der Natur und ihren Mitmenschen – Urlaubern und Einheimischen – gegenüber verhalten. In diesen Briefen geht es um die Themen Müllbeseitigung, Abwasser- und Toilettenentsorgung. Es soll immer noch Wohnmobilurlauber geben, die ihre Campingtoilette nicht benutzen, dafür lieber den nächsten Busch mit Häufchen und Toilettenpapier „dekorieren“, die den Abwassertank nicht als Tank nutzen, sondern das Abwasser einfach durchfließen lassen, die ihren Müll neben dem Wohnmobil „vergessen“ und sich davon machen.

Liebe Leser!

Wir möchten Sie im Namen der gesamten Womo-Familie bitten: Helfen Sie aktiv mit, das zu unterbinden! Jeder Wohnmobilurlauber trägt eine große Verantwortung und sein Verhalten muss dieser Verantwortung auch gerecht werden. Bestimmt hat mancher, dem Sie auf Ihrer Tour begegnen und sich unwürdig verhält, das gleiche Büchlein in der Hand wie Sie. Er weiß zumindest jetzt worum es geht. Sprechen Sie ihn an und weisen Sie ihn auf sein Fehlverhalten hin.

Der nächste freut sich, wenn er den Stellplatz sauber vorfindet, denn auch er hat sich seinen Urlaub verdient!

Vor allem aber: Wir erhöhen damit die Chance, dass uns unsere über alles geliebte Wohnmobil-Freiheit noch lange erhalten bleibt.

Helfen Sie mit, den guten Ruf unserer Womo-Familie zu wahren! Tragen Sie dazu bei, dass einzelne ihn nicht in den Schmutz ziehen!

Wir danken Ihnen im Namen aller Womo-Freunde –

Ihr WOMO-Verlag

Annecy
Office de Tourisme du Lac d'Annecy
Centre Culturel Bonlieu, 1 Rue Jean Jaurès; 74000 Annecy
Tel. 0033 4 50 45 00 33; www.lac-annecy.com/

Anthy-sur-Léman
Office de Tourisme de Sciez-sur-Léman
513, avenue de Sciez; 74140 SCIEZ-SUR-LEMAN
Tel. 0033 4 50 72 64 57; www.tourisme-sciez.com

Arbois
Office de Tourisme d'Arbois
17 Rue de l'Hôtel de ville; 39600 Arbois
Tel. 0033 3 84 66 55 50; tourisme.arbois.com/de

Arc-et-Senans
Office de Tourisme Arc et Senans-Loue-Lison
3 A rue de la Saline; 25610 ARC ET SENANS
Tel. 0033 3 81 57 43 21; www.destinationlouelison.com/

Baume-les-Dames
Office de tourisme de Baume-les-Dames
8 Rue de Provence; 25110 Baume-les-Dames
Tel. 0033 3 81 84 27 98; www.ot-paysbaumois.fr

Baume-les-Messieurs
Mairie de Baume Les Messieurs
4 Place Mairie; 39570 Baume-les-Messieurs
Tel. 0033 3 84 44 61 41; www.baumelesmessieurs.fr/

Belfort
Belfort Tourisme
2 Rue Georges Clemenceau, ; 90000 Belfort
Tel. 0033 3 84 55 90 90; www.belfort-tourisme.com/

Bellgarde-sur-Valserine
Office de Tourisme Terre Valserine
13 Rue de la République; 01200 Bellegarde-sur-Valserine
Tel. 0033 4 50 48 48 68; www.ot-bellegarde01.fr

Besançon
Besançon Tourisme et Congrès
2 Place de la 1ère Armée Française; 25000 Besançon
Tel. 0033 3 81 80 92 55; www.besancon-tourisme.com

Champagney
Office de Tourisme de Ronchamp
25 Rue le Corbusier,; 70250 Ronchamp
Tel. 0033 3 84 63 50 82; *www.ot-ronchamp.fr*

Champagnole
Office Tourisme Jura Monts Rivières
28 Rue Baronne Delort; 39300 Champagnole
Tel. 0033 3 84 52 43 67; www.juramontsrivieres.fr

Dannemarie
Office de tourisme
7, rue de Bâle; 68210 DANNEMARIE
Tel. 0033 3 89 07 24 24; www.cc-porte-alsace.fr

Évian-les-Bains
Office de Tourisme et des Congrès d'Evian
Place de la Porte d'Allinges; 74500 Évian-les-Bains
Tel. 0033 4 50 75 04 26; *www.evian-tourisme.com*

Ferney-Voltaire
Office de Tourisme du Pays de Voltaire
26 Grand' Rue; 01210 Ferney-Voltaire
Tel. 0033 4 50 28 09 16; www.paysdevoltaire.com

Gex
Office de Tourisme Pays de Gex-La Faucille
Square Jean Clerc; 01170 Gex
Tel. 0033 4 50 41 53 85; www.paysdegex-lafaucille.com

La Roche-sur-Foron
Office de Tourisme
1 Place Andrevetan; 74800 La Roche-sur-Foron
Tel. 0033 4 50 03 36 68; www.larochesurforon.com

Les Rousses
Office de Tourisme
495 Rue Pasteur; 39220 Les Rousses
Tel. 0033 3 84 60 02 55; www.lesrousses.com

Lons-le-Saunier
Office de Tourisme Coteaux du Jura
Place du 11 Novembre; 39000 Lons-le-Saunier
Tel. 0033 3 84 24 65 01; tourisme-coteaux-jura.com

Mandeure
Office de tourisme Mandeure
1, rue Henri Mouhot; 25200 Montbéliard
Tel. 0033 3 81 94 45 60; www.paysdemontbeliard-tourisme.com/

Mijoux
Office de Tourisme de Mijoux Monts Jura
Rue Royale; 01170 Mijoux
Tel. 0033 4 50 41 30 28; www.mijoux-tourisme.fr

Montbéliard
Tourisme du Pays de Montbéliard
1, rue Henri Mouhot; 25200 Montbéliard
Tel. 0033 3 81 94 45 60; *www.paysdemontbeliard-tourisme.com*

Morteau
Office de Tourisme
7 Place de la Halle; 25500 MORTEAU
Tel. 0033 3 81 67 18 53; www.morteau.org

Mouthe
Office de Tourisme du Val de Mouthe Chapelle des Bois
45 Grande Rue; 25240 Mouthe
Tel. 0033 3 81 69 22 78; *www.otmouthe.fr*

Mulhouse
Office de Tourisme de Mulhouse et sa région
1 Avenue Robert Schuman; 68100 Mulhouse
Tel. 0033 3 89 35 48 48; *www.tourisme-mulhouse.com*

Nantua
Office de Tourisme Haut Bugey
14 Rue Dr Mercier; 01130 Nantua
Tel. 0033 4 74 12 11 57; *www.hautbugey-tourisme.com*

Nozeroy
Office de Tourisme Jura Monts Rivieres
Pace des annonciades; 39250 Nozeroy
Tel. 0033 3 84 51 19 15; *www.nozeroy.info*

Orgelet
Point d'Information Tourisme
1 Bis Place du Colonel Varroz; 39270 Orgelet
Tel. 0033 3 84 25 48 25; www.juralacs.com

Ornans
Office de Tourisme d'Ornans
7 rue Pierre Vernier; 25290 ORNANS
Tel. 0033 3 81 62 21 50; www.destinationlouelison.com/

Poncin
Office de Tourisme Rives de l'Ain - Pays du Cerdon
10 Place Bichat; 01450 Poncin
Tel. 0033 4 74 37 23 14; www.tourisme-ain-cerdon.fr

Pontarlier
Office de Tourisme de Pontarlier
14 Bis Rue de la Gare; 25300 Pontarlier
Tel. 0033 3 81 46 48 33; www.pontarlier.org

Quingey
Mairie Quingey
Place d'Armes; 25440 QUINGEY
Tel. 0033 3 81 63 63 25; www.quingey.com/

Ronchamp
Office de Tourisme de Ronchamp
25 Rue le Corbusier; 70250 Ronchamp
Tel. 0033 3 84 63 50 82; *www.ot-ronchamp.fr*

Saint-Hippolyte
Office de tourisme de Saint Hippolyte
Place de l'Hôtel de ville; 25190 Saint-Hippolyte
Tel. 0033 3 81 96 58 00; www.tourisme-saint-hippolyte-doubs.fr

Salins-les-Bains
Salins-les-Bains Tourisme
Place des Salines; 39110 Salins-les-Bains
Tel. 0033 3 84 73 01 34; *www.salins-les-bains.com*

Seyssel (AIN)
Office de Tourisme du Pays de Seyssel
2 Chemin de la Fontaine; 74910 Seyssel
Tel. 0033 4 50 59 26 56; *www.ot-pays-de-seyssel.fr*

Seyssel (haute-Savoie)
Office de Tourisme du Pays de Seyssel
2 Chemin de la Fontaine; 74910 Seyssel
Tel. 0033 4 50 59 26 56; *www.ot-pays-de-seyssel.fr*

Sochaux
Tourisme du Pays de Montbéliard
1, rue Henri Mouhot; 25200 Montbéliard
Tel. 0033 3 81 94 45 60; *www.paysdemontbeliard-tourisme.com*

Thollón-les-Mémises
Office de tourisme de Thollon-les-Mémises
Station; 74500 Thollon-les-Mémises
Tel. 0033 4 50 70 90 01; www.thollonlesmemises.com

Thônes
Office de Tourisme Thônes Val-Sulens
4 Place Avet; 74230 Thônes
Tel. 0033 4 50 02 00 26; www.thones-valsulens.com

Thonon-les-Bains
Office de Tourisme de Thonon-les-Bains
2 Rue Michaud; 74200 Thonon-les-Bains
Tel. 0033 4 50 71 55 55; www.thononlesbains.com

Villers-le-Lac
Office de tourisme Villers le lac
Rue Pierre Bercot; 25130 Villers-le-Lac
Tel. 0033 3 81 68 00 98; www.pays-horloger.com/

Yvoire
Office de Tourisme d'Yvoire
3 Place de Mairie; 74140 Yvoire
Tel. 0033 4 50 72 80 21; www.yvoiretourism.com

Der WOMO®-Knackerschreck

* ist die universelle und **sofort sichtbare Einbruchssperre**.
* Wird einfach in die beiden Türarmlehnen eingehängt, zusammengeschoben und abgeschlossen.
* Passend für Ducato, Peugeot, Renault Master, MB Sprinter und VW (alle Typen).
* Krallen aus 10 mm massivem, einbrennlackiertem Stahl, d. h. nahezu unverwüstlich.

Nur 54,90 € – und nur bei WOMO!

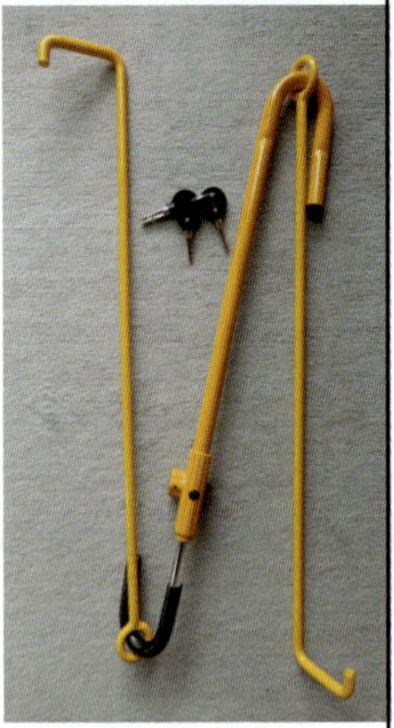

Der WOMO®-Aufkleber

* passt mit 14 cm Breite auch auf Ihr Wohnmobil.
* ist das weit sichtbare Symbol für alle WOMO-Freunde.

0,00 € – und nur bei WOMO!

Der WOMO®-Leserservice

Passend zu unseren Reiseführern bieten wir in unserem Online-Buchshop unter **www.womo.de** an:

* Die besten **Autokarten** von Michelin, Freytag & Berndt, Reise-know-how, die garantiert die komplette Reiseroute abdecken.
* Die Kauderwelsch-**Wörterbücher** für jede Sprache unserer Reiseländer.
* Von jedem Reiseland mindestens einen Rother-**Wanderführer** über die schönsten Wanderregionen.
* Eine **GPS-CD** für jeden Reiseführer mit allen Koordinaten zur schnellen Übertragung auf Ihr Navi (Garmin, TomTom, Falk).

Info-Blatt aus dem WOMO-Buch: Jura '17

(komplett ausgefüllt erhalte ich 10% Info-Honorar auf Bestellungen direkt beim Verlag)

Lokalität: Seite: Datum:
(Stellplatz, Campingplatz, Wandertour, Gaststätte, usw.)

unverändert gesperrt/geschlossen folgende Änderungen:

Lokalität: Seite: Datum:
(Stellplatz, Campingplatz, Wandertour, Gaststätte, usw.)

unverändert gesperrt/geschlossen folgende Änderungen:

Lokalität: Seite: Datum:
(Stellplatz, Campingplatz, Wandertour, Gaststätte, usw.)

unverändert gesperrt/geschlossen folgende Änderungen:

Lokalität: Seite: Datum:
(Stellplatz, Campingplatz, Wandertour, Gaststätte, usw.)

unverändert gesperrt/geschlossen folgende Änderungen:

Lokalität: Seite: Datum:
(Stellplatz, Campingplatz, Wandertour, Gaststätte, usw.)

unverändert gesperrt/geschlossen folgende Änderungen:

Lokalität: Seite: Datum:
(Stellplatz, Campingplatz, Wandertour, Gaststätte, usw.)

unverändert gesperrt/geschlossen folgende Änderungen:

Meine Adresse und Tel.-Nummer:

(nur komplett ausgefüllte, zeitnah eingesandte Infoblätter können berücksichtigt werden)

Info-Blatt aus dem WOMO-Buch: Jura '17

(komplett ausgefüllt erhalte ich 10% Info-Honorar auf Bestellungen direkt beim Verlag)

Lokalität: Seite: Datum:
(Stellplatz, Campingplatz, Wandertour, Gaststätte, usw.)

unverändert gesperrt/geschlossen folgende Änderungen:

Lokalität: Seite: Datum:
(Stellplatz, Campingplatz, Wandertour, Gaststätte, usw.)

unverändert gesperrt/geschlossen folgende Änderungen:

Lokalität: Seite: Datum:
(Stellplatz, Campingplatz, Wandertour, Gaststätte, usw.)

unverändert gesperrt/geschlossen folgende Änderungen:

Lokalität: Seite: Datum:
(Stellplatz, Campingplatz, Wandertour, Gaststätte, usw.)

unverändert gesperrt/geschlossen folgende Änderungen:

Lokalität: Seite: Datum:
(Stellplatz, Campingplatz, Wandertour, Gaststätte, usw.)

unverändert gesperrt/geschlossen folgende Änderungen:

Lokalität: Seite: Datum:
(Stellplatz, Campingplatz, Wandertour, Gaststätte, usw.)

unverändert gesperrt/geschlossen folgende Änderungen:

Meine sonstigen Tipps und Verbesserungswünsche:

Wir bestellen zur sofortigen Lieferung: (Alle Preise in € [D], Preisänderungen vorbehalten)

- ☐ Wohnmobil Handbuch ... 19,90 €
- ☐ Wohnmobil Kochbuch ... 12,90 €
- ☐ Albanien ... 19,90 €
- ☐ Allgäu ... 17,90 €
- ☐ Auvergne ... 19,90 €
- ☐ Baltikum ... 20,90 €
- ☐ Bayern (Nordost) ... 19,90 €
- ☐ Bayern (Südost) ... 19,90 €
- ☐ Belgien & Luxemburg ... 19,90 €
- ☐ Bretagne ... 18,90 €
- ☐ Burgund ... 17,90 €
- ☐ Dänemark ... 19,90 €
- ☐ Elsass ... 19,90 €
- ☐ England (Süden) ... 19,90 €
- ☐ Finnland ... 19,90 €
- ☐ Franz. Atlantikküste (Nord) ... 19,90 €
- ☐ Franz. Atlantikküste (Süd) ... 17,90 €
- ☐ Franz. Jura ... 19,90 €
- ☐ Griechenland ... 19,90 €
- ☐ Hessen (Norden + Osten) ... 19,90 €
- ☐ Hessen (Mitte + Süden) ... 19,90 €
- ☐ Hunsrück/Mosel/Eifel ... 19,90 €
- ☐ Irland ... 19,90 €
- ☐ Korsika ... 18,90 €
- ☐ Kroatien/Montenegro ... 19,90 €
- ☐ Latium/Rom/Abruzzen ... 18,90 €
- ☐ Ligurien ... 17,90 €
- ☐ Loire-Tal/Paris ... 17,90 €
- ☐ Languedoc/Roussillon ... 19,90 €
- ☐ Marokko ... 19,90 €
- ☐ Mecklenburg-Vorpommern (Ost) ... 18,90 €
- ☐ Mecklenburg-Vorpommern (West) 18,90 €
- ☐ Namibia ... 19,90 €
- ☐ Neuseeland ... 24,90 €
- ☐ Niederlande ... 19,90 €
- ☐ Nord-Frankreich ... 18,90 €
- ☐ Normandie ... 19,90 €
- ☐ Norwegen (Nord) ... 19,90 €
- ☐ Norwegen (Süd) ... 19,90 €
- ☐ Österreich (Ost) ... 19,90 €
- ☐ Österreich (West) ... 18,90 €
- ☐ Ostfriesland ... 20,90 €
- ☐ Peloponnes ... 18,90 €
- ☐ Pfalz ... 19,90 €
- ☐ Piemont/Aosta-Tal ... 19,90 €
- ☐ Polen (Nord/Masuren) ... 19,90 €
- ☐ Polen (Süd/Schlesien) ... 17,90 €
- ☐ Portugal ... 19,90 €
- ☐ Provence & Côte d'Azur (Ost) ... 19,90 €
- ☐ Provence & Côte d'Azur (West) ... 19,90 €
- ☐ Rumänien ... 19,90 €
- ☐ Pyrenäen ... 17,90 €
- ☐ Sachsen ... 19,90 €
- ☐ Sardinien ... 19,90 €
- ☐ Schleswig-Holstein ... 19,90 €
- ☐ Schottland ... 18,90 €
- ☐ Schwarzwald ... 17,90 €
- ☐ Schweden (Nord) ... 18,90 €
- ☐ Schweden (Süd) ... 19,90 €
- ☐ Schweiz (Ost) ... 19,90 €
- ☐ Schweiz (West) ... 19,90 €
- ☐ Sizilien ... 18,90 €
- ☐ Slowenien ... 18,90 €
- ☐ Spanien (Nord/Atlantik) ... 19,90 €
- ☐ Spanien (Ost/Katalonien) ... 18,90 €
- ☐ Spanien (Süd/Andalusien) ... 18,90 €
- ☐ Südafrika (Krüger NP) ... 24,90 €
- ☐ Süditalien (Osthälfte) ... 19,90 €
- ☐ Süditalien (Westhälfte) ... 19,90 €
- ☐ Süd-Tirol ... 18,90 €
- ☐ Thüringen ... 19,90 €
- ☐ Toskana & Elba ... 20,90 €
- ☐ Trentino/Gardasee ... 18,90 €
- ☐ Tschechien ... 18,90 €
- ☐ Tunesien ... 17,90 €
- ☐ Türkei (West) ... 18,90 €
- ☐ Türkei (Mitte-Kappadokien) ... 17,90 €
- ☐ Umbrien & Marken mit Adria ... 18,90 €
- ☐ Ungarn ... 17,90 €
- ☐ Venetien/Friaul ... 19,90 €
- ☐ Wales ... 18,90 €

Absender:

Datum Unterschrift

WOMO®-VERLAG
Versandabteilung
Wiesenweg 4-6

98634 Mittelsdorf/Rhön

DIE REISE- UND ERLEBNISFÜHRER

* Bequeme Touren durchs ganze Urlaubsland.
* Viele Plätzchen für freie Übernachtungen mit GPS.
* Genaue Hinweise auf viele Trinkwasserstellen.
* Die schönsten Badeplätze, die nicht jeder kennt.
* Bergtouren und Spaziergänge für groß und klein.
* Die besten Anreiserouten, Fähren, usw.
* 300 Tipps und Tricks – für Ausrüstung, Reisevorbereitung und Urlaub.
* Ausgefeilte Profipackliste.
* Spezialkarten mit präzisen Einträgen der freien Stellplätze, Trinkwasser- und Entsorgungsstellen.

DAS KOCHBUCH

* Einrichtung der WOMO-Küche.
* Lebensmittel-Grundausstattung.
* Konserven selbst gemacht.
* Backen in der Bratpfanne – Kuchen, Pizza, Brote.
* Viele, viele WOMO-Rezepte für zwei Gasflammen – einfach, schnell und lecker!
* Einkochen im Urlaub.
* Spezialrezepte für den Dampftopf.
* Der WOMO-Pfannenknecht.

DAS HANDBUCH

* Beratung bei Kauf und Miete.
* Gas-, Wasser-, Elektroinstallation.
* Einrichten des Wohnmobils.
* Tipps & Tricks fürs Wochenende.
* 3200 freie deutsche Stellplätze.
* 700 deutsche Entsorgungsstationen.
* Urlaubsvorbereitung, Profipackliste.
* Stellplatz-Infos für ganz Europa.
* Wohnmobil und Wintersport.
* Der WOMO-Urlaubspartner-Service.
* Gastankstellen in ganz Europa.

Unsere Bücher erhalten Sie in jeder Buchhandlung oder auf Rechnung direkt vom Verlag. Hier gibt's auch die aktuellen Infos über unsere ständigen Neuerscheinungen. (Versandkosten 1,20 €, ab 10 € portofrei / Ausland 4 €, Preisänderungen vorbehalten).

24 Std.-Bestell-Telefon: 036946-20691*Fax: 036946-20692
Internet: www.womo.de * eMail: verlag@womo.de**